2021年中国博士后科学基金第69批面上资助项目：“新型网络犯罪司法适用问题的实证研究”（2021M693894）研究成果

2022年江西省教育规划一般项目“‘互联网+’背景下大学生网络违法犯罪防控机制研究”（22YB166）研究成果

2022年江西省教改课题一般项目“《刑法学》鉴定式案例分析法融合Seminar改革教学研究”（JXJG-22-14-24）研究成果

2023年江西省人民检察院检察理论研究重点课题“能动检察视域下帮助信息网络犯罪活动罪的治理路径研究”成果

陈宁 著

间接型抽象危险犯研究

Indirect abstract dangerous offender

中国社会科学出版社

图书在版编目（CIP）数据

间接型抽象危险犯研究 / 陈宁著. —北京：中国社会科学出版社，2024.6
ISBN 978 - 7 - 5227 - 3032 - 5

Ⅰ.①间…　Ⅱ.①陈…　Ⅲ.①刑事犯罪—研究—中国　Ⅳ.①D924.11

中国国家版本馆 CIP 数据核字(2024)第 037553 号

出 版 人　赵剑英
责任编辑　许　琳
责任校对　苏　颖
责任印制　郝美娜

出　　版　中国社会科学出版社
社　　址　北京鼓楼西大街甲 158 号
邮　　编　100720
网　　址　http://www.csspw.cn
发 行 部　010 - 84083685
门 市 部　010 - 84029450
经　　销　新华书店及其他书店

印刷装订　北京君升印刷有限公司
版　　次　2024 年 6 月第 1 版
印　　次　2024 年 6 月第 1 次印刷

开　　本　710 × 1000　1/16
印　　张　16.25
字　　数　258 千字
定　　价　98.00 元

序

刘仁文*

赣南师范大学的陈宁副教授曾在中国社会科学院研究生院师从我攻读刑法学博士学位，毕业后她又到西南政法大学攻读博士后。今年，她联系我说她的博士论文《间接型抽象危险犯研究》即将出版，问我能否给她作个序。我立即向她要来书稿的电子版，粗读之后，往事历历在目，现结合本书的主题和内容，谈点自己的粗浅体会。

近年来，环境犯罪领域出现的累积犯①，公共安全犯罪领域新增的危险驾驶罪等罪名，以及在网络犯罪领域出现的帮助信息网络犯罪活动罪等所谓预备行为实行化、共犯行为正犯化等立法前置化的现象，这些以风险预防为目的的刑法扩张直接导致了不同类型的抽象危险犯的增加。抽象危险犯把既不是侵害犯也不是具体危险犯的剩余类型都放入抽象危险犯的范围，使之成了汇集各种法益类型、各种结构构造以及各种行为样态的“口袋”概念，所以德国学者罗克辛认为，抽象危险犯的研究还没有形成最后的结论性意见。我国学者张明楷也指出：“需要注重抽象危险犯的内部差异性，进而就抽象危险犯进行再分类；根据我国刑法分则的规定，可以将抽象危险犯区分为接近实害型、紧迫危险型、普通型、累积型与预备型；对后三类抽象危险犯应适当限制其成立范围。”可见，细化并深化抽象危险犯的内部分类研究，是一个兼具理论与现实意义的课题。

---

* 中国社会科学院法学研究所二级研究员、刑法研究室主任、博士生导师，中国刑法学研究会副会长，中国犯罪学学会副会长，最高人民法院特邀咨询员，最高人民检察院专家咨询委员会委员。

① 所谓累积犯，是指单个行为基于事实上的原因，对于所保护的法益不能产生损害，但如果类似行为大量实施最终会导致法益侵害，因而有必要对该行为予以禁止。

我国目前学界的研究还主要分散于从预备犯、共犯论等传统理论角度展开，或者从刑法立法前置化、刑罚处罚前置化等宏观角度去研究，但如何从行为结构角度去落实抽象危险犯技术层面的类型化，尤其在如何确定归责范围等方面去深化和丰富抽象危险犯的研究，这方面我们还做得很不够。这其中，间接型抽象危险犯是一个重要的研究内容。所谓间接型抽象危险犯，指的是需要通过第三人或者行为人自己将来的行为才能造成对后续法益的侵害，其本身只是作为后续犯罪的基础条件。对于这种间接型抽象危险犯，国外不少学者作了比较深入的研究，并提出一些值得思考的问题，如英国学者达夫指出："我们是否以及何时能够找到合理的理由用来犯罪化这种间接危险，取决于我们如何看待我们的责任和他人行为之间的关系"；罗克辛也指出，该类犯罪的特点是"对行为对象或者法益的侵害不再成为刑事可罚性的条件，而是根据这种行为所具有的客观或者主观倾向，以损害一种法益为指向"。

粗读陈宁副教授该书，以下几点给我留下较深印象：

首先，该书剖析了间接型抽象危险犯增多的根本原因在于通过刑法进行的风险分配和风险控制。风险社会的演进带来刑法机能主义的不断强化，根据需罚性和答责性等进行社会风险分配，尤其是积极的一般预防论通过行为规范养成国民的法忠诚感等刑罚论思想直接为间接型抽象危险犯的前置化立法提供了预防论基础。以风险预防和风险分配理论为基础，该书全面梳理了有关抽象危险犯的相关理论学说，从经验层面、危险量化层面等角度分析了传统学说的不足。在此基础上，提出这类犯罪的处罚根据在于对自我管辖领域内的危险控制义务不履行的观点，论证了对并不直接侵害法益的间接危险行为进行刑罚并不违背自我答责原则等。

其次，该书提出了对间接型抽象危险犯进行司法认定的归责模式。作者从行为结构、法益关联性、归责原则和范围等角度较为全面地阐述了间接型抽象危险犯的特征，提出了司法认定的具体归责模式，即不法方面以"犯罪事实支配说"来分析间接危险行为对后续犯罪的关联性；责任方面以"自我组织管辖义务论"为指导，提出"犯罪关联危险的控制义务说"来判断行为人有无危险控制义务；以及针对特殊情况通过法益衡量、规范保护目的考量等方法予以补充。

最后，该书针对司法适用中存在的问题提出了有针对性的完善建议。例如，作者结合中国裁判文书网的司法数据，对帮助信息网络犯罪活动罪进行了实证研究，弥补了单从法益论等抽象理论进行研究的缺陷，对发现司法适用中的真问题，从司法论甚至立法论上去有效化解这些问题，提出了一些值得重视的思路。

当然，本书也存在一些不足，如对于处罚间接型抽象危险犯的正当性根据，理论阐释还可加强；对这类犯罪的立法和司法需保持必要的警惕，还有待深化研究；有关帮信罪的实证数据近两年由于司法政策原因变化比较大，该书似乎没有及时更新；此外，全书在追求逻辑严谨、行文畅达等方面亦还有努力的空间。我由衷期待，陈宁副教授在未来的教学科研中，产出更多更高质量的成果。

是为序。

刘仁文

2024 年 4 月 9 日于北京

目　录

导 论

一 研究背景和意义

（一）研究背景

当前风险社会背景下，国内外刑法普遍出现刑法立法前置化、刑事处罚早期化①等立法现象，由此也出现了更多的抽象危险犯立法，如新增了中立帮助行为正犯化罪名（帮助信息网络犯罪活动罪）、预备行为实行化罪名（准备实施恐怖主义犯罪活动罪）等；在司法实践领域，更多的网络“中立帮助行为”（如“快播案”）等司法难以认定的问题引起了社会的普遍关注。这些立法和司法问题激起学界对预备行为实行化、帮助行为正犯化等问题的广泛讨论，相关研究也从不同角度逐步展开。目前学者对这些问题的研究角度主要有：或者从风险社会结构角度分析此类立法产生的社会背景和原因；或者把此类现象概括为刑法保护前置化或象征性刑法的问题；又或者归结为抽象危险犯的问题，其中“预备行为实行化、共犯行为正犯化”等拟制技术性立法的正当性受到最多质疑，被有的学者认为是刑法前置化方式中最不理想的类型。因此，研究预备行为实行化、共犯行为正犯化等是否具有正当性及如何归责等问题就成为该类犯罪的核心议题。

因此需要对预备行为实行化、共犯行为正犯化等抽象危险犯犯罪类型展开针对性地分析论证。仅仅宏观地从刑法介入前置化、抽象危险犯等角度展开，总结的只是所有抽象危险犯的共性问题，适用此类犯罪或显粗疏，故有必要在抽象危险犯不同分类的基础上专门针对预备行为实

① 张明楷：《日本刑法的发展及启示》，《当代法学》2006 年第 1 期。

行化、共犯行为正犯化等这类与后续犯罪存在间接关联意义的犯罪类型展开深入研究；而且分类研究也已经成为抽象危险犯研究的新动向，如瑞士学者沃勒斯依据行为类型不同，把抽象危险犯分为传统具体危险性犯、预备犯以及累积犯等。笔者在此基础上将预备犯理解为广义预备犯类型，包括预备行为实行化、中立帮助行为正犯化以及持有犯等，这种间接型犯罪在英美法系中又被称为间接型抽象危险犯。

本书对风险社会下日益增多的间接型抽象危险犯进行研究，围绕其特殊的犯罪结构特征论证此类犯罪的正当性，并针对学界一直以来对该类犯罪的质疑问题进行回应。然后在正当性论证的基础上对该类犯罪范围进行合理限定，并构建规范的归责模式。用“犯罪事实支配说”来肯定客观方面的间接关联意义，用行为人的危险控制义务来回答对后续犯罪的归责等，通过间接结构的研究路径，掌握此类间接型抽象危险犯的本质特征。通过对该类犯罪的正当性、范围限定以及归责模式等问题的论证，明确此类犯罪的立法界限和司法适用规范，回应目前立法前置化扩张的质疑或司法疑难案件的认定问题。

（二）研究意义

1. 方法论意义：细化抽象危险犯的分类研究，具有基础理论价值。抽象危险犯可以说是一种反向定义的概念，即把既不是侵害犯也不是具体危险犯的剩余类型都放入抽象危险犯的概念范围，使“抽象危险犯”成为了汇集各种法益类型、各种结构构造以及各种行为样态的“口袋”概念。从行为结构角度细化抽象危险犯的某种类型化研究，成为深化或丰富抽象危险犯研究的新路径。

2. 理论意义：回应间接型抽象危险犯的质疑问题，阐释间接型抽象危险犯的基本理论内涵。《刑法修正案（九）》新增了一些立法前置化的罪名，包括预备行为实行化、共犯行为正犯化等预防性犯罪罪名，这类罪名已经突破了实行行为边界，成为饱受质疑的最强前置化类型，面临不法认定困难和违背罪责原则等一系列问题。论文分别从不法和归责等基本犯罪构成、对传统共犯和预备犯理论的冲击、诉讼证明原则等角度阐释了此类犯罪的基本理论内涵，对此类质疑问题进行回应。

3. 立法意义：明晰此类犯罪的范围界限，合理限制刑法前置化立法扩张。本书以“间接型抽象危险犯”概念对“预备型抽象危险犯和共犯型抽象危险犯”进行统合，其意义在于明晰这类抽象危险犯已经越过了实行行为的边界范围，脱离了直接的法益侵害性或者危险性，属于最强前置化的类型，具有引起刑事立法无限扩张的嫌疑。有学者认为，预备犯是沿着犯罪行为实施的“时点”往前推移，而抽象危险犯是围绕着对法益侵害的样态向外“扩张”，因此刑事立法无法确立统一的预备行为认定标准，相比抽象危险犯更容易导致对刑法的过分扩张，认为实质预备犯并非刑事处罚前置化的理想犯罪类型。① 该文通过对此类犯罪正当性根据和范围限定的分析，提出对此类犯罪扩张要秉持高度谨慎的态度，此类犯罪只能作为原共犯、预备理论处罚漏洞的补充，在保护重大特殊法益等特殊情况时才能适用，并通过学理限定、立法限定和司法限定等不同角度进一步对此类犯罪的范围进行限定，为遏制立法的过度扩张提供参考。

4. 司法意义：明确归责标准，解决司法疑难案件的认定问题。从司法实践的角度看，论证间接型抽象危险犯的归责模式，为分析当前社会中出现的疑难案件，如争议较大的“快播案”等提供更为明确的归责标准。通过借鉴分析已有的标准学说等，提出先根据犯罪事实支配说判断客观行为与后续犯罪的关联意义，然后以“自我组织管辖义务论”判断主观明知以及行为人的危险控制义务，最后对特殊情况进行法益衡量等具体方法，进一步明确此类间接型抽象危险犯的判断标准和归责路径，引导司法实践规范处理此类案件。同时通过对中国裁判文书网上有关帮助信息网络犯罪活动罪的数据进行实证分析，为同类问题的解决提供参考。

二 研究现状和视角

对于把预备行为、共犯行为直接规定为分则罪名的问题，国内外刑法一直有不同角度的研究，包括刑法介入前置化、抽象危险犯以及风险刑法等角度。但不管是刑法介入前置化还是风险刑法角度，最后都把此

---

① 王永茜：《论现代刑法扩张的新手段——法益保护的提前化和刑事处罚的前置化》，《法学杂志》2013 年第 6 期。

类问题落脚于抽象危险犯，并出现了对抽象危险犯进行不同程度地类型化研究的新动向。笔者赞同对抽象危险犯进行专门类型化研究的路径，并把此类犯罪归纳为间接型抽象危险犯。间接型抽象危险犯的概念主要来自英美国家，英国学者安德鲁·阿什沃斯把持有型、预备型、共犯型犯罪统称为间接型抽象危险犯，西姆斯特和赫希把预备行为、共犯行为直接定罪处罚称之为间接干预类犯罪（Mediating Intervention），英国学者达夫也把这种行为类型称之为间接型抽象危险犯（Crimes of Indirect Abstract Endangerment）。[①] 另外，德国和日本也有对预备犯等同类问题的探讨，认为预备犯为自己或者第三人的后续犯罪承担责任有违背自我答责原则的嫌疑。我国也有学者借鉴德国使用“间接危险犯”的概念。笔者认为间接型抽象危险犯概念可以更加直接、明确地表现此类犯罪的“间接型”特征，突出完全不同于其他直接侵害法益的抽象危险犯特点，比采用德日“预备犯”的概念更为清晰，也更容易与狭义的“预备犯”进行区分。所以，本论文引介了间接型抽象危险犯的概念，遵循类型化研究路径，从行为结构角度等深化对此类抽象危险犯的研究。

在做文献综述时，因为各国对预备犯、共犯正犯化的研究表述各不一致，所以，本书以预备行为实行化、共犯行为正犯化为直接研究对象予以展开，抽象危险犯的类型化角度研究也是其中的一个方向。虽然各国研究的名称不同、角度不同，但是反映的问题却是共性的，同时也可以从通过其他角度反观间接型抽象危险犯类型化研究的必要性与合理性。

（一）国外研究现状

1. 德国和日本

德国和日本对预备犯、共犯正犯化等犯罪的研究主要从刑法介入前置化、抽象危险犯等角度展开，突出了此类犯罪法益关联性弱化、与后续犯罪行为的“间接”关联性等特点。

---

① These may be termed crimes of indirect abstract endangerment, in the sense that “Harm would ensue only in virtue of the intervening actions of others.” 转引自［英］安德鲁·阿什沃斯《刑法的积极义务》，姜敏译，中国法制出版社 2018 年版，第 237 页。

第一，从预备犯的角度，德国和日本学者首先分析了预备犯的不法特征和归责标准。首先，分析了预备行为与法益的关联性在弱化，甚至有学者主张抛弃法益论直接采用行为规范论、主观不法论等主观主义倾向的观点。德国希尔曼（Seelmann）教授主张构造提前保护的法益以明确前置化的构成要件。他指出，为了在犯罪的实害前阶段就阻断犯罪、提前预防危险，就需要在实害前阶段明确要保护的法益并因此构造出犯罪构成要件。雅科布斯批判预备犯的法益过于抽象与稀薄化，主张抛弃法益理论而采取规范论。[①] 罗克辛仍然坚持法益论的基本观点，但同时他认为要进行法益衡量的比较。他认为预备行为实行化也同样需要进行法益保护与公民自由的利益权衡，即使为了预防风险也不能突破法益保护的基本原则范围，否则就必须停止。[②] 德国学者玛拉哈认为预备行为存在着对后续犯罪法益的间接危险性，并不直接侵害法益。[③] 德国学者乌尔里希·齐白认为，预备犯应当属于"后继犯"，在后继犯中行为的潜在危险在于该行为的结果与他人实现犯罪目标之间的关联性。[④]

其次，在归责认定的标准上，也有学者主张从主客观不法认定的角度予以分析。(1) 客观不法方面，预备行为存在行为边界不清、主观目的模糊等问题。预备行为具有对法益侵害的现实可能性、随时到来性，预备行为与所要实行的目的犯罪之间存在关联性，预备行为与未遂犯的危险具有某些情况下的等价性等特征。针对这些特征，日本学者泷川幸辰认为："因为预备行为具有不定型性，行为的起点和终点等边界都难以确定，而且主观目的很难证明，使得其往往受到处罚非正当性的质疑。"[⑤] (2) 主观不法方面：预备行为人具有对法规范的敌对和漠视态度。德国学者米夏埃尔·帕夫利克认为："刑法的不法性不是针对某个人而是面向全体公民。犯罪人违反的不仅仅是针对被害人的义务，还

---

① 王莹：《法治国的洁癖：对话 Jakobs"敌人刑法"理论》，《中外法学》2011 年第 1 期。

② ［德］罗克辛：《德国刑法学总论》，王世洲译，法律出版社 2005 年版，第 19 页。

③ 参见邱中轲《预备行为实行化研究》，硕士学位论文，武汉大学，2017 年。

④ ［德］乌尔里希·齐白：《全球风险社会与信息社会中的刑法：21 世纪刑法模式的转换》，周遵友、江溯等译，中国法制出版社 2012 年版，第 211—212 页。

⑤ ［德］冈特·施特拉腾维特、洛塔尔·库伦：《刑法总论 I——犯罪论》，杨萌译，法律出版社 2006 年版，第 250 页；［日］泷川幸辰：《犯罪论序说》，王泰译，法律出版社 2005 年版，第 119 页。

包括共同实现法和平这一共同志业的忠诚义务。”① 日本学者福田教授也认为：“违法性的判断除了要考虑法益侵害或危险等结果无价值，还必须考虑行为无价值，考虑人的不法论。”②

最后，德国和日本对预备犯处罚根据和正当性的研讨理论成果也颇多。从处罚根据角度分析预备犯正当性的学说非常丰富，这些理论分别从经验层面、量化分析层面以及规范义务角度等不同层次和视角展开。如有学者认为符合相当因果关系说、有学者认为根据印象理论来判断行为的正当性，另外还有社会行为分离说、危险增量说以及义务违反说、间接危险性说等。此外，还有学者从刑罚设置的功能角度论证此类犯罪处罚的正当性，设置该类犯罪可以有效预防犯罪。日本学者川出敏裕等认为，“犯罪的先前行为或者助长行为被实施的场合，认为国家提前介入规制可以有效预防犯罪。”③ 德国学者库伦等认为，只有预备行为清楚地指向后续犯罪，或者预防某些犯罪成为必须及早防范的需求时，才能规定预备行为为单独罪名。④

第二，德国和日本学者从抽象危险犯的技术角度对预备型、共犯型以及持有型等犯罪展开类型化研究的视角。首先，分类的角度主要从犯罪结构、行为类型等角度展开。如瑞士刑法学者沃勒斯（Wohlers）把抽象危险犯分为具体危险性犯、累积犯与预备犯三种类型。尽管沃勒斯并没有首创这三种抽象危险犯类型，但他从犯罪结构的角度对抽象危险犯的分类和系统化作出很大贡献。另外，德国刑法学者齐尚（Zieschang）把危险犯分为具体危险性犯、抽象危险性犯、具体危险犯、潜在危险犯等。学者们虽然分类方法并不相同，但是一般来说，都是把具体危险性犯，如放火罪等作为传统型抽象危险犯；把预备犯、共犯正犯化以及持有等作为广义预备犯，或者称为潜在型抽象危险犯；累积犯一般指污染环境类等联合伤害类犯罪等。从德日的这些不同分类中，可以

① ［德］米夏埃尔·帕夫利克：《人格体·主体·公民：刑罚的合法性研究》，谭淦译，中国人民大学出版社 2011 年版，第 12 页。

② ［日］日高义博：《违法性的基础理论》，张光云译，法律出版社 2015 年版，第 41 页。

③ ［日］川出敏裕、金光旭：《刑事政策》，钱叶六等译，中国政法大学出版社 2016 年版，第 228 页。

④ ［德］冈特·施特拉腾韦特、洛塔尔·库伦：《刑法总论 I——犯罪论》，杨萌译，法律出版社 2006 年版，第 250 页。

发现他们虽然分类的侧重点不同，但是都把预备型、共犯型等作为专门的一类，只不过名称不同。沃勒斯称之为预备犯，齐尚称之为潜在危险犯，而且他们对于此类犯罪的总结也都有潜在性、间接性等特征。从以上不同的分类方法也可发现，这些分类研究的思路揭示了抽象危险犯之间行为类型、犯罪结构不同，其发生机理和认定标准等也不相同。而且正如罗克辛所说，危险犯尤其是抽象危险犯的类型化和体系化尚未形成比较统一的意见。

2. 英国和美国

同样，英国和美国学者的讨论基本也围绕着此类行为与后续犯罪行为的间接性、关联性等特征，从刑事政策、危害原则、后继关联性等方面展开。

首先，从社会政策、刑事政策以及危害原则等角度分析“调解干预类犯罪”的立法原因和理论基础。主要观点有，一是“回应型法”：美国著名学者诺内特和塞尔兹尼克认为回应型法可以更加积极主动地契合解决社会重大问题的需求，协调好与政治之间的关系。① 如为把准备实施恐怖主义犯罪活动等重大危险行为规定为犯罪提供了法律依据。二是“安全型法”：“调解干预类犯罪”为了抗制风险而促使公共安全法治化。为了控制犯罪，它更少关注个体犯罪人的过错和责任，更多地转变为对社会危险群体的整体识别、分类或管理。②

其次，英国和美国通过法益原则或危害原则理论对“调解干预类犯罪”予以限制。虽然英美国家并没有法益的概念，但不少学者也逐步对法益产生了兴趣。如达夫把法益定义为，为了保护个人安宁和社会和平而值得用法律进行保护的利益。美国学者胡萨克也认为，现代刑法并不处罚单纯的思想犯罪，但是当犯罪计划外显为客观危害行为，明确指向后续犯罪时就需要追究刑事责任。③ 英美不少学者认为此类犯罪属于间接危害原则：密尔和范伯格认为，间接危害是在危害原则基础上的

---

① ［美］诺内特·塞尔兹尼克：《转变中的法律和社会：迈向回应型法》，张志铭译，中国政法大学出版社2004年版，第16页。

② ［英］海泽尔·肯绍尔：《解读刑事司法中的风险》，李明琪译，中国人民公安大学出版社2009年版，第31页。

③ ［德］汉斯·韦尔策尔：《目的行为论导论：刑法理论的新图景》（增补第4版），陈璇译，中国人民大学出版社2015年版，第11页。

“危害可能性”，是可能造成的“危害或者遭受的风险”；丹尼斯·贝克认为，即使行为人客观上的行为不具有危害性，但具有诱发其他独立主体实施危害性行为的作用，那么该行为就属于间接危害。[①] 另外还有学者从不同角度定义间接危害行为，如阿什沃斯认为，间接危害是为后续犯罪创造机会的行为，赫希认为间接危害属于一种引发后续犯罪的高度风险行为，[②] 贝克认为其属于后续犯罪的诱发原因等，都阐述了所谓的间接危害行为本身并没有造成实害结果，仅具有导致危害的可能性，而危害后果并不一定会发生。丹尼斯·贝克还进一步提出了针对间接型危险犯的具体归责路径，采用先判断客观、再判断主观、最后再进行法益比较衡量的三步法等，努力解决此类犯罪客观行为定型性弱、主观方面判断困难等弊端。

最后也有学者反对采用客观危害原则，而主张从功利主义等方面论证。因为单纯从客观主义解释间接型抽象危险犯的观点并不能提供清晰的界定预备行为和帮助行为的危险标准。达夫也赞同此类观点，认为行为符合了危害原则只是意味着被犯罪化的极大可能性或倾向，并不必然就构成犯罪，只能用“危险理论”才可以弥补损害原则的不足。他认为预备行为区别于实行行为的关键在于对法益侵害的危险程度不同。为了克服危害原则的缺陷，还有学者转向主观主义理论。有学者认为处罚预备犯是将道德规制模式引入刑法领域。在预备犯的法定刑设置上，立法者表现出强烈的主观归罪倾向。美国学者梅尔·丹－科恩主张以维护人之尊严原则替代危害原则，以限制刑法扩张。另外，学者亚瑟尔·利普斯坦提出以“自主原则”来限制刑罚权的扩张，比危害原则更有具体性，表达更为明朗、直接。还有学者主张一定的道德理论[③]也可以用来证明犯罪化的正当根据，如冒犯原则[④]，即如果行为对他人构成了严

---

① Dennis J. Baker，“The Moral Llimits of Criminalizing Remote Harms”，*New Criminal Law Review*，Vol. 3，2007，p. 370.

② Andrew Von Hirsch，“Extending the Harm Princi-ple：‘Remote’ Harms and Fair Imputation”，*A. P. Sime-ster & A. T. H. Smith. Harm and Culpability*，1996，p. 263.

③ Robert W. Drane，“David Neal，on Moral Justificationgs For The Tort/Crime Distinction”，*California Law Review*，Vol. 68，No. 2，Mar1980，pp. 398－421.

④ 杨春然：《冒犯型犯罪：伤害原则对法益保护原则的一次超越——兼论犯罪的本质》，《中国刑事法杂志》2010 年第 2 期。

重的冒犯，则该冒犯行为可能被规定为犯罪。以上从行为规范、道德主观理论、尊严原则、自主原则等出发的观点都是主张替代客观危害性原则的其他补充解释办法，一方面反映了此类犯罪对客观危害原则的冲击和背离，另一方面也体现了单从客观方面来解释此类犯罪的局限性，需要采用主客观相结合的综合原则。

（二）国内研究现状

国内对预备行为实行化、共犯行为正犯化等罪名的研究主要从以下几个角度展开：有从整体角度展开的，如刑法介入前置化、抽象危险犯等；但是大部分研究主要针对《刑法修正案（九）》新增的一些罪名，分别从预备行为实行化、共犯行为的正犯化、持有犯等具体犯罪类型展开，从中可以看出我国对这类犯罪的立法和理论研究还处于初步阶段。

从整体研究角度看，预备行为实行化、共犯行为正犯化等作为刑法扩张的类型，被视为刑法前置化立法、刑法保护早期化、立法活性化以及风险刑法等论题提出。梁根林教授认为此类犯罪体现了刑法立法的扩张，劳东燕教授则认为体现了风险社会背景下刑法的转变，张明楷教授则赞同把刑法保护前置化分为法益保护前置化和刑法处罚前置化。法益保护前置化主要体现在对生态环境权、信息网络安全等领域的法益保护；刑法处罚前置化主要体现在《刑法修正案（九）》以来逐步增设的预备行为实行化、共犯行为正犯化等问题上，成为 2015 年以来我国刑法学研究的热点。虽然学术界对此种问题的关注不断攀升，但是对刑法处罚前置化的共性理论探讨还不充分，以刑法处罚前置化或者法益保护前置化为整体展开研究的主要有孙万怀、姚贝、王拓、王永茜、李晓龙等。其中，2014 年李晓龙在《刑法保护前置化趋势研究》中首次以刑法保护前置化作为命题进行综合研究，分析了刑法前置化的概念和类型，包括预备犯、共犯、行为犯阶段的前置等不同类型。根据不同类型划分为法益保护前置和刑罚处罚前置两大类，并分别提出了普遍法益的限制路径和抽象危险犯的限制路径。除了这些较少的专题研究以外，其他大部分相关研究主要以预备行为实行化、共犯行为正犯化等某一类为研究对象，理论深度和体系有待进一步加强和完善。本书对预备行为实行化、共犯行为正犯化等单向研究角度进行了梳理和归纳。

首先，预备行为实行化的研究主要围绕着该类犯罪处罚的正当性根据、处罚边界限制以及与犯罪预备的区别与竞合等方面展开。国内刑法学界首先对犯罪预备进行深入研究的是马克昌，他对预备犯的研究奠定了我国研究犯罪预备的基础。近十年来，系统性的研究主要有2001年邢志人的《犯罪预备研究》，为国内第一本相关研究的专著，还有2013年许海霞和2015年许健专门研究预备犯的博士论文等，但仍然都把分则规定的预备犯类型作为其中的一部分研究内容，并没有专门展开专题研究。现阶段，我国刑法总则虽然规定了对一般预备行为的处罚原则，但并不能适应预备行为危害性日益严峻的形势，所以探讨分则立法的模式既与德日等国的规定相一致，也成为现代社会风险推动刑法立法不断扩张的新趋势。但是预备行为实行化模式是否妥当，有何种优势和弊端，立法界限和司法认定标准如何确定以及与总论预备行为的区别和竞合等一系列问题亟须解决，因此，预备行为实行化的深入探究还有待进一步加强。如有学者认为，前置化的预备行为等都与危害结果存在遥远的距离。[1]

其次，帮助行为正犯化的研究也是随着《刑法修正案（九）》对“帮助网络信息犯罪活动罪”“拒不履行网络安全管理义务罪”等罪名的增设以及大量网络犯罪中性帮助行为的涌现而逐步展开的，研究角度主要从立法模式的正当性以及认定标准等方面展开。研究成果同样主要集中于2016年和2017年，相关学者主要有刘仁文、于志刚、梁根林、于冲、闫二鹏、姜敏等。网络中立行为和帮助网络信息犯罪的研究学者主要有张明楷、涂龙科、皮勇等。其中认可“帮助犯正犯化”立法模式合理性的代表学者有于志刚、曲新久、陈毅坚、于冲等；而从法教义学角度进行批判性反思的代表学者是刘艳红、闫二鹏、白洁等。如刘艳红认为，中立帮助行为要经过全面审核才能确定是否有可罚性，能否上升为单独的罪名等[2]。陆敏则从定位上的缺失分析帮助犯正犯化的最关键原因是力图构建社会危害性的关系图式：（从作用）正犯 < （主作

① Bernard E. Harcout，“The Collapse of the Harm Principle”，in the *Journal of Criminal&Criminology*，Vol. 90，pp. 109 - 194. 转引自王新《刑法修正案（九）第120条前置化规制的法理探析》，《北方法学》2016年第10期。

② 刘艳红：《网络中立帮助行为可罚性的流变及批判——以德日的理论和实务为比较基准》，《法学评论》2016年第5期。

用）帮助犯 <（主作用）正犯。[①]

再次，把预备行为实行化、共犯正犯化等作为抽象危险犯某种类型的研究逐渐成为新的趋势。不管是整体分析刑法介入前置化，还是专门探讨预备犯、共犯正犯化等最后都归纳为了抽象危险犯的问题。因此，抽象危险犯又成为研究的热点。近年来有一系列研究抽象危险犯的博士论文和专著，如2014年徐凯的《抽象危险犯的正当性研究》分析德国刑法对抽象危险犯正当性的各种理论争议，并提出对抽象危险犯进行类型化研究的主张，具体包括预备犯、传统型抽象危险犯和累积犯等不同分类法[②]；2013年李婕的《抽象危险犯研究》着重分析了抽象危险犯与行为犯的不同，并从客观归责、主观认定等方面对抽象危险犯的认定提出建议；2015年张军的《抽象危险犯研究》中则分为传统抽象危险犯和新型抽象危险犯，传统抽象危险犯包括预备型、共犯型、持有型等抽象危险犯，新型抽象危险犯包括准抽象危险犯即适格犯以及累积犯等。另外我国一些学者也对危险犯作了不同程度的区分。如王志祥教授把危险犯分为独立犯罪类型的危险和非独立犯罪类型的危险[③]。除了对预备型、共犯型抽象危险犯的研究外，我国学者也逐渐意识到新型的抽象危险犯类型，如准抽象危险犯[④]、累积犯[⑤]等。

最后，总括来看，预备行为实行化、帮助行为正犯化等问题从刑法教义学的角度可以归纳为基本立场、概念区别、处罚根据以及范围边界四类问题。

1. 基本立场问题。否定说认为，帮助犯正犯化的做法违背了传统共同犯罪理论，破坏了刑法内部体系的统一性，将过于抽象的危险犯定罪不利于统一抽象危险犯的分类标准。张明楷教授虽然承认帮助犯正犯

① 陆敏：《“帮助犯正犯化”立法实践的教义学展开》，《山西农业大学学报》2017年第11期。

② 徐凯：《抽象危险犯正当性问题研究——以德国法为视角》，中国政法大学出版社2014年版，第178—179页。

③ 王志祥：《危险概念比较研究》，《法学家》2002年第5期。

④ 陈洪兵：《准抽象危险犯概念之提倡》，《法学研究》2015年第5期。

⑤ 张志钢：《论累积犯的法理——以污染环境罪为中心》，《环球法律评论》2017年第2期。

化，但却认为帮助信息网络犯罪活动罪只是帮助犯量刑规则。同样对预备犯的可罚性也持否定观点，认为预备犯本来就不具有类型化的特征，很容易失去判断的边界，把预备行为规定为犯罪并不符合法治的基本原理，难以确立统一认定标准[①]。相反，肯定说认为，从刑事政策的角度看，近年来频发的食品安全、网络犯罪等问题都需要进行前置化立法。如姜敏认为通过帮助行为正犯化等法益保护前置化手段立法是实现食品安全保障与预防的重要选择；茹士春认为协助卖淫的行为已经“常态化”“产业化”，单独定罪利于简化对该类行为的认定。对于预备行为实行化，有学者也认为通过刑罚前置化手段把涉恐行为确定为罪也是一种证明正当性的方式。

2. 区别问题。对于帮助行为正犯化罪名与传统共犯的竞合与区别问题，司法实践还存在认定标准不一的情况。学者高巍认为，预备行为实行化是运用法律拟制技术与抽象危险犯原理，将原有的预备行为拟制为实行行为，但二者的区别还需要理论上的进一步深化；邱中轲认为一种犯罪预备行为相对于另一法益也可能是犯罪实行行为，二者可以互相转化，预备行为独立成罪，更利于司法认定；徐海霞认为对二者的区分应重视不同立法结构背后的理论支撑，如德日理论就基于对刑法分则罪名和未遂犯的界定从而展开对预备罪的探讨。

3. 处罚根据问题研究角度不一。有关刑法处罚前置化的处罚根据问题一直是学者们关注的问题，所以探讨成果也非常丰富，主要是围绕着目的论、规范论、法益论、不法论（二元的行为无价值论）以及积极的一般预防论等问题展开，都表达了“规范”的意义，但是角度和出发点不同。主要观点如下。有关预备行为实行化的理论根据：有学者认为处罚的根据在于预备行为具有了“实行行为性”，该类预备行为已经临界于“着手”实行点，达到了实质可罚的界限，具有了与实行行为相同的高度类质性，根据刑事政策对保护重大法益的要求需要定罪处罚。[②] 也有学者反对，如黄荣坚认为，即使为了保护可能侵犯的重大法

① 王永茜：《论现代刑法扩张的新手段——法益保护的提前化和刑事处罚的前置化》，《法学杂志》2013 年第 6 期。

② 李凤梅：《预备犯可罚性的反思与重构：以刑法拟制的视角》，《北京师范大学学报》2015 年第 3 期。

益，也无论这种法益有多么重要，但不管行为人是否具有不法意志就对其进行处罚，已经完全把人作为工具化处理。① 当然还有学者主张综合考虑行为的主客观方面，一方面考察行为与法益侵害的关联性，另一方面考察主观方面显现的对法规范的敌对性态度，主客观方面相结合能明显表现出对正常社会生活规范的违反以及对法益的抽象危险时，就要对这种预备行为予以例外的处罚。目的论限缩论认为，处罚预备犯是目的刑法理念支配的结果，具体包括以下三个层次：（1）从“回应型”法的角度看，预备犯是适应社会治理的需要和便利而采取的活性立法方式。（2）从“预防型”法的角度看，预备犯通过刑罚的宣告从而彰显刑罚的威慑和规训，进而达到遏止重大犯罪的目的。而且从“积极的一般预防”理论进行分析，“预备行为实行化”的产生不仅仅源于威慑，更源于规训。动用刑罚可达到以下三个目的与效果：学习效应（Lerneffekt）、信赖效应（Vertrauenseffekt）、安抚效应（Befriedungseffekt）。（3）从“安全型”法的角度看，预备犯是为了保障公共安全的法治化而对风险予以抗制，从个体责任的判断更多地转向危险群体的识别。另外还有学者从积极的一般预防论角度分析认为间接型抽象危险犯是为了回应公众对法规范的信赖，也有论者从二元行为无价值论以及规范违反说等角度进行分析。

4. 范围边界问题的研究。就抽象危险犯的处罚根据而言，“对行为对象或者法益的侵害不再成为刑事可罚性的条件，而是根据这种行为所具有的客观或者主观倾向，以损害一种法益为指向”。② 如何把握这种指向后续犯罪的间接关联关系，成为合理控制此类犯罪范围边界的关键。

总之，预备行为实行化、共犯行为正犯化等犯罪类型主要从立法前置化、抽象危险犯角度或者分别从预备行为实行化、共犯正犯化等单个问题角度展开研究。目前国内外都有了一定的研究基础，但是针对预备行为实行化和共犯行为正犯化的共性问题进行专门研究的还比较少，已有的研究要么是从立法前置化或抽象危险犯等宏观角度展开、要么从研

---

① 黄荣坚：《基础刑法学》（下），中国人民大学出版社 2009 年版，第 310 页。

② ［德］克劳斯·罗克辛：《德国刑法学总论》（第 1 卷），王世洲译，法律出版社 2005 年版，第 279 页。

究预备犯或共犯正犯化等单个问题的微观角度展开。本书尝试针对预备行为实行化和共犯正犯化这两类犯罪的共性问题进行中观层次的研究，把它作为专门的一类从“立法前置化或抽象危险犯研究”宏观命题中独立出来，以适应现代抽象危险犯类型化研究的新路径，弥补仅从法益论研究抽象危险犯的危机。在国内外对抽象危险犯分类研究的基础上，笔者借鉴了英美法系“间接型抽象危险犯”的概念，基于此类犯罪不同于其他犯罪类型的间接行为结构特征，概括出预备行为实行化和共犯行为正犯化的共性问题，主要包括：从法益论角度看，主要呈现出对后续犯罪的法益关联性弱化、对后续犯罪的间接危险性等特征；从行为论角度看，此类间接危险行为存在对后续犯罪行为的关联性、目的指向性等特征；从罪责角度看，此类表面无害的中立性行为对他人后续犯罪进行负责，看似有违自我答责原则的嫌疑等，这些问题都凸显了此类犯罪的间接行为结构特征。本书以上述问题为核心，拟从间接型抽象危险犯处罚根据的正当性、边界限定以及罪名认定等不同层次逐步展开论证，通过对间接型抽象危险犯的专门分析和系统梳理，努力实现对此类犯罪研究的进一步深化。

三　研究思路和方法

（一）研究思路

本书基本的研究思路为：根据目前刑法前置化立法和司法认定中出现的问题，以犯罪结构作为抽象危险犯类型化研究的新路径，归纳出预备型、共犯型等抽象危险犯的共同特征，总结出此类犯罪的根本机理就在于其间接型的犯罪结构。因此，本书提出以间接型抽象危险犯来涵盖此类立法现象，根据间接型抽象危险犯的理论基础，首先分析间接型抽象危险犯的正当性根据以及对正当性质疑的回应等，在此基础上进一步探讨该类犯罪的限定办法，再次提出更加明确具体的归责模式，即正当性的确立、正当性的范围限定、正当性的认定条件三个不同层次逐步递进的论证思路。最后通过举例个罪进行司法适用考察，探讨司法实践中出现的问题并提出完善建议。具体包括以下七章内容。

第一章介绍了间接型抽象危险犯的概念、特征及类型化研究路径等。间接型抽象危险犯属于抽象危险犯分类的一种。瑞士学者沃勒斯（Wolfgang Wohlers）批判了作为抽象危险犯处罚根据的形式说与实质说仅仅着眼于法益论展开的解释模式，提出要从犯罪的行为结构或行为样态的角度进行分析，由此把抽象危险犯分为具体危险性犯、累积犯、预备犯等类型。安德鲁·冯·赫希（Andrew von Hirsch）也把包括预备犯等介入型犯罪与联合伤害类犯罪作为两种不同的预防性犯罪类型与濒危危险犯并列。我国也有学者把危险犯分为：超个人法益危险犯、行政规范升级型危险犯以及间接危险犯。所谓的间接型抽象危险犯，主要指需要通过第三人或者行为人自己将来的行为才能造成对后续法益的侵犯，其本身只是作为后续犯罪的基础条件，而这种行为在英美法系被称为调解干预类犯罪或间接干预类犯罪。根据此特征，本书称之为间接型抽象危险犯。对于间接性的特征，英国学者安德鲁·阿什沃斯（Andrew Ashworth）认为是“只有因为他人的干预行为，危害结果才会继而发生。”达夫（R. A. Duff）也说“我们是否以及何时能够找到合理的理由用来犯罪化这种间接危险，取决于我们如何看待我们的责任和他人行为之间的关系。”此类犯罪的特点主要是解决在何种条件下能够因第三者的自我答责行为而影响到个人的答责领域从而进行“公平归责”的问题。另外，本章还介绍了其他相关概念主要是其下辖的预备行为实行化、共犯正犯化等概念。最后，本章还归纳总结出间接危险犯的特征，从行为结构等方面总结出包括拟制实行行为性、关联后续犯罪性、侧防法益性等特征。第二节主要对间接型抽象危险犯的类型化研究路径进行阐释，以行为结构对抽象危险犯进行分类研究也适应了世界各国对抽象危险犯进行类型化研究的趋势，可以发现不同角度的分类法都有把预备型、共犯型抽象危险犯归为专门一类的做法，不过是名称有所不同。以行为结构对抽象危险犯进行分类可以弥补单纯法益论研究的缺陷、突出此类犯罪的发生机理，而且因为预备型和共犯型抽象危险犯也都具有相同的结构特征等而可以归为专门的一类。

第二章介绍了间接型抽象危险犯的理论基础。从风险社会刑法理论和刑法机能主义理论两方面展开。首先分析了风险社会理论下抽象危险犯增多、实行行为概念扩张、罪责呈现客观化特点等，以及刑法通过风险分配和风险控制进行扩张的趋势。风险刑法为了消除社会不安感，根据风险分配和控制的逻辑，不断在危害结果出现之前提前介入，增加间接型抽象危险犯以防控社会风险。其次，从刑法机能主义理论的角度，分析在风险社会背景下，刑法基本理念出现了包括刑法机能主义观以及积极一般预防等刑法机能主义的趋势。刑法犯罪论和刑罚论等都出现机能主义化的特征，根据需罚性和答责性等进行社会风险分配，尤其是积极一般预防论通过行为规范养成国民的法忠诚感等刑罚目的主义思想直接为间接型抽象危险犯的前置化立法提供预防论基础。

第三章通过对间接型抽象危险犯处罚根据学说的分析来证立其处罚的正当性。间接型抽象危险犯的正当性面临的最大的问题是：如何让只是起到间接作用的幕后行为为直接实现法益侵害或危险的第三人负责？其看似违背了自我答责原则。以这个问题为核心，该章通过比较作为基础概念的“抽象危险犯”以及两种间接类型“预备型和共犯型抽象危险犯”的处罚根据学说，从经验层面、危险量化层面等角度分析了传统学说的不足（先反驳了一般危险说、社会相当性学说等经验层面的分析弊端，又对危险量化分析的思路进行纠正），最后立足于规范论，认同义务违反性学说的合理性，并根据间接型抽象危险犯的特征提出这类犯罪的处罚根据在于对自我管辖领域内的危险控制义务不履行的观点。

第四章主要梳理了目前学界对间接型抽象危险犯的有关质疑问题并进行回应，因为这类犯罪的特殊间接型行为结构给传统刑法理论带来一系列的冲击，引发了包括间接型抽象危险犯的基本犯罪构成、与传统共犯论的关系以及能否反证等多方面的问题质疑，具体如：从不法论角度看，间接抽象危险行为的非定型性、与后续犯罪的间接关联性的判断成为难题；从归责论角度看，间接抽象危险行为为后续犯罪承担对法益的侵害责任似乎违背了“自我答责”原则以及该类罪名与后续犯罪共犯如何区分，是否还存在新的间接共犯等问题，针对这些问题质疑进行回应的同时也从另一个角度对此类犯罪的正当性作了证明，同时也全面阐释了间接型抽象危险犯的基本犯罪构成、与传统共犯关系等基本理论内涵，为后文展开进一步论证奠定基础。

第五章提出对间接型抽象危险犯进行限定的不同角度和方法。间接型抽象危险犯的处罚有其正当性的范围，不能任意扩张。该章从学理、立法、司法等角度分别提出了对间接型抽象危险犯进行合理限定的具体办法。首先进行学理限定，分析了间接型抽象危险犯的基本属性应当限于行为危险说。提出采用民主商谈论、社群主义等理论防止风险刑法理论基础过于扩张等。其次，提出立法限定和司法限定的路径。即通过限定重大犯罪法益范围、明确行为方式等划定此类犯罪的立法界限，通过限制解释、允许反证解释、利益平衡解释等方法进行司法限定。

第六章在前文论证此类犯罪的正当性根据、范围限定的基础上，进一步提出归责模式的建构。首先，对已有观点进行分析论证，借鉴罗克辛的折衷说和贝克“先客观后主观”的归责路径，提出先判断客观上的“犯罪意义关联性”，再判断是否有“明知”，根据雅科布斯的组织管辖义务论判断在自我管辖领域内是否承担危险控制的义务，最后以利益衡量说进行补充判断等。

第七章以帮助信息网络犯罪活动罪为例进行个罪考察，通过对中国裁判文书网上的司法判决数据分析，总结归纳间接型抽象危险犯归责认定中存在的问题并提出完善建议等。

（二）研究方法

本书选题属于刑法理论研究的范围，在对该题目分析论证的过程中，笔者使用了文献资料研究法、比较研究方法等。另外，为了突出该理论的实用性，笔者通过分析中国裁判文书网上的司法判决数据等对帮助信息网络犯罪个案进行考察统计，以期整个论文能够达到理论与实践相结合、逻辑推理和案例分析相结合等更加深入的论证效果。

1. 比较研究方法。通过对抽象危险犯不同分类进行比较研究，吸收域外法律文化精华，拓宽研究的视野。目前我国有关抽象危险犯的分类研究还与德国日本等国家存在差距，需要借鉴国外先进研究成果和方法。所以，笔者尽最大努力收集了德国、日本及英国、美国等国有关抽象危险犯的各类文献资料，吸收最新理论研究成果，通过对比分析不断充实、完善自己的观点。

2. 文献资料研究法。广泛搜集国内外有关抽象危险犯研究的文献资料，尤其是采用了第一手英文文献和台湾文献资料，对国内有关的德日文献资料进行整理，在已有的研究资料基础上，归纳论证有关间接型抽象危险犯的处罚根据以及归责认定问题。

3. 案例分析方法。笔者搜集了2015年设定帮助信息网络犯罪活动罪以来中国裁判文书网上的相关案例，发现司法实务中对以帮助信息网络犯罪活动罪还是以共同犯罪处理还存在罪名混淆，罪名本身还存在法定刑偏低而且法定刑幅度单一等问题，对此提出进一步完善的对策建议。

四 可能的创新之处

1. 提出“间接型抽象危险犯”的概念，采用类型化研究抽象危险犯的新路径。随着世界范围内刑法前置化扩张、抽象危险犯不断增多的趋势，各国学者也都有对抽象危险犯进行分类研究的动向，都把其中具有共同特征的“间接”惹起、主导后续犯罪的预备行为、共犯行为拟制为实行行为的现象进行专门分类。本书根据其间接性的特征，并结合英美和我国学者的分类法，进一步归纳为“间接型抽象危险犯”，然后通过“正当性根据、范围限定以及归责模式”等不同层次的论证展开深入研究，以解决和回应间接型抽象危险犯面临的问题和质疑。

2. 采纳“危险义务控制说”作为间接型抽象危险犯的处罚根据。如果存在对自我管辖领域内发生的危险予以控制的义务，那么处罚该类间接危险行为就并不违背自我答责原则。通过总结论证间接型抽象危险犯的处罚根据，比对“抽象危险犯、预备犯、共犯正犯化”等处罚根据的相关理论学说，论证间接危险行为为后续犯罪行为承担责任并没有违背自我答责原则，而是基于对自我管辖领域内的危险不予控制的义务。如快播案最后争论的焦点就变为快播公司要不要为“中立性”的缓存技术承担控制义务，是否存在对于间接危险行为的控制义务成为最后能否处罚间接型抽象危险犯的关键。

3. 根据间接型抽象危险犯的“间接型犯罪结构”特征，提出“犯罪事实支配+危险控制义务”等更为具体、明确的归责路径。首先，提出用“犯罪事实支配说”来分析该类间接型抽象危险行为与后续犯罪的意义关联性，解决间接抽象危险行为具有的“日常化、中立化”特征造成客观要件难以认定的问题。其次，根据上文所提到的“危险义务控制说”分析行为人是否存在对危险进行控制的义务，以确定是否承担刑事责任。

第一章

间接型抽象危险犯概述

第一节　间接型抽象危险犯的概念、特征和国内外立法

在风险刑法理论体系下，存在着以风险预防代替法益保护、以风险分配代替行为归责、以危险犯代替实害犯等的逻辑①，并逐步改造了传统刑法理念及体系。这种刑法扩张的逻辑促使刑法立法不断前置化，随之而来增设了更多的抽象危险犯类型。如前文所述，既有预备型、共犯型抽象危险犯等突破实行行为边界的强前置化扩张方式，也有随着新增精神化法益的保护采用累积犯、具体危险性犯（传统型抽象危险犯）等规范升级的弱前置化类型。这些不同类型的抽象危险犯的增设是否具有正当性？刑法保护前置化带来的新型抽象危险犯又造成哪些新的问题？都急需刑法相关理论的回应。本书尝试在已有刑法立法前置化分类研究的基础上针对其中刑法立法强前置化的类型，即预备型、共犯型等间接型关联犯罪类型（本书借鉴英美采用“间接型抽象危险犯”，也即我国学者所谓的间接危险犯）展开深入研究。

一　间接型抽象危险犯的概念②

间接型抽象危险犯属于抽象危险犯的一种，建立在抽象危险犯分类

---

①　南连伟：《风险刑法理论的批判与反思》，《法学研究》2012 年第 4 期。

②　有关间接型抽象危险犯的概念，笔者直接从英国学者达夫采用的“crimes of indirect abstract endangerment”翻译过来，主要用来涵盖预备行为实行化、共犯行为正犯化等犯罪类型，虽然各国一般都把此类犯罪作为抽象危险犯的一类，但是所用名称并不相同。（接下页）

的基础上。以瑞士学者沃尔夫冈·沃勒斯（Wolfgang Wohlers）对抽象危险犯的三分法为基础可以进行比较[①]：第一类，即具体危险性犯（Konkrete Gehrlichkeitsdelikte），在英美法系被称为濒危危险犯（Endangerment Offenses）或狭义的抽象危险犯（Abstract En-dangerment），它是指需要具体结合实际情况综合判断是否具有危险性的犯罪类型，这类行为本身具有导致直接法益侵害或危险的可能性，但也存在不具有危险性的例外，单纯形式化的判断必然囊括进一些表面符合构成要件但没有实际危险性的行为，如我国的危险驾驶罪等，需要结合实际情况判断具体危险是否存在，因此被称为具体危险性犯。第二类是累积犯（Kumulationsdelikte），英美法系又称为联合伤害类（Conjunctive Harm Offenses），这类行为虽然也具有直接性的法益侵害危险，但单个行为的违法量并不足以达到侵犯法益的程度，需要协同大量同类行为发生才能发生，其典型例子是污染环境类犯罪。第三类抽象危险犯即（广义）预备犯[②]（Vorbereitungsdelikte，相对于狭义的预备犯，即预备行为实行化，又称独立预备犯。还有另外一种说法把刑法传统理论上的预备行为也称为实质预备犯等），即需要通过第三人或者行为人自己将来的行为才能直接侵犯法益，构成直接侵犯法益行为的基础条件，这种行为在英美法系被称为调解干预（Mediating Intervention Offenses），英国学者达夫称之为间接型抽象危险犯（Crimes of Indirect Abstract Endangerment），其适例是非法持有武器类犯罪。其中，英美国家把第二类累积犯（Conjunctive Harm Offenses）和第三类调解干预类犯罪（Mediating Interven-

---

（接上页）如德国和日本一般称为广义预备犯或潜在危险犯等，英美学者有的称为调解干预型犯罪、介入型犯罪或间接型抽象危险犯，在我国有的学者称为间接危险犯，或划归为距离法益比较遥远的抽象危险犯等。所以本书在介绍此概念的时候基本尊重原各国已有的概念不做变更，在总结此类犯罪的特点时再采用间接型抽象危险犯概念，以便更形象地传达出其“间接型”“抽象危险犯”的特点，此类犯罪具体主要包括预备行为实行化和共犯行为正犯化等不同类型，对于持有类型笔者认为原则上可以归入预备型抽象危险犯，但在本书中不作详细展开。

① Wolfgang Wohlers, *Deliktstypen des Prventionsstrafrechts*: *zurDogmatik* “*moderner*” *Gefhrdungsdelikte*, Duncker &Humblot, 2000, S. 309 ff.; A. P. Simester& Andrew von Hirsch, *Crimes*, *Harms*, *and Wrongs*: *On the Principles of Criminalisation*, Hart Publishing 2011, p. 57.

② Vgl. Jens Puschke, Gefhrdungsstrafrecht und Vorbereitungsdelikte, in Hefendehl (Hrsg.), *GrenzenloseVorverlagerung des Strafrechts*? *BWV*, 2010, S. 13.

tion Offenses）统称为预防性犯罪类型（Prophylactic Crimes）。[①] 通过比较，大陆法系和英美法系都对抽象危险犯进行了基本相同的分类，只不过具体名称不同而已。其中两大法系也都有把预备犯或调解干预类犯罪（在本书中把这两类都归入间接型抽象危险犯）作为单独的一种预防性犯罪类型。在本书中，笔者采用间接型抽象危险犯作为此类犯罪的概括，以避免采用大陆法系的（广义）预备犯而发生与（狭义）预备犯或预备行为的混淆。

所谓的间接型抽象危险犯或者德日国家所称的（广义）"预备犯"，主要是指行为人自身或者他人具有导致后续犯罪发生可能性的潜在危险性行为样态[②]，解决的主要是：预备型、共犯型抽象危险行为在什么样的条件下为后续第三者的自我答责行为去承担个人危险行为的责任，即"公平归责"的问题。英国学者安德鲁·阿什沃斯以持有和使用枪支为例，认为之所以对其犯罪化，除了持有这种违禁品本身造成不正当的伤害以外，还有次要的根据——从"只有因为他人的干预行为，危害结果才会继而发生"[③] 的角度看，此类持有类犯罪还可以被认定为间接型抽象危险犯（Crimes of Indirect Abstract Endangerment）[④]。达夫（R. A. Duff）也说"我们是否以及何时能够找到合理的理由犯罪化这种间接危险，取决于我们如何看待我们的责任和他人行为之间的关系"。[⑤] 西姆斯特（A. P. Simester）与安德鲁·冯·赫希（Andrew von Hirsch）合著的文章在对非构成性犯罪（Non-constitutive Crimes）分类时，也把包括预备犯等介入型犯罪与联合伤害类犯罪作为两种不同的预防性犯罪类型与濒危危险犯并列。[⑥]

---

① A. P. Simester, Andrew Von Hirsch, "Remote Harms and Non-Constitutive Crimes", 28 *Crim. Just. Ethics* 89, 2009, p. 93.

② 转引自李晓龙《刑法保护前置化趋势研究》，博士学位论文，武汉大学，2014 年。

③ D. Husak. , "Does Criminal Liability require an Act?" In R. A. Duff (Ed.), *Philosophy and the criminallaw*, 1998; R. A. Duff, *Answering for crime: Responsibility and Liability in the Criminal Law*, 2007, pp. 99 and 106 – 107.

④ ［英］安德鲁·阿什沃斯：《刑法的积极义务》，姜敏译，中国法制出版社 2018 年版，第 237 页。

⑤ R. A. Duff, *Criminal Attempts Act* (U. K.) 1981, S. 1 (1), p. 164.

⑥ A. P. Simester, Andrew von Hirsch, "Remote Harms and Non-Constitutive Crimes", 28 *Crim. Just. Ethics* 89, 2009, pp. 93 – 94.

我国也有不少学者主张对抽象危险犯进行分类比较，把其中的预备行为实行化、共犯行为正犯化等归类为间接危险犯。如李川认为这类危险犯的特点并不是犯罪本体行为产生的危险，而是与之有关的后续实行行为产生的危险，“预防的是直接产生法益侵害危险的行为的危险”，因此被称为“间接危险犯”①。另外如徐凯对以预备行为实行化、共犯行为正犯化为内容的预备犯有所介绍。②

总之，随着抽象危险犯的不断扩张，不同类型的风险不断涌现，有必要对抽象危险犯进行更为具体的分类。其中预备行为实行化、共犯行为正犯化等立法现象对传统危险犯的冲击已经引起学者们的关注，因其对法益侵害危险的间接性或者对他人行为承担责任的间接性而被归为专门的一类，德国学者称之为预备犯或间接危险犯，英美称为间接型或介入型抽象危险犯，我国学者也引用或认可了这种分类，称之为间接危险犯。综上，本书基于上述分类方法，把预备行为实行化、共犯行为正犯化以及持有等实行行为不同阶段性行为的拟制化统称为间接型抽象危险犯。对此类间接型关联犯罪的研究也是希望能够对目前我国在《刑法修正案（九）》以来所新增的间接型抽象危险犯类型的立法以及司法实务相关难题进行回应。

（一）间接型抽象危险犯的概念来源

1. 英美“间接型抽象危险犯”的概念

英国学者达夫把这种需要后续犯罪行为参与的犯罪称之为“间接型抽象危险犯（Crimes of Indirect Abstract Endangerment）”。另外还有不同学者采用其他的名称来概述此种需要后续犯罪行为参与的间接结构特点。如西姆斯特与赫希合著的文章把需要行为人自己或者他人的自主参与行为才能实现的犯罪统称为调解干预类犯罪（Mediating Intervention Offenses）。③ 传统上英美国家一直都用间接危害（Remote Harm）概念

---

① Vgl. Puschke, Jens, Grund und Grenzen des Gefaehrdungsstrafrechts am Beispiel der Vorbereitungsdelikte, in: Ro—landHefendel (Hrsg.), *GrenzenloseVorvelagerung des Strafrechts*, S. 15ff. 转引自李川《危险犯的扩张逻辑与正当性思考》，《法学评论》2017 年第 3 期。

② 徐凯：《抽象危险犯的正当性研究——以德国法为视角》，中国政法大学出版社 2014 年版。

③ Vgl. Puschke, Jens, Grund und Grenzen des Gefaehrdungsstrafrechts am Beispiel der Vorbereitungsdelikte, in: Ro-landHefendel (Hrsg.), *GrenzenloseVorvelagerung des Strafrechts*, S. 15ff. 转引自李川《危险犯的扩张逻辑与正当性思考》，《法学评论》2017 年第 3 期。

来描述此类犯罪特征。丹尼斯·贝克（Dennis J. Baker）认为："当一个人的行为是无害的，但是为了诱使另一个独立的当事人实施有害的犯罪行为（主要伤害）的事实，它的行为就是'间接危害'。"① 英国学者安德鲁·阿什沃斯（Andrew Ashworth）认为，"间接危害是指行为本身不具有过错和危害，但是为最终导致严重危害结果创造了机会。"② 安德鲁·冯·赫希（Andrew von Hirsch）认为"间接危害行为是涉及多种偶然性因素的风险行为。"③ 不管是阿什沃斯的"机会论"，还是赫希认为属于后续犯罪的风险行为，再或是贝克提出是后续犯罪的诱因行为等观点，此间接危害类犯罪的特征都有引起正犯的风险或危险，有学者称之为调解干预类犯罪（Mcdiating Intervention Offenses），具体属于抽象危险犯中的间接类型犯罪，正如英国学者所概括的"间接型抽象危险犯"（Crimes of Indirect Abstract Endangerment）。

具体而言，西姆斯特与赫希合著的文章把调解干预类犯罪作为非构成性犯罪的一种，与另外三种类型的犯罪并列。第一类为濒危类犯罪，即我们传统所称的一般抽象危险犯，第二、三类为预防性犯罪案件，其被禁止的活动只有在伴随着犯罪者或其他人的自主参与行为等才会产生危害。具体根据发生原因的不同又可以分为调解干预类犯罪和联合伤害类犯罪。第四类是有关强奸罪等的讨论。第二、三类预防性的犯罪与濒危犯罪类似，都禁止增加某种最终伤害的风险，不同在于这种风险只有在正犯行为或其他人进一步干预后才会出现。这类调解干预类（间接型抽象危险犯类型）行为不会直接造成危害，只是控制行为沿着引起危害的路径继续。具体类型如实质预备犯等，存在着后续的犯罪关联，其间接危险性需要后续犯罪行为干预后才更加凸显。联合伤害类的犯罪则类似于德日的累积犯，需要多个同类的行为积累完成，如污染环境行为。联合伤害类和调解干预类型虽然都需要他人干预，但是又有本质不

---

① Dennis J. Baker, "The Moral Limits of Criminalizing Remote Harms", 10 (3) *New Criminal LawReview* 370, 370 (2007).

② Andrew Ashworth, *Principles of Criminal Law* 49 (5th ed. Oxford University Press 2006). 转引自姜敏《英美刑法中的危害原则研究》，《比较法研究》2014 年第 4 期。

③ Andrew von Hirsch, "Extending the Harm Principle, 'Remote' Harms and Fair Imputation", *in Harm and Culpability* 259, 263 (A. P. Simester & A. T. H. Smitheds. Oxford University Press 1996).

同。联合伤害类是一种累加，自身也是制造危险的直接原因，而调解干预类型或介入类型是自身行为并没有直接危险，只是具有引起后续犯罪侵害的间接危险性。正是这种间接型的行为结构更加凸显其最强前置化的特征而导致其面临违背自我答责原则的质疑。其中调解干预类犯罪就包括了持有、预备和日常中立帮助行为等。

安东尼·达夫（Antony Duff）也认为间接型抽象危险犯的核心问题是，我们是否可以合法地强迫间接危害行为人仅仅因为其他人后来行为可能不端而放弃选择权。这里需要的不仅仅是可预测性或相关性，还需要“规范性”参与正犯的后续选择。通过后续犯罪体现间接危险犯的业务或其他作用。包括各种协助、鼓励或以其他方式支持他人的不道德行为等都在某种意义上肯定或承认干预行为者的后续选择。具体如：（1）积极怂恿与鼓动。（2）鼓励和模仿。如在R. 诉布朗案中，[①] 祖斯（Jauncey）勋爵表示，成年人之间的共识虐待行为可能会成为一个坏榜样，导致其他人与未能给予适当同意的青少年进行此类行为。（3）援助，预防性犯罪通常禁止有助于后续有害行为的活动，例如禁止拥有或供应某些武器和枪支。事物的核心功能通常是我们对该事物的社会理解的构成部分。因此，提供此类物品行为的表达意义，就表明实施帮助行为的人并不否认该产品是有害的，当然也应该承担责任。（4）提供援助建议，如提供杀人食谱书等不同行为类型。

2. 德、日“预备犯”的概念

赫希（Hirsch）和齐尚（Zieschang）认为，传统的抽象危险犯和具体危险犯的区分过于简单又容易引起歧义，需要用更为精确、更能表现事物差别的概念取代。德国学者玛拉哈认为预备行为本身并不直接侵害法益，而是蕴含着对法益的间接危险性。传统的危险二分法即形式危险说和实质危险说需要以新的犯罪类型作补充。德国刑法学近年出现了从犯罪类型论对抽象危险犯进行限缩解释的倾向，代表性的观点如瑞士刑法学者沃尔夫冈·沃勒斯的主张。沃勒斯认为把抽象危险犯作为单纯的法益问题处理是错误的，除了从法益角度分析之外，还要更详细地考察犯罪的行为结构和行为类型。可以在法益论限制的基础之上进一步通过

---

① R. v. Brown [1994] 1 AC 212, 246. 转引自 A. P. Simester, Andrew von Hirsch, “Remote Harms and Non-Constitutive Crimes”, 28 *Crim. Just. Ethics* 89 (2009), p. 99。

行为结构和攻击样态进行限制，推动抽象危险犯的研究进一步精细化发展。

沃勒斯关于预备犯的分析认为，预备犯是指行为人自身的预备行为或者共犯参与行为对后续犯罪行为或结果的产生具有潜在危险性的行为类型结构。这里的预备犯其实是一种广义的表达，包括为自己或为他人。为自己对应狭义的预备犯，为他人对应共犯行为正犯化等情况。判断预备犯如何实现“着手实施犯罪”的等价性功能从而认定刑事不法的成立，需要从以下几个方面进行实质性考察：第一，预备犯要具有与后续犯罪行为的犯罪意义关联性，即中立性的预备行为必须通过犯罪主观方面的意思外显从而表现出与后续犯罪之间的明确关联性，凸显出与一般无害的中立帮助行为并不相同。[①] 例如我国刑法第120条之一的资助恐怖活动罪，当行为人所提供的帮助明显超出日常生活需要范围，为明知是非法的恐怖活动组织筹集经费时，就可以判断该资助行为与后续犯罪行为间的犯罪关联性。第二，预备犯也要有独立风险性。实质预备行为具有惹起、引发后续犯罪的关键作用，之所以对它进行处罚，原因在于它与后续犯罪的紧密关联性。根据行为人的犯行计划，如果不及时控制这种行为人创设的风险，一旦危险继续蔓延就会造成后续犯罪的严重危害结果。正是这种不及时控制就难以有效抵御的高风险性，成为实质预备犯对行为人自由限制的必要条件和界限。[②] 所以间接危险行为惹起后续犯罪行为的独立风险性是客观上决定此类犯罪处罚必要性的关键。第三，预备犯的间接控制意志。只有在行为人对将来可能发生的犯罪行为或后续犯罪行为具有故意或明知时，行为人就具有了控制危险行为指向后续犯罪的间接意志。因为直接危险只能通过后续犯罪行为才能实现，间接意志体现了对后续犯罪支持的决意。

上述是判断间接型抽象危险犯结构的三个特征，这种间接危险性的结构特征还可以通过对比其他类型的抽象危险犯进一步明确。

---

① ［德］乌尔里希·齐白：《全球风险社会与信息社会中的刑法：21世纪刑法模式的转换》，周遵友、江溯等译，中国法制出版社2012年版，第216页。

② ［德］乌尔里希·齐白：《全球风险社会与信息社会中的刑法：21世纪刑法模式的转换》，周遵友、江溯等译，中国法制出版社2012年版，第217页。

（1）与传统型抽象危险犯相比

传统型抽象危险犯主要相对于具体危险犯，主要指的是具有一般危险性的标准化危险行为。与具体危险犯完全根据实际情况判断行为危险性的方法不同，这种危险行为属于经过大量观察抽象出来的典型危险行为类型，按照一般人标准具有公认的不需要具体判断就具有客观一般危险性的行为，之所以没有出现具体的危害结果只是偶然，因此又被赫希（Hirsch）和齐尚（Zieschang）认为是“具体危险性犯”，具体危险性犯本身创造了一定的危险域，只是偶然或异常情况才不具有危险性，这种概括可以更加形象地传达抽象危险行为对法益的影响机理或者说风险创设方式。所以，传统型抽象危险犯可以说是基于该类行为的一般危险性类型，行为样态本身就具有一般规范意义上的抽象危险性，存在直接造成危害结果的可能性，在考察典型危险的同时也要结合个案具体实际排除无任何危险性的情况，避免仅仅因为单纯地不服从而受到刑事制裁。例如德国刑法中的纵火罪以及我国刑法危险驾驶罪都属于实施了一个在一般人看来都极具风险的标准化危险行为，不管是放火行为还是在道路上驾驶机动车追逐竞驶或者在道路上醉酒驾驶机动车都属于具有一般危险性的标准化行为，按照一般公众标准判断，行为自身就存在对法益造成危险的抽象危险性，该危险行为本身就存在着无论其自身还是其他交通参加人都无法控制的危险状态，属于一种不被容许的风险源，对这种标准化的危险行为直接规定为传统型抽象危险犯，可以更加积极地警示一般公众避免发生此类危险行为，比具体危险犯具有更加积极、典型的预防犯罪意义，体现了抽象危险犯的特征和存在意义。

（2）与累积性抽象危险犯相比

累积型抽象危险犯，又称为蓄积犯，是指虽然单个行为违法量不足以造成严重的危害后果，但是这种行为本身容易诱发其他人的协同和模仿效果，这种诱发、协同行为最终会造成现实侵害的实际因果关系，并且具有现实或经验上的累积效果。[①] 因此，我国台湾学者蔡蕙芳认为行政从属性犯以及企业内部的分层归责等都有着特殊的集合性和累积性特征，不适用结果归责逻辑。“足以”不是表示达到具体危险，而是类似

---

① 李晓龙：《刑法保护前置化趋势研究》，博士学位论文，武汉大学，2014 年。

抽象危险的一般危险性。为了潜在的规范宣示功能或者道德指示作用，可以强化一般社会成员对法的信赖感。[①] 如瑞士刑法学家库尔特·泽尔曼（Kurt Seelmann）认为环境犯罪具有“非典型归责结构”。如瑞士刑法学家 Wolfgang Wohlers 所言，环境系统的规范建构，基本都是法益理论的问题。[②] 对这类累积犯也可以通过“层级化归责”“先位违法”等模式，对违反组织监督义务的行为予以处罚。

相比之下，预备犯只是预备犯本人或者其他人为实施后续直接侵害法益的犯罪行为创造条件的行为，其本身并不能直接造成法益的侵害或者危险。预备犯不同于传统型抽象危险犯或者累积犯的风险设定模式，如果说累积行为或传统型抽象危险行为都是部分地、直接地参与了法益侵害或者具体危险，行为自身都是直接造成法益危险的不可或缺的组成部分，那么预备犯则是间接起作用的幕后行为，自身完全没有直接参与法益的侵害或危险行为，直接实现法益侵害或危险的是后续犯罪行为。正如雅科布斯所说预备行为只是危险进程的开始，其实现还需要未着手的后续犯罪行为。因此预备犯立法方式有过于扩张刑法范围、过度前置刑罚处罚，具有违背自我答责原则的嫌疑，其间接型的犯罪结构也给此类间接型抽象危险犯的正当性论证以及归责认定等带来一系列的疑难问题。

3. 我国“间接危险犯”的概念

我国有学者认为，新设危险犯中出现了大量的预备型、共犯型抽象危险犯，如准备实施恐怖活动罪、帮助信息网络犯罪活动罪等。这类犯罪的危险正是来源于与后续实行行为或他人正犯的关联性，而这种与未来行为或他人行为之间的关联性如何认识和把握[③]就成为这类犯罪要解决的疑难问题。它不同于直接型危险犯，而是强调对后续犯罪的主观危险认识和间接控制能力，基于这类认识结构的间接型特征而把此类犯罪归类为“间接危险犯”。[④] 我国学者李凤梅、何荣功等也把预备行为实行化、共犯行为正犯化以及持有等统称为拟制实行行为，同样反映了实行行为的实质化解构，需要克服完全形式化的实行行为概念而代之以实

---

① 古承宗：《刑法的象征化与规制理性》，（台北）元照出版公司 2017 年版，第 127 页。

② Wolfgang Wohlers, *Delikstypen des präventionsstrafrechts*, 2000, S. 130ff. 转引自古承宗《刑法的象征化与规制理性》，（台北）元照出版公司 2017 年版，第 109 页。

③ 李川：《危险犯的扩张逻辑与正当性思考》，《法学评论》2017 年第 3 期。

④ 李川：《危险犯的扩张逻辑与正当性思考》，《法学评论》2017 年第 3 期。

质化、规范化研究，有必要采用“犯罪事实支配说”或者“重要作用说”等对实行行为进行实质化解释的学说。

4. 本书使用的“间接型抽象危险犯”概念

综合以上不同法系、不同国家对此类犯罪概念的使用情况，英美一般用调解干预类型或间接型抽象危险犯来概括预备行为实行行为化、共犯行为正犯化以及持有型犯罪；德国日本一般用广义的“预备犯”来概括此类犯罪，并作为抽象危险犯类型的一种；我国也有学者根据行为类型把抽象危险犯分类为规范升级型、间接危险型等，把预备行为实行化、共犯行为正犯化等称为间接危险犯。综合以上不同国家对间接型抽象危险犯的归纳，基本上都把预备型、共犯型以及持有型行为等归纳为一类（其中，持有也可以归属于预备型抽象危险犯，另外还有学者认为，组织犯也是一种特殊形式的预备犯。[①] 组织行为可以看作是后续犯罪的“准备行为”，一般类型的预备犯中，后续犯罪行为如果发生一般也是由第三者实施的或者自己实施的，而在组织犯中，组织犯罪集团的人与后续犯罪的实施者一般是同一的。组织犯罪集团的目的就是为了犯罪，单纯的缔结行为就已经侵入了他人的组织圈），虽然归纳的名称有所不同，但是都承认此类犯罪有着跟其他类型抽象危险犯不同的特征。笔者为了论述的方便，基于我国学者已有的分类法，把预备行为实行化、共犯行为正犯化以及持有犯等统一概括为间接型抽象危险犯。通过对间接型抽象危险犯与传统型抽象危险犯（具体危险性犯）、累积犯等的区分，采用更为深入、细化的分类研究方式，从而进一步明确此类抽象危险犯的研究范围和特点。因为间接型抽象危险犯是最受争议与质疑的类型，把这类本身不具有明显危害性、通过后续犯罪行为间接凸显犯罪关联意义的犯罪归为一类进行专门研究，可以针对相关的问题作更深入的提炼与挖掘。

（二）与间接型抽象危险犯相关的概念

1. 预备型抽象危险犯

预备型抽象危险犯包括预备行为实行化（狭义的预备犯）和持有

---

① Puschke 也认为组织犯属于广义的预备犯。Vgl. Puschke, *Vorbereitungsdelikte*, in: Hefendel (Hrsg.), Vorverlagerung, S. 13. 转引自张军《抽象危险犯研究》，博士学位论文，武汉大学，2015 年。

犯等。在我国一般把刑法总则中作为其他犯罪的预备行为独立规定为分则具体罪名的称为预备行为实行化。[①] 持有犯，从广义上来说也可以视为后续犯罪行为的准备行为，可以归入预备型抽象危险犯。[②] 鉴于预备犯行为本身具有独立引发后续犯罪的关联性，为了保护法益就有必要在犯罪预备阶段提前进行预防和控制。

（1）狭义预备犯的发展历史

中世纪国际法中也有某种罪行的预备行为或者未遂行为作为独立之罪的规定，[③] 被德国刑法学家耶赛克总结为刑法主观主义立场问题。历史上，德意志帝国法院的司法实践曾经根据冯·布里主观主义理论进一步将未遂扩展至特定的预备行为。后来经过刑法改革进一步区分未遂与预备，才将未遂限制在直接实现构成要件之前，对预备犯的处罚作出进一步限制。

现代德国刑法立法模式受意大利及法国刑法影响，对预备犯与未遂犯作出严格区分，并未在刑法总则规定预备行为，只是在分则中确立某些重罪预备犯。其根本原因在于预备犯距离犯罪既遂还太遥远，其危险性并不紧迫，而且预备犯故意也很难被明确证明。日本同样也只在刑法分则条文规定一些重罪预备罪，强调预备罪对于后续犯罪的目的指向性。日本把预备罪区分为不同的类型，包括为自己预备罪和为他人预备罪等。

我国最早在《唐律》、历代刑法以及近代刑法中都规定有少量的重罪预备犯，但与我国现代刑法的理论基础和社会背景都不相同，所以借鉴意义也相对有限。[④] 我国现代刑法既在刑法总则中规定对预备行为进行普遍处罚，同时又在分则规定某些重罪的预备犯，被我国刑法学家马克昌总结为“犯罪预备行为原则上不处罚，严重犯罪的预备犯始予处

---

① 梁根林：《预备犯普遍处罚原则的困境与突围——〈刑法〉第 22 条的解读与重构》，《中国法学》2011 年第 2 期。

② 许海霞：《预备犯研究》，博士学位论文，武汉大学，2013 年。

③ ［德］李斯特著，施密特修订：《德国刑法教科书》，徐久生译，法律出版社 2006 年版，第 333 页。

④ 封建刑法中的预备罪之处罚规定等的法制史考察，可以参考邢志人《犯罪预备研究》一书对此问题进行的比较翔实的理论考察。

罚”的立法例。[①]

（2）预备行为实行化的相关概念

根据转化的法条依据，可以分为总则性转化和分则性转化。顾名思义，就是把预备行为规定在刑法总则的为总则性转化，规定在刑法分则的是分则性转化。学界一般认为，之所以在刑法总则中规定是因为其符合所谓的修正的犯罪构成要件，可以结合刑法总则第13条，情节特别轻微的作除罪处理。分则规定预备罪则使预备行为直接转化为新罪名的实行行为。

从属预备犯与独立预备犯。从属预备犯，主要指根据刑法总则规定，把分则罪名的预备行为视为修正的犯罪构成，具有从属性，所以称为从属预备犯。独立预备犯是直接把预备行为规定作为分则罪名，又被称为预备行为实行化，或独立预备犯。这种区分方式来源于日本，尽管日本只有独立预备犯，而没有需要结合总则的从属预备犯规定。

自己预备罪与为他人预备罪。这也是日本根据犯罪目的不同作出的分类。以自己实行犯罪为目的进行准备的是为自己预备罪，为他人犯罪实行犯罪做准备的则属于为他人预备罪。其中为他人预备罪又分为三种学说。肯定说认为为他人实行而提供帮助，他人未着手则成立共犯关系。而否定说认为，上述分类情况会带来体系上的混乱。二分说则认为要根据法条具体规定来区分。笔者认为，从这种预备犯的分类角度看，为自己的预备罪属于狭义的预备犯，为他人的预备罪可以视为中立帮助行为的正犯化。所以，预备行为实行化和共犯行为正犯化二者除了行为结构类似，目的也有相通之处，形式上也存在重合。如果是为他人预备罪从另一个角度来说就是共犯正犯化。

2. 共犯型抽象危险犯

（1）共犯与正犯

所谓正犯（Täterschaft），是指直接实施符合犯罪构成要件行为的人。[②] 德国刑法第25条第1款规定：“自己实施犯罪依正犯论处。”日本刑法第60条规定：“二人以上共同实行犯罪的，都是正犯。”一般刑法分则规定的都是单独直接正犯。如果多数人参加，除了正犯以外的则

---

① 马克昌：《预备犯比较研究》，《中央检察官管理学院学报》1993年第1期。

② ［日］山中敬一：《刑法总论2》，成文堂1999年版，第734页。

是共犯。“正犯相对于共犯，共犯则以正犯为前提，依附于正犯而成立。”[①] 一般来说，共犯都是依附于正犯的不法性而成立，没有正犯就没有共犯。这就是正犯理论中的“正犯优越性”和“共犯从属性”。

不过，正犯与共犯只是根据分工不同作出的区分，我国法条则没有规定正犯，只区分了主从犯，一般来讲，正犯解决定罪问题，主犯解决量刑问题。[②] 英美国家也有主犯的概念，分为一级主犯和二级主犯等。一级主犯（Principle in the First Degree），通常指亲自实施重罪或利用无罪的中介人实施重罪者，相当于德日等国的直接正犯和间接正犯；二级主犯（Principle in the Second Degree），指实施重罪时在场，并帮助、怂恿一级主犯者，大致相当于德日的共同正犯。

（2）共犯行为正犯化的概念

共犯行为正犯化，又称为共犯型抽象危险犯，是指将原犯罪行为的共犯行为直接规定为刑法分则的实行行为，直接按照正犯有关规定予以处罚，而不需再根据共犯理论进行评价，以弥补共犯处罚的漏洞问题。[③]“共犯正犯化”主要为了织密严重刑事类犯罪的法网而设，在引起严重犯罪之前的共犯阶段就予以防范。这种立法模式，是现代国际社会普遍为了加强社会预防进行刑事立法前置的普遍做法，可以有效摆脱帮助行为对后续犯罪行为的依附作用，体现了刑事立法面对现实共同犯罪的疑难问题而作出的回应。[④]

共犯正犯化罪名一般都在刑法分则中含有“帮助”“协助”等字眼，罪状的表述方式一般都可以归纳为“明知 + 帮助”类型。例如，准备实施恐怖主义犯罪可以分解为，明知是恐怖主义犯罪，帮助其准备凶器、危险物品或者其他工具的行为。再如帮助信息网络犯罪活动罪，明知他人将可能实施网络犯罪活动，而故意为其提供技术帮助行为的构成独立的刑事犯罪。这类含有“帮助”“协助”等类似字眼的罪名一般都属于帮助行为的正犯化。[⑤]

---

① ［日］大塚仁：《刑法要论》（总论），成文堂 1987 年版，第 179 页。

② 陈兴良：《共同犯罪论》，中国人民大学出版社 2006 年版，第 541 页。

③ 刘艳红：《网络犯罪帮助行为正犯化之批判》，《法学评论》2016 年第 3 期。

④ 姜敏：《法益保护前置：刑法对食品安全保护的路径选择——以帮助行为犯化为研究视角》，《北京师范大学学报》（社会科学版）2013 年第 5 期。

⑤ 刘艳红：《网络犯罪帮助行为正犯化之批判》，《法商研究》2016 年第 3 期。

承认“共犯的正犯化”会带来以下法律后果：首先，共犯正犯化以后就不再依附原正犯行为而成为新的独立犯罪类型，其成立不需要以正犯实施不法或犯罪行为为前提。其次，共犯行为的正犯化会产生新的犯罪形态问题，因为新的拟制正犯也会有教唆或帮助行为等，就会成为新拟制正犯的教唆犯或帮助犯①。与原有共犯理论下的认定相比就发生了异变，如果是原有共犯的教唆或者帮助行为，只能通过共犯产生间接因果力，只能作为原正犯的共犯行为发生作用，与新拟制正犯的共犯显然不一样。②

二　间接型抽象危险犯的特征

1. 转化后的拟制实行行为性

间接型抽象危险犯包括预备型、共犯型抽象危险犯等，就是把原来具有构成要件定型性的实行行为进行前置纵向扩张到预备阶段（持有也属于行为的一种准备或待证明的行为预备阶段③）或者向周边横向扩张到共犯阶段等，把还在准备阶段的预备行为、共犯行为等看似中立化、日常化的行为拟制规定直接提升为实行行为，成为拟制实行行为。④ 相对于传统的抽象危险犯、具体危险犯、行为犯、结果犯等，把看似不具有危害性的、中立的日常行为，鉴于其存在风险的高度可能性、与后续犯罪的紧密关联性，而拟制为具有可罚性的独立实行行为，体现的是风险分配和对关联风险控制义务的分配等预防性刑法理念。

拟制实行行为采取的立法拟制技术，将不具有实行行为定型性的行为直接进行规范性类比，假设其具有实行行为性。立法拟制就是一种规范性的假设。美国法理学家朗·富勒认为法律拟制就属于一种虚构性的陈述。拉伦茨也认为，法律拟制是将原本不同的东西有意等同起来。⑤

---

① 郎胜主编：《中华人民共和国刑法释义》（第六版），法律出版社 2015 年版，第 505—506 页。

② 张明楷：《论帮助信息网络犯罪活动罪》，《政治与法律》2016 年第 2 期。

③ 李婕：《抽象危险犯研究》，博士学位论文，武汉大学，2013 年。

④ 李凤梅：《预备犯可罚性的反思与重构：以刑法拟制的视角》，《北京师范大学学报》2015 年第 5 期。

⑤ ［德］拉伦茨：《法学方法论》，陈爱娥译，（台北）五南图书出版公司 1996 年版，第 160 页。

沟通原始事实与拟制事实的关键在于规范的相通性。预备行为之所以能被拟制为实行行为，就源于它与实行行为的高度类质性，侵害法益的风险如果没有行为人意志以外的因素就可能一触即发，导致难以控制的严重后果。共犯行为被拟制为实行行为的规范性也在于此类共犯行为对后续犯罪事实的引发支配性，属于后续犯罪行为的核心或关键技术，具有直接关联后续犯罪能否成立的重要作用。所以，预备行为与共犯行为都突破了对原有实行行为定型性的边界，从非实行行为上升为拟制实行行为。但之所以能被拟制化为实行行为，根本还在于它与实行行为的规范类质性，而且按照罗克辛的犯罪事实支配说，实质化的实行行为就是对犯罪事实的一种支配，当预备行为或共犯行为具有了这种事实支配性的时候，其本身也就具有了独立的实行行为性。

拟制化的实行行为其实已经超出原实行行为的边界，已经不再是对实行行为构成要件的缩减。如有的学者认为抽象危险犯就是对犯罪构成要件要素的缩减，这种前置化的刑事立法只是减少了发动刑事处罚的前提条件，国家不再等到所有的犯罪构成要素都齐备才进行处罚，只要能够确定实行行为前阶段的行为与后续法益侵害之间的关联性，就可以进行刑事处罚。这种观点其实也是一种通过实质解释扩大刑罚处罚的方式，但它只能用来说明具体危险性犯，即传统型抽象危险犯如危险驾驶罪等，只要有醉酒驾车的标准化构成要件行为就已经提前满足了刑事可罚性的条件，已经提前实现了对法益的紧迫危险。但这种构成要件的缩减并没有突破实行行为的边界，而拟制实行行为则不能再说是构成要件的缩减，因为它已经突破了实行行为的边界，把预备行为、共犯行为等拟制为具有间接引起后续犯罪行为的拟制实行行为，只能通过规范意义来解释，具有最强前置化的特征。

转化后的预备行为因为具有关联后续犯罪的明确指向性、高度支配性等，实质上具有了引发、促进后续犯罪的高度风险，具有了相对独立的实行行为性，“其实行性已经吸收了原有的预备性”。[①] 如预备行为实行化以后，主观故意的性质虽然不变，但是故意的内容要求对后续行为具有认知程度更高的“明知”，也就意味着可以根据客观行为对后续犯

---

① 许健：《论预备行为的实行性转化》，《合肥工业大学学报》（社会科学版）2010 年第 6 期。

罪的事实支配性推定行为人是否具有“明知”，拟制实行行为的独立性也带来“明知”判断的客观化。

2. 对后续犯罪的关联指向性

间接型抽象危险犯的设置就是为了预防后续犯罪的发生。相对于后续犯罪行为来说，间接型抽象危险犯属于上游行为，而且一般是相对于下游后续犯罪的危险行为，这种危险就在于它的预备或帮助行为对后续犯罪提供了决定性的条件或准备，产生了对后续犯罪的支配性、决定性影响。如组织恐怖主义活动等预备类行为，在没有行为人意志以外因素介入的情况下，行为危险可以说一触即发，凸显了危险实现的极大可能性，对直接实施恐怖主义的实行行为具有着关键性的影响。因此，间接型抽象危险犯与后续犯罪之间存在一种紧密联系的承继关系，间接型抽象危险犯的危险性来源于对后续犯罪行为的指向关系、因果性支配关系。正如有学者认为：“预备行为其实就是为实行行为创造便利条件的行为，它与实行行为紧密相连，之所以处罚预备行为的根据也在于它与实行行为在时间、地点、方法、手段等方面都具有前后发展延续性、密接性等，具有导致危险实现的高度引发性。”① 英美法系中有关分析认为，这种联系相对于后续犯罪来说必须是重要的、甚至是“唯一”的条件②。当然，这种指向关系必须是确定的、主导后续犯罪行为发生的关联关系，根据罗克辛的犯罪事实支配说，就是需要能支配后续犯罪行为发生、惹起的关键作用，因此，间接型抽象危险犯在自身相对独立性的基础上，也具有了对后续犯罪的关联意义指向性特征。

间接型抽象危险犯对于后续犯罪的关联意义指向性，除了表现为客观行为对后续犯罪的事实支配性以外，还表现在行为人对后续犯罪的主观“明知”上。间接型抽象危险犯的法律规定一般都有“明知”的表述，这种明知是针对后续犯罪事实情况的描述，反映了实施间接危险的行为人对于后续犯罪的主观认知情况，如果在明知后续犯罪会发生的情况下，仍然实施支配后续犯罪的危险行为，就违反了对自我管辖领域内的危险行为予以控制的危险管理义务。我国学者陈兴良教

---

① 陈兴良主编：《刑法总论精释》，人民法院出版社 2010 年版，第 434 页。

② Dennis J. Baker, “The Moral Limits of Criminalizing Remote Harms”, *in New Crim. L. Rev.*, Vol. 10, 2007, p. 376.

授也是基于间接型抽象危险犯对后续犯罪的目的性认识意义，才把此类犯罪称之为目的犯的。只有主观上的犯罪指向性，才能使某种日常性的社会行为转变为犯罪预备行为。也正因此主观不法要素让犯罪预备具有了目的犯的性质。[①] 这种对危险行为的故意实施或者消极放任，属于危险控制的不作为。所以，间接型抽象危险犯对后续犯罪是否有明知，也是控制或关联后续犯罪指向性的表现。如希尔施教授也指出未遂犯等未完成犯罪具有从主观和客观方面共同建构的特征，而不仅仅是客观方面的危险性。[②]

除了不法意义上间接型抽象危险犯的客观方面具有犯罪事实支配性、主观方面具有明知指向性等关联后续犯罪的特征之外，间接型抽象危险犯的“间接型”特征还在于它为后续犯罪承担责任的间接性。间接型抽象危险犯自身并不直接侵害法益，只是关联后续犯罪的“日常、中立”行为，让这种间接关联后续犯罪的危险行为承担责任，给人以违背刑法“自我答责”原则的嫌疑。这也就意味着间接型抽象危险犯行为人的责任领域延伸涵括了他人的自我责任行为，这种责任模式无疑需要一个“特别的理由”，也是让间接抽象危险行为承担责任的原因，笔者将通过后文第四章间接型抽象危险犯的正当性论证、第六章间接型抽象危险犯的归责模式建构进一步展开。

3. 转化后的侧防法益性

间接型抽象危险犯的类型包括预备行为实行化、共犯行为正犯化等，从法益论的角度来分析，对法益进行提前保护与预防，具有“侧防法益”的保护特征。[③] 预备犯可以说是沿着犯罪行为实施的“时点”在纵向延长线上往前推置，而共犯正犯化则是以法益侵害为原点向外“扩张”，这类行为突破了实行行为的边界，也就是超出了实行行为所保护的核心法益，转而对围绕核心法益的侧防法益进行保护预防。相对于传统的抽象危险犯来说，更容易导致对刑法的过分扩张，被学者质疑为并非刑事立法前置化的理想犯罪类型[④]。施罗德教授也认为，“20 世

① 陈兴良：《判例刑法学》（上卷），中国人民大学出版社 2009 年版，第 346 页。

② 张志钢：《“未遂犯是危险犯”命题否定论》，《当代法学》2016 年第 6 期。

③ 李婕：《抽象危险犯研究》，博士学位论文，武汉大学，2013 年。

④ 王永茜：《论现代刑法扩张的新手段——法益保护的提前化和刑事处罚的前置化》，《法学杂志》2013 年第 6 期。

纪的刑事立法者并未创出新的法益，而是通过侧面的或补强的规定来保护既存法益，进一步强力涵括法益侵害的前地（Vorveld）与周边（Umfeld）。”[①] 所以这类间接型抽象危险犯与直接保护既存法益的类型不同，它通过把侧防法益的目的设置为“对使主要保护客体法益处于侵害或危险之可能性的犯罪促进态度”的规制上，从侧面支援对主要法益客体的保护。[②]

间接型抽象危险犯保护的是主要法益的“侧防法益”，主要目的在于保障法益的准备条件。对实行行为之前的预备行为或者至少提供犯罪机会之共犯行为的早期化立法就是为了实现预防性犯罪目的。不过间接型抽象危险犯与直接型并不相同，它不是直接保护既存法益，而是通过法益周边的外围规定来实现间接性保护，涵盖了法益侵害的前阶段和周边等更广的领域。间接型抽象危险犯属于抽象危险犯中最强前置化的一种，当然也具有抽象危险犯不需要证明因果关系，而只要证明行为规范意义的特征，具体认定的关键甚至已经超出了其行为的危险性，而涵盖了入罪化时立法者的动机，所以刑法的适用负担被极大减轻。[③] 跟传统抽象危险犯不同的是，间接型抽象危险犯只需要证明某种行为具有立法时的规范意义，本质上就相当于参考了风险分配的立法目的。通过对要保护的直接法益的周边或前阶段进行补强规定，对可能存在的风险根据保证人义务进行分配，以有效防范直接法益不被侵犯。

三 间接型抽象危险犯的国内外立法

目前刑法介入前置化也是世界各国刑法立法的趋势，本书主要总结了德国、日本和我国的一些预备行为实行化（德日称为预备犯）、共犯行为正犯化等代表性的罪名，此类犯罪都有着间接惹起或关联后续犯罪

---

① Friedrich-Christian Schroeder，*Die Straftaten gegen das Strafrecht*，Berlin/New York：Walter de Gruyter，1985：23. 转引自李晓龙《刑法保护前置化趋势研究》，博士学位论文，武汉大学，2014 年。

② Friedrich-Christian Schroeder，*Die Straftaten gegen das Strafrecht*，Berlin/New York：Walter de Gruyter，1985：2，9－11. 转引自李晓龙《刑法保护前置化趋势研究》，博士学位论文，武汉大学，2014 年。

③ ［德］温弗里德·哈塞默：《现代刑法的特征与危机》，陈俊伟译，《月旦法学杂志》2012 年第 8 期。

的特征，如下表1－1、1－2、1－3所示。

表1－1主要整理了德国和日本的相关罪名，具体如下。

表1－1　　德国和日本相关罪名

国别	预备犯罪名	共犯正犯化罪名
德国	《德意志联邦刑法典》第80条预备侵略战争罪，第83条内乱行为之预备罪，第89a条第1款“对预备实施严重威胁国家之暴力犯罪”，第2款把严重威胁国家之暴力犯罪的预备行为分为四种进行明确规定，第89b条“为实施严重威胁国家之暴力犯罪而与恐怖组织取得联系之行为”，第91条“严重威胁国家暴力犯罪之实行助长行为”，第140条“酬谢和公开赞同行为”，第149条“预备伪造货币及印花税票罪”，第327条非经许可开动核设备罪。2007年通过并施行的《为打击计算机犯罪的刑法第41修正案》第202a条窥探数据罪，第303a条变更数据罪，第303b条破坏计算机罪与第263条a计算机诈骗罪并增加了202b条截取数据罪和第202c条探知数据和截取数据的预备处罚规定	第87条以破坏为目的之谍报活动罪第1款第4项“伪造、为自己或他人购置、保存、转让破坏工具或者输入此地域的”；第5项“接受为实施破坏活动而进行的训练或者训练他人的”；第109条自残方式逃避兵役义务罪“使自己或者征得他人同意使其残废”、破坏防卫设施罪；第109条之五“明知为上列物品或用于上列物品的原材料而粗制滥造或提供、且明知因此将会引起第1款所述危险的，处于前款相同之刑罚”；第109条之六危害安全的情报活动罪：资助或支持上述活动之一的；第121条犯人暴狱罪：暴力协助他人逃脱的；第180条剥削卖淫人罪第2款第2项：“向他人提供卖淫场所，容留其卖淫或者介绍收养不满18岁之人，或为介绍行为，意图长期将不满18岁之人置于身边的”等
日本	《日本刑法典》第78条内乱预备罪、第88条外患预备罪、第93条有关国交犯罪、第113条放火预备罪、第201条杀人预备罪和第237条强盗预备罪、化战预备罪、妨害交通预备罪、伪造货币预备罪等。2001年增设关于银行卡电磁记录犯罪，不但包括非法制作和使用，还包括转让、借与、走私、非法持有等行为，这被看作在现在国际化背景下排除、防止各种危险源的对策。[2] 另外日本还有其他相关法律的规定。如禁止持有特殊开锁工具等法律的第15条、第16条等	多集中在恐怖主义犯罪、食品安全领域犯罪以及道路交通犯罪中。日本的《食品卫生法》不仅规制了食品的生产、销售环节，还包括原料采集、加工、储藏、运输、陈列等行为。正如西原春夫所说，“日本的道路交通安全法也采取了大量的共犯正犯化的立法，特别是在2007年修订后，增设了酒后驾驶帮助类犯罪（为可能酒后驾驶的人提供车辆或者请求醉酒者驾驶车辆运送自己或他人的行为都属于禁止的行为）等。”

表1－2和表1－3主要梳理了中国预备行为实行化和共犯行为正犯化罪名，具体如下。

表 1－2 **中国预备行为实行化罪名**

行为类型	预备行为实行化罪名
组织类型	第 103 条分裂国家罪，第 105 条煽动颠覆国家政权罪，第 120 条组织、领导、积极参加恐怖活动组织罪，第 120 条之二准备实施恐怖活动罪，第 120 条之三宣扬恐怖主义、极端主义、煽动实施恐怖活动罪，第 294 条组织、领导、参加黑社会性质组织罪、入境发展黑社会组织罪等
违禁物品类型	第 125 条至 130 条非法制造、买卖、运输、邮寄、储存枪支、弹药、爆炸物罪，非法制造、买卖、运输、储存危险物质罪，非法持有、私藏枪支、弹药罪，非法携带枪支、弹药、管制刀具、危险物品危及公共安全罪等
网络预备类型	第 287 条之一非法利用信息网络罪，我国刑法第 285 条第 2 款非法获取计算机系统数据、非法控制计算机信息系统罪、第 285 条第 3 款提供侵入、非法控制计算机信息系统的程序、工具罪等
证件类型	第 280 条规定的伪造、变造、买卖国家机关公文、证件、印章罪，盗窃、抢夺、毁灭国家机关公文、证件、印章罪，伪造公司、企业、事业单位、人民团体印章罪，伪造、变造居民份证罪等

表 1－3 **中国共犯行为正犯化罪名**

行为类型	共犯行为正犯化罪名
资助类型	第 107 条资助危害国家安全犯罪活动罪，第 120 条之一帮助恐怖活动罪，第 290 条资助非法聚集罪
运输类型	第 125 条非法运输枪支、弹药、爆炸物罪，非法运输危险物质罪；第 171 条运输假币罪；第 341 条非法运输珍贵濒危野生动物、珍贵、濒危野生动植物制品罪；第 344 条非法运输加工国家重点保护植物、国家重点保护植物制品罪；第 345 条非法运输盗伐、滥伐林木罪
关联犯罪类型	第 177 条之一妨害信用卡管理罪，第 191 条洗钱罪、第 253 条之一侵犯公民个人信息罪，第 285 条提供侵入、非法控制计算机信息系统程序、工具罪，第 287 条之二帮助信息网络犯罪活动罪，第 392 条介绍贿赂罪
提供工具类型	第 284 条帮助考试作弊罪，第 320 条提供伪造、变造的出入境证件罪，第 363 条为他人提供书号出版淫秽书刊罪，第 375 条非法提供武装部队专用标志罪
毒品、卖淫类型	第 347 条运输毒品犯罪，第 349 条窝藏、转移、隐瞒毒品、毒赃罪，第 352 条非法运输毒品原植物种子、幼苗罪，第 354 条容留他人吸毒罪，第 355 条非法提供麻醉药品、精神药品罪，第 358 条协助组织卖淫罪，第 359 条容留、介绍卖淫罪，第 362 条包庇罪等

第二节 间接型抽象危险犯的类型化

间接型抽象危险犯是对抽象危险犯作出的一种分类，相对于直接型的抽象危险犯而言。主要是针对预备行为实行化、共犯行为正犯化等突破实行行为边界进行前置化立法的抽象危险犯进行的分类。刑法立法的前置化扩张随着风险社会背景下社会分工的日益复杂化、专业化，社会统合能力更加薄弱，风险预测和风险控制难度增加等而日益加剧。为了更加有效地控制社会风险，刑法立法在结果型法益保护的传统刑法基础上，以危害结果为起点不断向前、向外围进行立法前置扩张，设置了更多的抽象危险犯。这些抽象危险犯根据不同的立法动机和目的，具有不同的犯罪结构和特点，形成了不同的类型，由此带来目前的抽象危险犯基本已经成为兜底型，无法从正面定义而只能从反面归纳的概念，把不是实害犯、具体危险犯的都归为抽象危险犯。[①] 如何对抽象危险犯进行不同类型的区分并根据每种类型进行深入研究，尤其对目前争议最大的前置化类型[②]：预备行为实行化、共犯行为正犯化等所谓的预备型抽象危险犯、共犯型抽象危险犯等进行研究，是深入分析这类前置化立法犯罪结构与机理的重要路径，也是推进抽象危险犯或前置化立法类型化研究的重要方法。

一 间接型抽象危险犯的类型化研究进路

（一）抽象危险犯的不同分类法

对抽象危险犯或刑法介入前置化的类型化区分已经成为研究的新路径、新动向。各国学者都提出了不同的分类方法。

1. 国外学者的分类法

沃勒斯（Wolfgang Wohlers）的三分法[③]：瑞士刑法学者沃尔夫冈·

---

① 林东茂：《危险犯的法律性质》，《危险犯与经济刑法》，（台北）五南图书出版公司1996年版，第27页以下。

② 王永茜：《论现代刑法扩张的新手段——法益保护的提前化和刑事处罚的前置化》，《法学杂志》2013年第6期。

③ Wolfgang Wohlers，Rechtsgutstheorie und Deliktsstruktur，Goltdammer's Archivfür Strafrecht（GA）2002：15－16. 转引自李晓龙《刑法保护前置化趋势研究》，博士学位论文，武汉大学。

沃勒斯认为，单纯从法益论进行抽象危险犯处罚根据的分析和限制还是远远不够的，还需要从更能反映犯罪结构的类型划分去作限制。他将抽象危险犯分为具体危险性犯（又称为传统型抽象危险犯）、累积犯与预备犯三种不同类型的抽象危险犯。尽管这三种类型均非沃勒斯首次提出［如赫尔希（Hirsch）和齐尚（Zieschang）提出了具体危险性犯等］，但他从犯罪结构的角度为危险犯的系统分类作出了突破性贡献。具体危险性犯主要指危险驾驶罪等传统型抽象危险犯、累积犯如污染环境罪等生态法益类犯罪以及预备型和共犯型抽象危险犯等间接关联后续犯罪的“（广义）预备犯”类型等。

齐尚（Zieschang）的四分法[1]：德国刑法学者齐尚关于抽象危险性犯、具体危险性犯、潜在危险犯、具体危险犯的分类法。其中潜在危险犯也是针对预备型、共犯型抽象危险犯等犯罪类型，属于中立性行为为后续犯罪提供了潜在的、间接性危险的类型。

罗克辛（Roxin）、许迺曼（Schünemann）师徒的四分法[2]：他们将抽象危险犯进一步区分为传统的抽象危险犯、以交通领域为代表的大众行为、具有“精神化中介性法益”的犯罪以及抽象的适格犯。

乌尔里希·齐白根据危险来源的不同将“危险犯”分为三种。第一种是“客观危险创设犯”，包括具体危险犯、抽象危险犯、适格犯等。这种犯罪类型的危险是行为人故意或者过失所创设的但不再受其控制的客观危险状态。第二种是“计划犯”，也即未遂犯、预备犯。这类犯罪类型的危险由行为人通过外部行为所表明的实现犯罪的故意引起。第三种犯罪属于前两者的交叉类型即“协作犯”，如共谋犯罪、有组织犯罪等结合了多人的犯罪计划与客观的危险的类型。[3]

英美学者的分类法：西姆斯特（A. P. Simester）与安德鲁·冯·赫

---

① Zieschang, *Die Gefhrdungsdelikte*, 1998, S. 197ff, besonders S. 205.

② Roxin, *Strafrecht AT*, 4. Aufl. 2006, § 11, Rn. 153ff. ［德］克劳斯·罗克辛《德国刑法学总论》（第1卷），王世洲译，法律出版社2005年5月第1版，第280页。

③ ［德］乌尔里希·齐白：《预防性刑法的发展》，王钢译，［德］乌尔里希·齐白《全球风险社会与信息社会中的刑法21世纪刑法模式的转换》，周遵友、江溯等译，中国法制出版社2012年版，第210页以下。转引自张志钢《“未遂犯是危险犯”命题否定论》，《当代法学》2016年第6期。

希（Andrew von Hirsch）合著的文章在对非构成性犯罪分类时[①]，也把包括预备犯等介入型犯罪与联合伤害类犯罪作为两种不同的预防性犯罪类型与濒危危险犯并列。这种分类中，预备犯等介入型或者间接干预型抽象危险犯的特征就是介入引发后续犯罪的类型，本身并没有直接的侵害危险，只是存在间接引发后续犯罪的高风险行为。

2. 国内学者的分类法

国内学者也开始对抽象危险犯的类型化展开更多的研究。王志祥教授把危险犯分为独立犯罪类型的危险和非独立犯罪类型的危险[②]。陈洪兵提出的准抽象危险犯[③]、张志钢介绍的累积犯[④]等。

徐凯对抽象危险犯进行类型化分析，如根据德国学者的分类法，他把抽象危险犯分为（广义）预备犯、传统抽象危险犯和累积犯等，并且分析了不同种类抽象危险犯的正当性根据，明确具体认定的标准等[⑤]。

张军把抽象危险犯分为传统型和新型两种，传统抽象危险犯包括预备型、共犯型、持有型等抽象危险犯；新型抽象危险犯包括准抽象危险犯即适格犯以及累积犯等。[⑥] 他认为预备型抽象危险犯虽然本身仅包含间接的危险性，并没有产生对法益的直接危险性，其可罚根据在于对后续行为的巨大潜在危害性；或者说预备型抽象危险为自己或他人的后续违法犯罪行为提供了规范关联状态。与预备犯同理，共犯正犯化也不会对法益造成直接、紧迫的威胁，而仅仅具有间接的、潜在的危险性质。[⑦]

李川把抽象危险犯分为精神化法益的抽象危险犯、规范升级型危险

---

① A. P. Simester, Andrew von Hirsch, "Remote Harms and Non-Constitutive Crimes", 28 *Crim. Just. Ethics* 89, 2009, p. 93.

② 王志祥：《危险概念比较研究》，《法学家》2002 年第 5 期。

③ 陈洪兵：《准抽象危险犯概念之提倡》，《法学研究》2015 年第 5 期。

④ 张志钢：《论累积犯的法理——以污染环境罪为中心》，《环球法律评论》2017 年第 2 期。

⑤ 徐凯：《抽象危险犯正当性问题研究——以德国法为视角》，中国政法大学出版社 2014 年版，第 152 页。

⑥ 张军：《抽象危险犯研究》，博士学位论文，武汉大学，2015 年。

⑦ 张军：《抽象危险犯研究》，博士学位论文，武汉大学，2015 年。

犯以及间接危险犯[①]。他分析在风险社会背景下，尤其是我国《刑法修正案（九）》以来刑法扩张新增的抽象危险犯类型中，根据扩张原因的不同可以分为，对精神化法益进行普遍保护的抽象危险犯（如恐怖主义、环境保护类犯罪）、由治安管理处罚法或者其他法律保护规范上升为刑法规范的“规范升级型”抽象危险犯类型（如危险驾驶罪）、由传统法益向前或向周边延伸扩张产生的间接危险犯（包括预备行为实行化、共犯行为正犯化以及持有等类型，其特点就是这种关联后续犯罪的风险性）等。

靳宁受到罗克辛对抽象危险犯分类的启发，以危险的立法依据为标准，把抽象危险犯分为“迫近个人法益的”“距离个人法益较远的”“违反行为规范的”以及“侵害中介法益的”等四种不同类型[②]。迫近个人法益的抽象危险犯主要指放火、决水、投放危险物质等罪，主要特点在于此类罪对个人法益存在直接严重的威胁，一旦实行后果将极其严重；距个人法益较远的抽象危险犯主要是指预备行为实行化、共犯行为正犯化后的罪名，原生于已有犯罪的预备行为或者帮助行为，其抽象危险需要通过正犯行为来间接实现，与原正犯行为相比，其距离个人法益的侵害更远。[③] 另外，违反行为规范类型的，如危险驾驶罪等行为人也是潜在的危险承担者，主要保护的是公共安全；侵害中介法益类型主要是通过保护生态、司法秩序等公共中介法益从而保护个人基本法益的类型。

总之，虽然每种抽象危险犯的分类方法并不相同，但是一般来说，都是把具体危险性犯，如放火罪等作为传统型抽象危险犯；把预备犯、共犯正犯化以及持有等作为广义预备犯，或者称为潜在型、间接型抽象危险犯；累积犯一般指污染环境罪等联合伤害类犯罪等。正是这些分类研究的思路，揭示了抽象危险犯之间不同的行为类型、不同的犯罪结构、不同的发生机理以及不同的认定标准等。同时也表明了，危险犯尤其是抽象危险犯的类型化和体系化尚未统一，抽象危险犯本身已经成为

---

① 李川：《危险犯的扩张逻辑与正当性思考》，《法学评论》2017 年第 3 期。

② 靳宁：《论抽象危险犯的刑事可罚性判断——以立法和司法的二元视角》，《西南政法大学学报》2015 年第 1 期。

③ 靳宁：《抽象危险犯的刑事可罚性探析——以立法和司法的二元互动为立场》，《华北电力大学学报》2015 年第 3 期。

了一个反向定义的概念，把除了侵害犯和具体危险犯之外的犯罪类型都囊括了进来，正如罗克辛所说，危险犯的研究还没有形成最后的结论性意见。

（二）本书抽象危险犯的分类法

根据抽象危险发生机理的不同，在整合国内外已有分类法的基础上，按照抽象危险犯是否突破原实行行为为标准，把抽象危险犯区分为直接型和间接型。目前已有很多学者已经把新增精神化法益与传统法益区分，区分了是直接造成的危险还是间接引起的危险等不同角度。在此基础上，笔者根据不同类型的犯罪结构，针对其中理论和实践争议最大、突破自我答责原则的类型进行展开，按照其前置化的程度是否突破实行行为为边界，分为超出实行行为边界的间接型抽象危险犯，其属于最强前置化的类型；以及未超出实行行为边界的直接型抽象危险犯，其属于相对较弱的前置化类型。

1. 间接型抽象危险犯

间接型抽象危险犯，主要包括了预备型、共犯型等行为表面具有“中立性”但同时关联后续犯罪的类型。因为它突破了所谓“原实行行为”或“原正犯”行为的边界，在距离实行行为最为“遥远”的预备阶段、共犯阶段，把预备行为、共犯行为以及持有行为等拟制为实行行为。其中，持有行为可以从相对后续犯罪的角度，视为对后续犯罪行为的预备行为，本书把它跟预备行为实行化一起作为预备型抽象危险犯。预备型和共犯型抽象危险犯这两类不具有直接侵害危险的拟制实行行为通过对后续关联犯罪的间接控制与支配作用，产生与具有法益侵犯性的后罪的规范关联关系，正是这种间接类型的关联行为表面看来似乎违背了自我答责原则，成为最强前置化的类型，也成为最受学界质疑的类型。

因为间接型抽象危险犯的拟制实行行为并没有直接的法益侵害性，它只是侵犯后续犯罪法益的条件行为，其抽象危险也是相对于后续犯罪法益侵犯而言的间接型抽象危险，与具有直接侵害法益可能性的一般抽象危险行为不同，如传统型抽象危险犯（包括放火罪、危险驾驶罪等）以及累积犯也具有的直接危害法益性，但是间接型抽象危险犯只能通过后续犯罪实行行为才能造成对法益的间接危害，因此间接型抽象危险犯的拟制实行行为永远不可能直接侵犯后续犯罪的法益，如果非要说其侵犯法益也是为了预防后续犯罪的“侧防法益”，也正是这种间接型的特征，导致间接型抽象危险犯一般都表现出中立化、日常化的特征，更加难以判断其可罚性、难以认定其是否成立犯罪。为此，笔者总结出间接型抽象危险犯具有拟制实行行为性、后续犯罪关联指向性以及侵犯“侧防法益”等特征。也正因为其间接型的特征而使其受到不法认定模糊、违背自我答责原则等正当性质疑。间接型抽象危险犯作为脱逸出原实行行为的抽象危险犯类型，需要进行正当性的论证、范围界限的限定以及归责要素的明确等，所以专门针对此类最强前置化的立法模式或者抽象危险犯的特殊类型进行类型化研究成为亟须解决的任务。

我国也已经有学者从间接行为结构角度对刑法上的危险进行分类，如张军把刑法上的危险分为“直接危险”和“间接危险”[①]。所谓直接危险是行为存在直接造成法益损害可能性，危险行为可以直接对应相应的危害结果；间接危险是指行为与损害之间具有时空等间隔，存在的只是间接对应关系，这种间接危险就包括了预备型和共犯型抽象危险犯。如预备犯存在时间上介入实行行为的间隔；教唆犯或帮助犯等则需要介入正犯等空间间隔等。对此现象，陈家林教授曾指出：“单独正犯直接引起法益侵害，属于直接引起类型；狭义共犯需要通过正犯构成要件行为引起，属于间接引起类型。”[②] 张明楷教授也认为预备行为只是为实行行为制造条件，并不能直接造成实行行为的结果[③]，而且他认为预备行为的危险属于一种比较缓和的抽象危险。[④] 商浩文认为，预备行为实行化并不属于典型的抽象危险犯，并不是对法益的直接危险而是一种间接危险，有比抽象危险犯更为遥远的可能性，并可归入抽象危险犯。[⑤] 台湾学者王荣圣认为，预备犯则属于着手前是否具有可罚危险性的问题，涉及刑罚前置问题。[⑥]

德国、日本也有学者认为预备犯只是具有所谓“法秩序的间接威

① 张军：《抽象危险犯研究》，博士学位论文，武汉大学，2013 年。
② 陈家林：《外国刑法通论》，中国人民公安大学出版社 2009 年版，第 502 页。
③ 张明楷：《刑法学》，法律出版社 2011 年版，第 311 页。
④ 张明楷：《刑法学》，法律出版社 2011 年版，第 169 页。
⑤ 商浩文：《预备行为实行化的罪名体系与司法限缩》，《法学评论》2016 年第 6 期。
⑥ 王荣圣：《刑法上危险概念之研究》，博士学位论文，台湾辅仁大学，2007 年。

胁”或“实现犯罪意思的客观危险性”。德国学者毛拉赫认为，之所以处罚预备犯，主要因为预备行为可能会给法价值造成间接威胁，或者惹起对法秩序的现实威胁等才进行有限的处罚。[①] 日本学者大谷实认为，相对于未遂所引起的具体、急迫的危险而言，预备只存在实现犯罪的可能性或抽象危险，其处罚根据主要在于行为人想要实现犯罪意思的客观危险性。[②] 日本学者小野清一郎认为，预备行为引起的只是相对于直接引起危害结果的实行行为发生的可能性，因此可以称为“间接危险性”[③]。

乌尔里希·齐白认为，预备犯应当属于“后继犯”，在后继犯中行为的潜在危险在于该行为的结果与他人的犯罪目标实现之间的关联性[④]。美国学者胡萨克认为，现代刑法当然不会处罚单纯的思想，但是当行为人的思想外显为明确的犯罪行为，则需要为这种明确的犯罪意图表现承担刑事责任。[⑤] 还有学者从间接危害（Remote Harm）的角度阐释，间接危害属于“危害可能性”或“企图造成的危害或者遭受的风险”，丹尼斯·贝克认为：“即使行为本身不具有法益侵害性，但是存在着事实上的诱发其他犯罪成立的特性，那么该行为就属于间接危害行为。”[⑥] 很多学者都对间接危害行为进行了界定，包括赫希的“风险行为”论[⑦]、阿什沃斯的“机会创造论”、贝克的“诱因行为论”，丹尼斯·贝克还进一步提出了针对间接型危险犯的具体归责路径，采用先判断客观、再判断主观、最后再进行法益衡量的三步法等，努力解决此类犯罪客观行为定型性弱、主观判断模糊性的弊端。

当然对于间接型抽象危险犯的“间接性”是否正当的质疑，早就有学者进行过分析。如雅科布斯认为对于一种法益损害的前阶段（Vor-

① 转引自邢志人《犯罪预备研究》，中国检察出版社2001年版，第199页。

② ［日］大谷实：《法讲义总论》，黎宏译，中国人民大学出版社2008年版，第330页。

③ ［日］小野清一郎：《犯罪构成要件理论》，王泰译，中国人民公安大学出版社2004年版，第130页。

④ ［德］乌尔里希·齐白：《全球风险社会与信息社会中的刑法：21世纪刑法模式的转换》，周遵友、江溯等译，中国法制出版社2012年版，第211—212页。

⑤ ［德］汉斯·韦尔策尔：《目的行为论导论：刑法理论的新图景》（增补第4版），陈璇译，中国人民大学出版社2015年版，第11页。

⑥ Dennis J. Baker，“The Moral Llimits of Criminalizing Remote Harms”，*New Criminal LawReview*，Vol. 3，2007，p. 370.

⑦ Andrew von Hirsch，“Extending the Harm Princi-ple：‘Remote’ Harms and Fair Imputation”，A. P. Sime-ster & A. T. H. Smith. *Harm and Culpability*，1996，p. 263.

feld)，尤其是抽象危险犯的犯罪化等在一个自由的国家一般都不会是合理的，除非“这种危险的举止行为完全实施完毕”，对其进行处罚才基本具有合理根据。他以伪造货币罪为例解释前阶段的犯罪化，反对把抽象危险犯解释成危险假定。① 罗克辛在说明危险犯与未遂犯处罚根据的不同时指出：“通过行为的客观倾向或者主观倾向表明对法益侵害的指向性时，侵害法益就不再是可罚性的前提要求。”② 由此我国有学者认为未遂犯侧重于对指向法益侵害的主观倾向，而危险犯则在于客观倾向。其实，间接型抽象危险犯的处罚根据也类似于未遂犯，尽管未遂犯具有实行行为的着手点，但是在未完成犯罪这一点上二者还是有一定的相通之处，都同样存在与一般危险犯的区别。如劳东燕教授所言：“现代刑法已经规定了大量‘未完成模式’的犯罪类型，包括各类危险犯、持有犯以及实质的预备犯、阴谋犯等。”③ 虽然都属于未完成的类型，但是预备犯等间接型抽象危险犯与一般危险犯仍然存在差别。高铭暄教授早就认识到应当把预备犯与一般危险犯加以区分。④ 西原春夫和山口厚也都试图区分未遂犯与一般危险犯的区别，山口厚认为未遂犯等比具体危险犯等更抽象，也表明了二者之间存在差别。⑤ 再如科勒（Köhler）所言，抽象或具体危险犯一般具有引发侵害可能的客观情势，危险就直接体现在法条规定之中；而未遂等构成要件前阶段造成的危险事态总是止于没有实现力的行为。⑥

总之，根据前述不同国家学者的总结，基本上都承认了此类犯罪的“间接性”特征，并且基本上都把这种具有间接关联犯罪的类型专门作为一类，如瑞士学者沃勒斯认为属于广义的预备犯类型、德国学者齐尚认为属于潜在的危险犯类型、英美国家西姆斯特和赫希认为属于介入型

---

① ［德］克劳斯·罗克辛：《德国刑法学总论（第1卷）·犯罪原理的基础构造》，王世洲译，法律出版社1997年版，第278页。

② Roxin, *Strafrecht*, AT Ⅰ, 4. Aufl. München: Beck, 2006, §2, Rn. 68. 转引自张志钢《“未遂犯是危险犯”命题否定论》，《当代法学》2016年第6期。

③ 劳东燕：《论实行的着手与不法的成立根据》，《中外法学》2011年第6期。

④ 李綦通、王勇：《21世纪第四次（总第十次）中日刑事法学术研讨会综述》，《当代法学》2005年第6期。

⑤ 张志钢：《“未遂犯是危险犯”命题否定论》，《当代法学》2016年第6期。

⑥ Köhler, *Strafrecht AT*, Berlin: Springer, 1997, S. 455. 转引自张志钢《“未遂犯是危险犯”命题否定论》，《当代法学》2016年第6期。

或间接型抽象危险犯。以及我国学者中徐凯认为属于广义的预备犯、李川认为属于间接危险犯、张军也将其区分为直接危险和间接危险、靳宁则区分为“距离个人法益侵害较近”与“距离个人法益侵害较远的”等不同类型的抽象危险犯。总之，不同学者虽然使用的名称不同，但都把这类具有间接型关联犯罪的类型单列为一类，并且都总结出了其“介入型、间接型、潜在型”的预防犯罪类特征，内涵也基本相同，都包括了：狭义预备型、共犯正犯型以及持有等类型。在此，笔者选择借用英美国家对此类犯罪概括所用的“间接型抽象危险犯”概念。尽管它与德国广义“预备犯”内涵相同，但是使用间接型抽象危险犯可以更好地与狭义的预备犯类型进行区分。

对这类最强前置化的间接型抽象危险犯进行研究，除了具有抽象危险犯及前置化类型等角度研究的理论意义外，还利于对现实疑难案件进行认定。因为自我国《刑法修正案（九）》以来新增了不少此类犯罪类型，如准备恐怖主义犯罪活动罪、帮助信息网络犯罪活动罪、非法利用网络罪等，而且司法实践中也出现了如“快播案”、天津大妈“非法持枪案”等疑难案件，如何准确把握此类犯罪的立法界限和司法认定标准成为了现实亟须解决的问题。

2. 直接型抽象危险犯

相对于间接型抽象危险犯的最强前置化类型，即除了预备型、共犯型等间接型关联犯罪类型以外，刑法前置化的类型还有：传统抽象危险犯、行为犯（有观点认为行为犯也属于传统型抽象危险犯的一种）、累积犯等，这些犯罪类型虽然可能发生在新型法益保护如生态环境保护、高科技发展等领域，但不管是传统型抽象危险犯（具体危险性犯，如危险驾驶罪）还是累积犯（如污染环境罪等）都是直接参与危险制造的行为，无论喝醉酒以后驾车，还是倾倒垃圾污染环境等行为都可能因为这种危险行为直接带来危害后果，因此属于直接型抽象危险犯，具有典型的危险犯实行行为特征，并没有突破实行行为的边界，在此意义上，虽然累积犯等是随着新型精神化、普遍法益而产生的新型犯罪类型，但是其行为本身还具有直接危险性特点，此类抽象危险犯主要“新”在“量化的升级”，即由于规范升级造成的刑法扩张而产生的新型犯罪类型。所以，如危险驾驶罪可以视为由交通管理法或治安管理法规范升级为刑事犯罪的类型；累积犯可以视为基于对行政法规或者环境法规范等的规范违反行为不断累积上升为刑事犯罪的类型，成为控制环境污染的新型立法技术，虽然也有违背罪责自负原则的嫌疑，但也不失为严厉预防打击环境犯罪的重要方法，因而被学界接受具有一定的合理性和预防犯罪的有效性。因此不管是传统型抽象危险犯（也可以说是具体危险性犯）还是累积犯，其实行行为虽然被减少了结果或者具体危险等可罚性条件，但是仍然保留有实行行为的核心要素，是基于实行行为自身的抽象危险，并没有突破实行行为的边界，因此可以称之为直接型抽象危险犯。

总之，本书以抽象危险行为是否突破了形式化的“实行行为”为标准，将抽象危险犯区分为突破实行行为边界的间接型抽象危险犯和未突破实行行为边界的直接型抽象危险犯。间接型抽象危险犯把相对于后续犯罪实行行为的预备行为、共犯行为等上升为拟制实行行为，拟制实行行为与后续关联犯罪实行行为之间存在紧密的犯罪意义关联关系（Normative Involevement），具有关联犯罪的复杂行为结构。间接型抽象危险犯的这种行为结构既给传统共犯、预备犯以及实行行为理论带来冲击，也成为前置化立法最受质疑的立法模式，同时也成为司法实践中难以准确认定的犯罪类型，所以本书重点针对此类最强前置化的类型予以研讨；直接型抽象危险犯虽然减少了构成要件要素，但是仍保留有“实行行为”范围内的危险性行为，如传统危险犯类型中危险驾驶罪在醉酒驾驶的危险行为阶段予以拦截处罚；累积犯中的污染环境罪，虽然单次的危害量没有达到处罚标准，可是一旦行为人实施了倾倒垃圾等危险行为就对最后危害结果的出现有“贡献”和“累积”，这些行为都具有直接的法益侵害可能性。总之，根据抽象危险犯的不同犯罪结构和类型，针对性地对某类抽象危险犯进行类型化研究可以更好地解决理论和实务认定问题。本书主要围绕着最受争议的间接型抽象危险犯进行深入剖析，以期为此类问题的解决和抽象危险犯的深入研究有所贡献。

二　间接型抽象危险犯的类型化研究范式

间接型抽象危险犯是对抽象危险犯作出的进一步分类，可以针对性地分析此类犯罪的间接型犯罪结构特征，有利于更加深入地分析间接型抽象危险犯的相关问题和特征。针对这一类抽象危险犯进行研究体现了抽象危险犯的类型化研究路径，弥补单从法益论分析的缺陷。

（一）间接型抽象危险犯的类型化研究意义

1. 弥补法益论研究的模糊性

从法益论角度对前置化的抽象危险犯进行限定固然是根本，但是法益本身只是最为基础的必要条件，只是对宪法所赋予的自由进行的呈现，是作为法律原则的汇集[①]，是刑法立法犯罪化的当然出发点。但是具体到某个特定的利益或者价值，单从法益论进行分析并不充分，需要结合个别犯罪的犯罪类型进行具体探讨。

根据抽象危险犯的最新研究成果，对抽象危险犯如何限制的讨论已经从单纯的法益论转向犯罪类型论。如瑞士学者沃尔夫冈·沃勒斯（Wolfgang Wohlers）认为，如果依照法益保护原则，设置传统的侵害犯或者具体危险犯，对于一些生态环境保护、网络高科技技术以及特殊危险物质等需要提前防御危险的特殊领域就显得过于迟缓而毫无意义。现代刑法的课题在于提前制定具有潜在危险的构成要件，而不是等到危害结果或危险的发生。

间接型抽象危险犯是抽象危险犯的进一步分类细化。抽象危险犯可以说是一种反向定义的概念，把既不是侵害犯也不是具体危险犯的全部类型作为抽象危险犯，成为了汇集各种法益类型、结构类型、不同行为样态的复杂概念，那么对其进行分类就成为必须。诸如适用于放火罪等传统型抽象危险犯的限定解释方法就不适用于解释强调秩序形成机能的犯罪类型和精神化的法益类型，因为后两种类型存在着侵害测定难以确定的困难。不同行为类型的危险判断方法也不相同。而且最新对抽象危险犯的研究都展开了不同程度的分类，成为克服法益日益稀薄化缺陷的新思路。例如有的学者就提出既要分析法益侵害性又要兼顾行为具体结构类型的双层判断机制。因为在前置化立法的模式下，法益概念更加模糊和抽象，不能清晰界定前置化的边界。对抽象危险犯进行分类可以更加针对性地解决某种类型抽象危险犯的具体问题，使抽象危险犯的理论研究进一步深化。

---

① 许玉秀、陈志辉：《不疑不惑献身法与正义——许迺曼教授刑法论文选辑》，（台北）新学林出版股份有限公司2006年版，第229页。

2. 限制抽象危险犯的处罚界限

首先，单纯法益概念研究的角度过于单一，需要补充犯罪结构的细化研究角度。罗克辛本人也承认沃勒斯（Wohlers）和黑芬迪尔（Hefendehl）的说法是正确的。他们认为法益理论对法规范正当性的评判并不充分，从而需要更为具体的犯罪结构（如预备犯、传统型抽象危险犯等结构不同）来补充说明可罚性的界限。这种强调对犯罪类型的划分并不是对法益理论的批判，而是在法益理论基础上对犯罪结构进行补充。[①] 如对于危险驾驶罪等具体危险性犯来说，只要有醉酒开车等危险驾驶行为原则上就可以判断符合了犯罪构成要件。而对于预备犯来说，既需要具有对后续犯罪的关联指向性，同时又要证明危险行为人对这种帮助行为有无控制管理的义务等，如网络接入服务商一般不承担这种义务，网络平台服务商因为涉及网络内容管理而具有此种义务。通过两种不同类型的抽象危险犯的比较，得出通过犯罪结构的类型化分析可以细化抽象危险犯研究，进一步限制抽象危险犯的处罚范围。

其次，根据犯罪结构划分犯罪类型，分别对不同行为类型进行解释，某种程度上也是对刑法扩张的一种限制方法。犯罪结构不同，危险的具体判断方法也不相同，犯罪结构是结合法益进行危险判断的基础出发点。行为结构和犯罪构造的类型化分析角度可以更加细化犯罪的成立条件等，成为弥补法益论不足的重要限制方法。

3. 实现与罪责原则相协调

许迺曼认为抽象危险犯之所以总是难以与责任原则相协调，众多的理论学说调试都难以奏效的主要原因之一在于：没有对抽象危险犯进行充分的分类。因此他把传统意义上的抽象危险犯分为三类：保护精神化中间法益的抽象危险犯、“大众行为”型抽象危险犯以及真正的抽象危险犯，并且认为只有创造出新的法律形象、专门针对每类犯罪进行具体特征的发掘才可以掌握这些犯罪类型。

因此，沃勒斯认为虽然没有必要放弃法益的概念，但是法益的内容未必明确也难以体现独立的实质内容。[②] 过于放大法益论的作用，把前置化立法的抽象危险犯问题作为单纯的法益保护问题来探讨是有误

① ［德］罗克辛：《法益讨论的新发展》，许丝捷译，《月旦法学杂志》2012 年第 12 期。

② 李晓龙：《刑法保护前置化趋势研究》，博士学位论文，武汉大学，2014 年。

的，他主张应当分析犯罪构成要件的行为构造，根据犯罪的具体行为结构和行为样态来判断何时应该介入的问题。而且现在抽象危险犯的概念本身已经成为了兜底型的口袋、成了反向定义的概念，凡是不属于侵害犯或者具体危险犯的都被作为抽象危险犯来处理，只有对各种类型的抽象危险犯进行分类区分，才能发现每种类型更为具体合理的处罚根据。如同样是对生态法益的保护，是采取侵害犯的形式还是前置化介入的方式，即使指向同样的法益，因为立法技术和立法设置罪名方式的不同，涉及的实践问题也不相同。因此，犯罪行为结构不同，也决定其立法的界限不同、司法认定的标准不同。简单来讲，同样是保护财产法益，设立的有诈骗罪、抢劫罪等不同行为方式；同样是保护公共交通安全，可以设置交通肇事罪等结果犯，也可以采用前置化介入方式设置危险驾驶罪等抽象危险犯。因此，是规定直接侵犯法益的行为还是间接诱使侵害法益发生的行为，行为结构不同、犯罪认定的标准也不相同、立法的界限范围也不一样。对于危险驾驶罪来说，只要有抽象危险行为发生即可成立犯罪，归责的标准在于实施了醉酒开车的抽象危险行为；而对于交通肇事罪来说，归责原因在于违反交通规则造成了严重的危害结果，需要根据结果的严重程度判断是否构成犯罪等。再如，对于帮助信息网络犯罪活动罪，除了帮助类的关联犯罪行为，还需要具有控制这种危险行为的义务，才符合罪责原则。因此，在对上述不同类型的行为样态和行为结构进行分析的基础上，沃勒斯把抽象危险犯分为具体危险性犯、累积犯、预备犯等，不同类型的犯罪结构具有不同的归责原则和模式。对抽象危险犯进行类型划分可以更好地与罪责原则相协调。

（二）间接型抽象危险犯类型化研究的合理性

或许我们之前的研究都把预备行为实行化、共犯行为正犯化作为两种不同的犯罪形态，即犯罪未完成形态或犯罪参与形态等不同的问题予以研究，但是从前置化、间接性等刑法扩张的角度来看，二者又有着相同的特征，面临着相同的问题考量。

1. 行为结构相同

预备行为实行化、共犯行为正犯化以及持有犯等是把本属于犯罪不同阶段、不同形态的行为拟制为实行行为的问题，预备行为来源于犯罪的预备阶段，可以与持有一起看作预备型抽象危险犯[①]，共犯行为来源于其他参与人的行为，刑法基本理论也把预备行为和共犯行为分别作为犯罪发展形态、犯罪参与形态两个不同的问题，但从刑法保护前置化的角度上看，二者却有着相同的犯罪结构，都属于突破原实行行为边界的类型。

首先，二者都属于刑法前置化的立法模式。预备行为实行化是沿着实行行为着手点往前推移，共犯行为正犯化是由实行行为向外、向其他参与人扩张，分别前置到了预备阶段或共犯阶段，属于原实行行为的周边行为或条件行为。

其次，二者的扩张都突破了实行行为的边界，具有拟制实行行为的特点。这种“拟制实行行为”本身边界比较模糊，所谓的帮助或者预备涵盖范围过大，容易囊括进很多实质不具有关联性的日常行为，造成司法认定的困难。如“快播案”等网络帮助行为类型有很多，哪些行为能构成帮助信息网络犯罪活动罪、具体需要满足什么条件才能认定犯罪的成立等，都需要判断该类犯罪的间接行为结构要素是否成立。

再次，二者都是为了预防后续犯罪，具有间接型的行为结构特征。把预备行为、共犯行为拟制为实行行为，不是因为其本身的危害性，而是因为他们对于后续犯罪的间接引发作用。客观上看，这类行为本身看起来中立，但是对后续犯罪具有指向、支配性，具有控制后续犯罪发生的作用。此类具有间接控制性的行为结构需要进行实质化的分析。如罗克辛的犯罪事实支配说或者日本的重要作用说等都可以作为实质化地分析实行行为的理论，可以更加规范地解释此类犯罪的不法特征。

最后，二者都需要主观方面的明知。对于此类间接型关联犯罪结构而言，一般罪名都规定了“明知”，如何准确认定“明知”的内涵也是关键。明知是比故意要求更高的认知，其判断方法可以从客观情况推定得知，进行罪责的客观化认定，而不仅仅是主观心态的证明。“明知”体现的是与后续犯罪的主观关联性，不能陷入主观主义，要结合客观情况综合认定，是风险社会下风险分配和罪责客观化认定的体现。所以，把两类犯罪放在一起研究，并根据其具有的间接型犯罪关联结构特征，

① 李婕：《抽象危险犯研究》，博士学位论文，武汉大学，2013 年。

统称为间接型抽象危险犯，具有刑法前置化研究的立法和司法实践意义。

2. 内容存在重合

帮助行为从某种程度上也可以看作是一种准备条件的行为，某种情况下预备行为与共犯行为的内容是重合的。如运输类型的犯罪一般作为帮助罪，但是如果运输的是枪支、弹药、爆炸物等，则又属于预备类犯罪。在日本刑法学上有一种分类方法，如前文所述，把预备犯分成为自己预备和为他人预备，为自己预备就属于狭义的预备行为单独入罪；为他人预备从某种意义上说就是为他人后续犯罪的帮助行为，如果上升为刑法分则罪名，就属于共犯正犯化。所以，从内容上来看，二者有重合之处。

德国刑法在讨论预备犯时恰恰使用了中立帮助行为的例子。如徐凯在其《抽象危险犯的正当性研究——以德国法为研究视角》一书中提到，一猎人把猎枪遗留在小酒馆里，后来被一个客人拿走并用猎枪打死了自己的仇人，把这种案例放在预备犯里面讨论，就变成了中立的帮助行为是否成立预备犯可罚性的问题，所以，德日所说的预备犯其实也已经包括了中立帮助行为正犯化的情况，也从另一方面证明了预备行为实行化、共犯行为正犯化二者在内容上所具有的重合性。

3. 归责原则的一致性

因为预备行为实行化、共犯行为正犯化的犯罪结构都突破了实行行为的边界，并且处罚这类拟制实行行为的原因在于其关联到后续犯罪，其本身并不具有危害性，只是通过间接干预引起后续犯罪，表面上看惩罚此类犯罪就是让行为人为后续犯罪承担责任，好像违背了自我答责原则。如何解释这种为别人、为后续犯罪行为承担责任的原因？为什么只实施了预备行为的行为人要为还未发生的后续犯罪行为负责？总之，不管是预备型还是共犯型抽象危险犯都同样面临为后续还未发生的实行行为答责的问题，如何解释这种归责结构，也是此类间接型抽象危险犯的共同难题。所以，把二者合并进行统一研究，具有归责角度研究的意义。

本章小结

刑事立法前置化的扩张带来了抽象危险犯的增设。由于抽象危险犯法益本身的稀薄化、抽象化，单纯通过法益论来解释抽象危险犯已经面临所谓的法益论危机。国内外学界出现了通过犯罪结构和行为类型对抽象危险犯进行分类研究的新路径。抽象危险犯的类型化研究具有弥补法益论过于抽象化的缺陷，可以起到从行为类型角度限制抽象危险犯扩张的作用。根据抽象危险犯的类型化研究范式，本章考察了国内外学者对抽象危险犯的分类方法，包括沃勒斯的“具体危险性犯、累积犯和预备犯”三分法、齐尚的“潜在危险犯、具体危险犯、抽象危险性犯、具体危险性犯”四分法以及罗克辛、许迺曼师徒的“传统的抽象危险犯、以交通领域为代表的大众行为、精神化中介性法益犯罪以及抽象的适格犯”四分法等大陆法系的分类法，还有英美法系西姆斯特与赫希把抽象危险犯分为“濒危类、间接干预类、联合伤害类”等类型，最后还有我国学者把抽象危险犯分为“精神类中间法益类型、规范升级类型以及间接危险犯类型”等。总之，根据不同的立法动机和目的，抽象危险犯呈现出不同的犯罪结构类型。包括由结果犯前置到实行行为阶段的传统型抽象危险犯类型、由实行行为阶段前置到预备和共犯阶段等前实行行为阶段的间接危险犯类型等。

通过对上述抽象危险犯的比较分析可以得出，这些分类法都把预备型、共犯型等抽象危险犯作为专门类型。笔者根据这些抽象危险犯类型是否超出实行行为的边界为标准分为两大类，即突破实行行为边界的间接型抽象危险犯，具体包括预备型、共犯型等抽象危险犯；未突破实行行为边界的直接型抽象危险犯，如传统型抽象危险犯、累积犯等。间接型抽象危险犯因此被学界质疑为过度前置化类型。根据预备型、共犯型以及持有型抽象危险犯都具有行为结构相同、内容具有重合性以及归责原则的一致性等特征，把这些行为类型都归结为间接型抽象危险犯，确立了本书研究的问题语境。

综上，该章主要介绍了间接型抽象危险犯的概念和类型化研究方法，并总结出该类犯罪的主要特征，即转化后的拟制实行行为性、对后续犯罪的关联指向性、侧防法益性等间接型犯罪结构特征。同时对间接型抽象危险犯的类型化进路以及类型化研究范式等进行阐释。

第二章

间接型抽象危险犯的理论基础

第一节　风险刑法理论

随着网络社会和高科技的发展，社会分工日趋专业化、社会结构更加复杂化，社会统合能力更弱，风险变得更加难以控制和预测。为了提前防控社会风险的发生，根据风险社会理论和风险刑法理论的影响，国内外刑法界都增设了不少抽象危险犯等前置化立法；刑法内部基础理论也出现了刑法理念和刑罚观念等方面的变化，出现了刑法机能主义和积极一般预防理论。

一　风险刑法理论的内涵

（一）风险刑法的社会背景

风险刑法是风险社会理论广泛影响之下的产物。风险社会理论是由德国著名刑法学家乌尔里希·贝克最先提出。之后，英国社会学家吉登斯、斯科特·拉什等又各自从不同的立场对其作了进一步的补充和发展①。

首先，“风险社会”一词由贝克最先拿来形容现代社会的根本现象。他认为第一次现代化消解了封建社会而代之以古典工业社会，在此过程中产生的更加复杂、难以预测的全球性风险进一步消解了工业社会的基础，开始了对工业社会原理进行反思的现代化，这就是我们正所经历的第二次现代化，即对古典工业现代化的消解，可以称之为反思性现

---

① 刘仁文、焦旭鹏：《风险刑法的社会基础》，《政法论坛》2014 年第 3 期。

代化，反思现代社会面临的风险更加复杂而难以预测。他还列出了一些全球性的风险，如恐怖主义、生态危机、经济危机以及网络高科技危机等，给人们带来生存和发展的巨大考验，使人们在对抗这些危机和挑战时形成了全球性的风险共同体。后来吉登斯又进一步将这些风险区分为“外部风险”和“人造风险”等，外部风险主要是来源于传统社会自然不变的风险，人造风险则是随着社会发展由人自身知识增长带来的无法预测的风险，如科学技术进步带来的无法预测的风险等，属于现代社会的风险。

其次，风险意味着不确定性与无法排除的危惧感，这些全球性的风险也随之带来新的犯罪类型和归因、归责方式的变化。根据风险社会理论，人类知识的增多反而带来对风险的更加清醒的意识，更加明确地认识到个人对所生活世界的不可预测性与不可支配性，也因此产生更多的不安，为了缓解这种普遍的不安，刑法开始有计划地把凸显危险的行为提前予以预防，以达到控制风险的目的。不断自觉地采取更多控制危险的前置化手段，给刑法学的理念和体系带来冲击，产生了一系列通过风险社会来解释的刑法原则和理念等，为风险刑法理论体系的形成奠定了社会理论基础。

（二）风险刑法概述

1. 风险刑法的概念

风险刑法产生于风险社会的理论基础，并随风险社会的发展而不断加速机能化的趋势，出现了抽象危险犯增多、刑法介入前置化等刑法扩张现象。20 世纪 80 年代德国刑事立法学界出现了抽象危险犯等风险立法的现象以及象征性刑法危机，德国学者普里特维茨把它总结为一种风险刑法，目的在于通过风险分配与风险支配来实现危险性的调整，达到行为操控的规范机能。[①] 同时期，德国学者哈塞默尔则针对这种刑罚危机凸显的纯粹规范宣示、危险管制与防御思维，称之为象征性刑法。[②] 我国台湾学者蔡墩铭认为，这种对危险的提前拦截防止危害结果发生的

① 参见林宗翰《风险与功能——论风险刑法的理论基础》，硕士学位论文，台湾大学，2006 年。

② Vgl. Hassemer, kennzeichen und Krisen des moderennstafrechts, *ZRP*, 1992. 转引自张晶《风险刑法：以预防机能为视角的展开》，中国法制出版社 2012 年版，第 38 页。

行为应当属于危险刑法。[①] 总之，风险刑法的基本逻辑就是，通过风险分配与支配实现风险控制，刑法调整的对象由法益扩张到了危险控制与义务，并根据一般的危险性和刑罚处罚的必要性进行判断。[②]

2. 风险刑法的基本理念

在风险社会下，刑法的观念也发生了一些基本的变化。德国学者哈塞默归纳，刑法呈现出抽象危险犯增多、犯罪构成要件要素减少、因果证明责任简化，刑罚成为行为规范的宣示和公众愤怒的宣泄、成为迎合公众期待的象征性宣示等[③]。与传统刑法要求法益保护原则、行为刑法原则以及个人责任原则等都有不同，风险刑法出现了更多的抽象危险犯、实行行为概念的扩张以及法人责任、严格责任等不同形式的表现。

罗克辛也认为，刑法实现了由纯粹封闭的自然主义、存在主义演绎到与刑事政策内涵相融通的规范体系，并且以规范论为指导，罗克辛提出了以犯罪事实支配理论为核心的共犯理论、以风险分配和控制为核心的客观归责理论以及以规范可交谈性为基础的责任理论等。他认为区分共犯与正犯的关键在于是否存在支配犯罪构成意义的犯罪事实，这种实质化的判断也适用于实行行为，实现了实行行为实质化的解构，为实行行为的拟制化立法建立了实质理论基础。正如有的学者分析客观归责理论时所言，风险升高的控制原则正是出于对风险管理和控制的需要，针对行为人在自我组织管辖领域内的危险，或者根据相关法律规定的制度管辖领域所具有的控制和排除的义务。[④] 除了这些不法论、共犯论上的规范化改造外，罗克辛还对责任理论进行改造，他认为，除了规范责任论所要求的"非难可能性"以外，责任的惩处也需要判断是否具有"刑事可罚性"，要在具有规范惩处意义的情况下才能进行处罚。

我国刑法学者劳东燕教授也认为规范保护目的是刑事政策进入刑法体系的通道，根据刑法规范保护的目的，犯罪构成要件的判断要充分结

① 蔡墩铭：《犯罪行为之危险》，《刑法基本问题研究》，（台北）汉苑出版社 1976 年版，第 111 页。

② 陈晓明：《"风险社会"之刑法应对》，《法学研究》2009 年第 6 期。

③ 参见陈金林《积极一般预防理论研究》，武汉大学出版社 2013 年版，第 33 页。

④ 林宗翰：《风险与功能——论风险刑法的理论基础》，硕士学位论文，台湾大学，2006 年。

合刑法的规范意义设定。在刑法规范目的理论下，行为概念也在进行实质意义的扩充，罪责的判断更加凸显客观化、规范化的趋势，立法拟制和推定成为现代刑法客观判断和实质处理的常用手段。[①]

（三）风险刑法的基本逻辑

1. 风险分配

风险刑法所谓的“风险”，是一种随着社会发展，社会结构渐趋复杂化、社会统合能力更加弱化、人们不安感意识增强情况下进行的一种反思和预防。为了防止出现更为严重的不可控制的危害结果或者危险，需要对风险提前进行分配和规制。风险社会下的“风险”具有平等性，不同于等级社会里财富分配的模式，区分生产风险和从风险中获益的不同人群根据风险扩散的飞去来器效应（boomerang）都平等地受到风险的影响并接受风险的报应。[②]

在风险刑法理念下，风险的分配和支配是首要任务。在风险社会里，人不是作为具有目的性的人格体，而是作为危险的产生来源。[③] 因此判断人是否构成犯罪不是分析个人的主观罪过或不法选择，而是转为人对自己客观认识和控制能力的支配。因此，罪责的判断呈现出客观化的趋势，通过刑法条文直接规定哪些行为具有危险性，判断行为人对这些危险是否具有妥善管理和控制的义务。这种注意义务的增加，也就意味着社会风险分配的增加。判断行为人是否充足了刑事责任，只需要根据客观化的标准，如分析行为人是否按照一般人处理危险的方式采取了相应的规避措施，以及行为人自身是否具备实施这些行为的能力等进行判断即可[④]，如果行为人有能力合理运用自己的认识和控制能力却又没有履行这种注意义务的，就被认为构成刑事犯罪，不需要再继续进一步分析后续的因果关系等。从这个意义上来讲，个人已经在法律中被规范化，责任的判定已经不需要从行为人的心理层次实施自我决定，而是从

① 劳东燕：《公共政策与风险社会的刑法》，《中国社会科学》2007 年第 3 期。

② ［德］乌尔里希·贝克：《风险社会》，何博闻译，译林出版社 2004 年版。

③ 劳东燕：《罪责的社会化与规范责任论的重构——期待可能性理论命运之反思》，《南京师范大学学报》（社会科学版）2009 年第 2 期。

④ H. L. A. Hart, “Negligence, Mena Rea and Criminal Responsibility”, *in Oxford Essays in Jurisprudence*, edited by A. G. Guest, London: Oxford University Pass, 1961, p. 46. 转引自郝艳兵《风险刑法——以危险犯为中心的展开》，中国政法大学出版社 2012 年版，第 133 页。

客观上对行为人能否作出适合法律规范要求能力的判定[①]。只要具备了这种客观能力，但又拒绝履行相关注意义务的，就要承担刑事责任。

2. 风险预防

风险分配的目的是合理调整危险性标签，整合行为人的注意义务，实现风险的控制与预防。因此在刑罚理论的选择上，风险刑法不同于传统刑法的报应刑理论，而是更注重刑罚目的与预防。这种刑罚论的选择直接关联着违法论和责任论的选择[②]。风险刑法不同于传统对“已然之罪”等到危害结果出现才进行报应式刑罚，而主要在于防范“未然之罪”[③]，是超越人本身对未来进行防卫的刑法[④]，这种对事前风险的防御与控制，又被称为“刑罚的积极主义”[⑤]，提倡刑罚论上的“积极的一般预防理论”，用以弥补社会信赖的缺失，达到防范社会风险的目的。许乃曼认为目前工业社会复杂多样的因果关联更难以具体证明，在集体性的关联行为中，个人之间的联系被更加匿名化、标准化的规范所取代。而立法者想要维持这种确保匿名化、标准化的规范关系，他就必须把特定的危险行为方式设定为刑罚。这种对危险行为方式的预防主要就是通过抽象危险犯来设定的，传统的结果犯和具体危险犯就无法完成这样提前预防犯罪的任务。预防性目的的加入，让罪责理论实现了由以纯粹心理事实为基础的心理责任论向以“非难性”为基础的规范责任论、功能责任论的发展。功能责任论除了判断行为是否具有非难可能性之外，还需要判断是否具有预防性制裁的必要性。[⑥] 根据这种预防犯罪的目的，刑法责任还需要实现预防社会的功能，即训练公民的法忠诚感以及增强社会信赖感，保障社会秩序的安定化等。我国学者也根据刑罚的

---

① Vgl. ClausRoxin, *Strafrecht*, *AllgemeinerTeil*, Band 1, 3 Aufl, S. 868f. 转引自郝艳兵《风险刑法——以危险犯为中心的展开》，中国政法大学出版社 2012 年版，第 133 页。

② 郝艳兵：《风险刑法——以危险犯为中心的展开》，中国政法大学出版社 2012 年版，第 135—136 页。

③ 焦旭鹏：《风险刑法的基本立场》，法律出版社 2014 年版，第 170 页。

④ 陈晓明：《风险社会之刑法应对》，《法学研究》2009 年第 6 期。

⑤ ［日］井田良：《变革时代的理论刑法学》，转引自吕英杰《风险刑法下的法益保护》，《吉林大学社会科学学报》2013 年第 4 期。

⑥ Vgl. Claus Roxin, *Strafrecht*, *AllgemeinerTeil*, Band 1, 3 Aufl, S. 730f. 转引自郝艳兵《风险刑法——以危险犯为中心的展开》，中国政法大学出版社 2012 年版，第 128 页。

预防性目的，提出“社会规范责任论”①，克服规范责任论无法完全科学证明特定情况下特定行为人的自由选择能力的弊端，转而把侧重点放在判断行为人是否按照一般社会规范的期待支配运用自身的认识能力和控制能力的客观情况等。

二　风险刑法理论对间接型抽象危险犯的影响

首先，根据风险分配的逻辑，如预备型抽象危险犯或共犯型抽象危险犯，一般都是“明知” + “帮助或持有或准备”的犯罪结构模式，具体罪名如准备实施恐怖主义犯罪活动罪、帮助信息网络犯罪活动罪、持有枪支、弹药、爆炸物罪等，都存在对违禁物品如枪支弹药等的明知，或者对后续犯罪行为的明知，如明知是恐怖主义犯罪活动或者明知是信息网络犯罪活动罪等，这里的“明知”都需要从客观实际情况出发进行事前的预测或推定，而这种预测和推定都需要以行为人自身的认识和预见能力为基础，其实风险刑法也是根据个人的认识和预见能力赋予了风险管理义务、实现了风险分配。所以，预备型或者共犯型抽象危险犯也是根据危险行为对后续犯罪的间接关联关系而进行的风险管理义务分配，而不需要通过因果关系的证明，体现了风险分配的逻辑。

其次，根据风险预防的逻辑，间接型抽象危险犯通过把可能引起后续犯罪的预备行为或者共犯行为上升为分则罪名的规定，其固然可以弥补传统共犯理论或者预备理论处罚的漏洞，更为重要的是能够实现对此类犯罪行为的警告、宣示功能。通过刑法分则罪名的行为规范宣示，起到预防后续犯罪行为发生的作用，体现了风险刑法的预防功能，这也带来刑法上“积极一般预防理论”等刑罚思想理论的发展。如通过把准备实施恐怖主义犯罪的行为规定为罪，对持有恐怖主义书籍等行为进行提前打击和预防，可以更加有效地把恐怖主义消灭于萌芽之中，而不是等到恐怖主义犯罪活动已经成长壮大起来以后再进行打击毕竟已经于事无补，更何况恐怖主义这类犯罪行为一旦产生危害，后果极其严重。所以打击对此类犯罪进行准备的间接危险行为，是防控后续犯罪的有效办法。

---

① ［日］曾根威彦：《刑法学基础》，黎宏译，法律出版社2005年版，第45页。

但是这种风险预防会有过分扩大的嫌疑。如果把风险预防理解为一种不受节制的归责、纯粹地为了预防而预防的话，就会导致积极一般预防的滥用，同时也面临着把人作为工具而不是目的的道德质疑①。根据雅科布斯的功能责任论，他已经把自由限制为行为人的一种规范、自律的自由，与纯事实论上的意志自由不同，更强调规范意义上的、行为养成自由和规范尊重的角色期待，在此基础之上，进一步实现法义务的履行和法忠诚的培养。② 我国目前也是以综合刑罚论为基础，把其中的预防功能作为重要内容。③

总之，间接型抽象危险犯在犯罪预备阶段或者共犯阶段就积极进行预防，体现了风险刑法理论对于可能导致后续犯罪的重大危险行为进行提前预防的思想，回应了社会现实发展的需要，满足了人们对于特殊重大风险的预防性要求。如对恐怖主义这种高度危险的行为，一旦爆发即将难以控制，对这种犯罪的控制只能提前预防，在犯罪的准备阶段就予以取缔。从行为规范的角度看，如金德霍伊泽尔所言，抽象危险犯处罚的并非是惹起危险的行为，而是确立一种保护社会安全的行为规范。惩罚这种不法行为的原因不在于行为的危险而在于引起的不安。从风险刑法的立场看，风险社会导致公民对风险不可预测性的“不安感”增加，为了处罚这种造成民众“不安感”的规范违反者的敌对态度就成为风险社会下刑法的保护目的，也就必然带来间接型抽象危险犯等的增加。

因此，风险刑法理论并不是空洞无用的理论，它在一定程度上弥补了传统刑法的缺陷。陈兴良教授曾说“风险社会理论确实可以化解一些社会风险，但是自身也存在过度扩张、突破罪刑法定原则和责任主义的危险。”④ 虽然目前学界对此理论还有不同的观点，但是不得不承认的是，在风险现实存在的社会里，风险刑法通过强有力的手段提前介入，对积极预防和遏制风险的发生还是很有现实意义的。

① ［德］康德：《道德形而上学原理》，苗力田译，上海人民出版社 2002 年版，第 28 页。

② ［德］雅科布斯：《罪责原则》，许玉秀译，《刑事法杂志》第 40 卷第 2 期。

③ 何荣功：《自由秩序与自由刑法理论》，北京大学出版社 2013 年版，第 53 页。

④ 陈兴良：《“风险刑法”与刑法风险：双重视角的考察》，《法商研究》2011 年第 4 期。

第二节　机能主义刑法理论

一　机能主义刑法理论的内涵

（一）机能主义刑法观

刑法机能主义——把刑法作为处理社会问题的工具或手段，都强调为了实现法益保护目的或规范保护目的而机能性地使用刑法①。受英美功能主义的影响，日本学者平野龙一教授将刑法置于整个社会控制系统之下，分析其在社会中的机能和作用，最先提出刑法机能主义。这种机能主义考察的思路，或者功能主义的分析思路被称为机能主义刑法理论，主张刑法从被动的报应惩罚主义转向积极解决问题的导向，根据不同的刑罚目的出现不同的发展动向，体现了积极回应社会政策和社会需求的机能化发展趋势。目前世界范围内都不同程度地出现了刑法机能主义的理论倾向。除了日本平野龙一教授最先提出的刑法机能主义理论之外，还有德国罗克辛围绕刑事政策展开的目的理性主义和雅科布斯以规范论为核心的机能主义刑法，以及英美国家出现的回应型法等机能主义刑法思想或理论。

平野龙一认为，刑法机能主义以“实质合理性”为目的导向，② 贯穿刑法立法论和解释论的考察，把刑法作为社会统制的手段，具有维持秩序、保障人权以及行为规制等主要机能。以刑法目的为核心阐释刑法机能主义特征的主要包括以下两个角度：一方面强调刑法目的的内容要限制在市民安全的补充性保护范围内；另一方面强调以刑法目的为核心展开司法解释，从保护“市民安全法益”立法论和刑法目的解释论两个角度总结刑法机能主义的内涵，总之，刑法机能主义本身就是要结合某种价值性的判断，为引入刑事政策提供基础。③ 内容上，犯罪论上的需罚性、责任论上的答责性以及刑罚论上的积极一般预防主义等都可以

---

① ［日］金尚均：《危险社会与刑法——现代社会中的刑法机能与界限》，成文堂2001年版，第180页。

② ［日］关哲夫：《论机能主义刑法学——机能主义刑法学的检讨》，王充译，《刑法论丛》2009年第1卷。

③ 如后所述，法益概念本身和机能主义有一定的关联，因此刑事政策的考虑在法益保护的设定中能观察到。参见内藤谦《法益论考察》，有斐阁2007年版，第156页。

看作是刑法机能主义的发展表现；方法论上，如刑法解释当中使用的经验主义、问题取向、实质化思考等也都是刑法机能化的表现。这种以问题解决为取向、以规范目的为导向的发展趋势，逐渐引领刑法偏离传统核心范围，出现了不同于传统刑法的基本理论等，导致刑法的不断扩张。因此，又有学者认为刑法机能主义就是刑法为了实现刑事政策的目的而对各种原则进行机能化处理的做法，整体上来看，刑法机能主义带来了刑法犯罪论和刑罚论等方面一系列的改变。如罗克辛主张不法和归责的犯罪构成两要件说分别突出了犯罪和刑罚的不同保护目的，分别用保护法益和公民自由的目的来限定不法的范围，用预防性刑法目的来引导有责性判断。[①] 随着刑法目的由人权保障转向安全保障，现代刑法也随之转向了以保障安全为核心的风险刑法。同样，刑法机能主义的内涵也随之转变为对社会安全的保障和对社会风险的控制，更加强调刑法对国民“规范意识的形成与塑造”。除了行为规范论，甚至有学者认为，所谓的法益论本身也是刑罚机能主义的体现，即根据不同的保护目的，对法益进行不同程度的抽象化。近年来刑法出现的更多的精神化、中介化法益，某种程度上也体现了刑法机能主义。

机能主义刑法与美国学者提出的“回应型法”具有相同之处。根据美国学者诺内特和赛尔兹尼克的观点，他们把刑法分为压制性法、自治型法和回应型法。其中，压制型法完全成为政府统治的强制工具性法律；自治型法既能够实现权力意志的控制性效果，又能够基本维持自身法律的完整性；回应型法，则是根据社会需要，实现社会政策目的的工具性法律。回应型法相比前两者而言具有更加主动适应社会需求的目的性和灵活性的优点，其更加主动适应社会对刑法的需求。随着我国《刑法修正案（九）》增加了更多的预备型、共犯型等间接型抽象危险犯，体现了社会对积极防范重大刑事犯罪的需要，如准备实施恐怖主义犯罪活动罪等，就是为了实现对恐怖主义犯罪的提前预防和控制作出的积极回应。另外，信息网络方面也出现了一系列的间接型抽象危险犯类型，如非法利用信息网络罪等属于预备行为实行化，帮助信息网络犯罪活动罪和拒不履行信息网络管理义务罪等属于帮助犯正犯化，这些都属

① 张庆立：《德日机能主义刑法学之体系争议与本土思考》，《华东政法大学学报》2018年第3期。

于为了实现犯罪预防的间接型抽象危险犯类型，回应了我国对互联网领域乱象进行预防管理的需求。所以，预备行为实行化、共犯行为正犯化等间接型抽象危险犯属于回应社会目的需求的前置化、预防性立法，是根据刑事政策目的作出的选择，体现了刑法的机能主义发展趋势。

因此，现代刑法以刑事政策和刑法目的为导向逐渐呈现出机能主义的特点，成为按照立法者意志处理社会问题的手段，刑法保护目的不同，刑法定罪处罚范围也不相同。如从犯罪论角度看，除了考虑应罚性，还要根据刑事政策判断需罚性的大小，从而决定要不要设立相应的罪名。如为了保护重大法益而有选择性地进行预备行为实行化或共犯行为正犯化，通过这些行为的犯罪化达到预防后续重大犯罪的效果；从责任论角度看，刑法机能主义也舍弃规范责任论要求“他行为可能性”的非难前提，而代之以“一般预防必要性”作为判断责任是否成立的基础，出现了刑法的机能主义责任论等。

（二）机能主义犯罪论

早期的需罚性概念其实是为了调控刑事处罚与量刑，随着目的理性犯罪论体系发展，后期的需罚性概念被罗克辛引入刑事政策范围，进入刑法犯罪论体系开始影响定罪。某种意义上说，目的理性的犯罪论就属于犯罪论上的机能主义，根据机能主义刑法理论，刑法把什么样的行为纳入刑罚圈，除了考虑应罚性，还要考虑需罚性的条件。李斯特也把需罚性等关系刑事政策的要素纳入了法益内涵的考量范围，需罚性也因此开始影响定罪。劳东燕教授也认为原来对犯罪的本质思考主要从应罚性展开，现在已经为需罚性的逻辑所支配，[①] 同样也是在犯罪化问题上使用这两个概念。所以，应罚性和需罚性已经成为国家判断某一行为是否要进行处罚的两个必备因素：（1）应罚性，解决什么样的行为需要处罚，即处罚正当性的问题。应罚性是为了保证定罪的正当性，通过决定哪些行为能被设定为犯罪，判断是否具有适格性和刑罚目的正当性等从而控制刑罚处罚边界。（2）需罚性，解决基于什么样的目的对此类行为进行处罚。随着需罚性概念扩展到犯罪论层次，它已经具有了结合刑事政策目的而实现预防功能的意义。这两个要素关系着刑罚对象与规范

① 劳东燕：《风险社会与变动中的刑法理论》，《中外法学》2014 年第 1 期。

目的的确定以及如何具体划定刑罚处罚范围，否则，刑罚目的过于随意就势必沦为以自身为目的而存在的理论。[①] 传统上把需罚性作为刑罚论的观念已经改变，许玉秀教授曾经认为，犯罪论和刑罚论的区分也就是应罚性和需罚性的区分，罪责属于刑罚论，是需罚性的决定要素。[②] 但罗克辛努力把有关刑事政策的预防目的纳入犯罪论，需罚性已经成为影响犯罪成立的重要因素。[③]

对于应罚性的判断，康德认为其根本界限在于行为是否违反法义务，而不是单纯地违反道德义务。所谓的法义务也只能是一种外显的义务。法规范通过外部性的强制力来形塑客观行为秩序，把个人视为一种他律的或经验的存在主体。[④] 刑法创设的法义务内容只能是以对人类具有重要性的外部行为为对象，而不能是内在动机、社会风俗信仰、道德价值或者抽象的道德态度等。行为的可罚性不是因为它的反道德性，而是根据经验其破坏了刑法规范所想建立的外部行为秩序的行为。

对于需罚性，有学者认为就是根据比例原则的惩罚必要性的体现。[⑤] 有学者认为需罚性就是应受刑罚性，是与社会危害性并列共同决定某行为要不要定罪的问题[⑥]，是基于刑事政策和司法层面的适用[⑦]。需罚性是来源于德国刑事政策范围的概念，后来逐步纳入刑法教义学的范畴，被认为是指向刑法目的、以预防犯罪为导向的概念。[⑧] 为了预防社会风险、适应刑事政策的要求，这些需罚性因素导致近年来更多精神化法益、抽象化法益的出现，导致刑法进一步扩张。

需罚性的判断，首先要分析风险控制成本与危害成本等因素，如间接型抽象危险行为本身是否具有跟后续犯罪的关联意义，需要经过风险预测，这种风险预测是国家刑事政策的选择，其核心是风险管制，支配

---

① 古承宗：《刑法的象征化与规制理性》，（台北）元照出版公司 2017 年版，第 6 页。

② 许玉秀：《当代刑法思潮》，中国民主法制出版社 2005 年版，第 113—114 页。

③ 张凯：《刑法边界基础研究》，博士学位论文，吉林大学，2018 年。

④ Baumann，*Zweckrationalität*，1987，S. 36. 转引自古承宗《刑法的象征化与规制理性》，（台北）元照出版公司 2017 年版，第 12 页。

⑤ 陈晓明：《刑法上比例原则应用之探讨》，《法治研究》2012 年第 6 期。

⑥ 夏勇：《和谐社会目标下的“犯罪化”与“非犯罪化”的标准》，法律出版社 2016 年版，第 240—247 页。

⑦ 张凯：《刑法边界基础研究》，博士学位论文，吉林大学，2018 年。

⑧ 劳东燕：《风险社会与变动中的刑法理论》，《中外法学》2014 年第 1 期。

着刑事政策的发展取向，借助积极一般预防[①]概念把它作为刑罚正当化的基础，强调对犯罪的控制意义，而不能仅仅根据犯罪统计学上的意义。比如日常生活中的很多中性行为，只有在第三人介入的情况下才会产生法益侵害的危险或者直接导致法益侵害的结果。确定行为本身是否具有危险性的一般思路为：间接危险行为本身可能引发的危险以及其与实际损害之间的关联如何？根据卡斯·特尔（Castel）的“危险性”概念需要分析两个方面：一方面，根据主体表现出来的危险特性，另一方面，根据中性危险行为与后续犯罪行为之间的因果关系等获得证明[②]。因为抽象危险犯不是消极等待危害结果的出现，而是在中性行为具有对后续犯罪行为的发生具有高度诱致风险时就予以积极介入，通过社会一般人标准和一般社会经验进行推断，这种根据需罚性所作的入罪化判断也是机能主义刑法理论的体现。

（三）机能主义责任论

随着刑法机能主义的发展，刑法责任论也要求在基本报应刑罪责的基础上进一步纳入预防必要性和规范期待性，根据社会预防的功能主义目的，对个人责任进行限制和调和。以下通过罗克辛和雅科布斯有关责任论的观点介绍刑法责任论上的机能主义趋势。

罗克辛的机能责任论：德国罗克辛在处理责任与预防机能的关系时，认为责任仅仅在于确立刑罚的上限。在积极一般预防理论的影响下，罗克辛提出“答责性”包括了有责性和预防必要性，将刑罚预防必要性融合进入个人责任概念中。一般来说，某种行为具有“有责性”并不一定就具有预防必要性，在“有责性”的前提下也可能存在没有预防需要的例外。雅科布斯更是直接将责任视为一般预防的衍生物。[③] 因此，“责任”的内涵里面也已经蕴含了预防必要性，而且根据预防必要性提出的“合比例原则”也是为了对责任原则进行限制，甚至有直接替代传统责任原则的趋势。因此，积极一般预防理论影响之下的机能主义责任论，需要在传统有责性的基础上，积极充分考虑

---

① 古承宗：《刑法的象征化与规制理性》，（台北）元照出版公司 2017 年版，第 23 页。

② Castel, *online-Magzine für phylosophie und paraxis*, 2003, S. 3（4）. 转引自古承宗《刑法的象征化与规制理性》，（台北）元照出版公司 2017 年版，第 23 页。

③ 陈兴良：《一般预防观念的转变》，《中国法学》2000 年第 5 期。

"预防必要性"。

雅科布斯的机能责任论：为了解决预防和责任的融合问题，雅科布斯在卢曼法社会学理论基础上发展出了一种机能的责任概念。[①] 他认为"责任存在于行为人在守法动机形成方面的欠缺"。雅科布斯认为，维持刑法的规范效力并从中培养法忠诚感才是刑罚的目的，只有赋予了刑罚目的的责任概念才具有了实质性的内容。雅科布斯对规范的过于强调，使责任成为在社会成员间进行的规范分配和义务分配。责任谴责不在于故意或过失，而在于是否满足自己应当负担的特定"组织圈"的期待，只要行为人不愿按照相应规范形成行为动机，就要为此担当责任。雅科布斯完全把特定个人作为一般预防必要性的牺牲者，这在德国激起强烈的反对。反对者认为，雅科布斯把一般预防完全凌驾于行为的基本罪责之上，颠倒了罪责才是一般预防的基础。虽然把规范当作刑法保护目的当然也具有正当性，但是行为人只有先基于报应责任论的预期范围，才能有效防止刑法对个体权利的侵犯。在此责任主义的基础上，才能进一步提出犯罪预防、社会教化的问题。

在刑法机能主义责任论中，积极的一般预防理论，作为刑罚目的主义理论，对刑法介入前置化、间接型抽象危险犯等产生了重要影响。

1. 积极一般预防理论的兴起

积极一般预防，又被称为"间接的一般预防"[②]，是适应风险社会变化发展的产物，也是实现风险控制与支配等刑事政策的功能性手段[③]，体现了刑法机能主义思想，是刑罚机能主义在刑罚论思想上的突出表现，是导致刑法前置化扩张的刑罚理论基础。

积极一般预防理论更加积极回应民众的法感情，沟通刑罚适用效果。通过"积极"的刑罚运用来恢复、巩固受到犯罪动摇的规范信赖，属于真正的一般预防理论，超越了纯粹理性经济人的假设。从行为规范的功能面向来说，对某些危险行为设置刑罚来形塑行为模式[④]、强化法规范忠诚感，具有防止未来危险发生的预防功能。这样的刑法工具化倾

---

① Günther Jakobs, *Strafrecht AT*, 2. Aufl., de Gruyter, 1993, Rn. 17 – 22.

② 王振生：《间接一般预防是刑罚的根本目的》，《河北法学》2006 年第 6 期。

③ 陈金林：《积极一般预防理论研究》，武汉大学出版社 2013 年版，第 35 页。

④ 王皇玉：《论危险犯》，《月旦法学杂志》2008 年第 8 期。

向，既是刑法积极一般预防理论发展的要求，也是社会系统自我维持出现的必然结果。

（1）积极一般预防理论的提出

积极一般预防理论是在批判黑格尔等价报应等消极一般预防理论的基础上提出来的。18 世纪末 19 世纪初，消极一般预防理论以黑格尔的等价报应理论为典型，通过古典经济学中“理性经济人”模型、以“心理强制”实现刑罚威慑的做法已经面临现实困境，逐步产生了从对个体利益的保护向对法忠诚感培养的积极预防思想的转变。这种积极预防思想增加了更多的与社会公众沟通的元素，通过刑罚实现对公众违反刑法行为的道德谴责，如边沁所说，对犯罪表达厌恶可以提醒人们忆起规范，拉马什也认为刑罚能促成规范内化。随着刑罚观念由威慑向法律意识和法律信赖等规范内化的转向，逐渐形成了规范中心主义的理念，一般预防思想由刑罚的判处与执行转向了刑法规范的设置。通过法律对刑罚的宣告来达成对规范和信赖缺失的弥补。罗克辛也认为“刑罚的设置”可以视为一般预防的最初阶段，而“刑罚的配置”则具有导向和告知的效果。伯恩·许乃曼也认为刑罚配置比判处刑罚对公众更有预防效果，法定刑的配置可以强化已有的规范和贯彻新行为模式。①

阿明·考夫曼也认为，刑罚就是法忠诚的社会化过程，一方面传达给公众行为规范，另一方面强化规范有效性的信赖。“规范的期待与预防”逐渐上升为与法益并列的刑罚处罚根据。到 1979 年，海因里希·贝克曼（Heinrich Beckmann）提出了积极一般预防的概念，他认为，“刑罚服务于促成对法秩序的信赖，通过行为控制以实现国家安全的保障或者法信赖的确立”。② 司法实践中，前西德联邦宪法法院在对谋杀罪能否判处无期徒刑的审查判决中进一步确立了积极一般预防论。马库斯·达博评价积极的一般预防理论跟美国的“表达性刑罚理论”以及“明耻理论”比较接近，能够对目的论和报应论之间的矛盾关系予以正

① 转引自陈金林《积极一般预防理论研究》，武汉大学出版社 2013 年版，第 86—88 页。

② Heinrich Beckmann, “Ist die lebenslange Freiheitsstrafe noch ein verfassungsrhchtliches Problem?” In *GA*, 1979, S. 439 (457).

视和面对，并结合二者优势在目的论的基础上重新审视报应刑论。[①] 因此积极一般预防理论得到了世界许多国家的回应，具有了相较于其他刑罚目的理论的优势。

（2）积极一般预防理论在各国的发展

积极一般预防理论提出来以后，在世界不少国家都得到了一定程度的回应与发展，逐渐成为刑罚目的理论的重要思想，如对德国、英美和我国等都有一定程度的影响。[②]

德国雅科布斯把积极的一般预防论作为单独命题予以讨论，强调刑罚就是对社会秩序的维持本身，是对法忠诚的规范确认。耶塞克认为一般预防强调对公众法意识和安全感的塑造和强化，其已经上升为刑罚理论的第一线。罗克辛把积极的一般预防作为刑罚正当化的最重要根据之一，吸收“预防必要性”的概念并提出“答责性”，因此改造了传统责任论。而雅科布斯则进一步强调规范论，责任反倒成了其次。

挪威学者提出三元遏制论，既包括了恫吓等消极预防因素，也包括加强道德禁忌和守法习惯的作用。[③] 其同胞哈格进一步认为，前者属于直接一般预防，后者属于间接一般预防，通过激发人们的犯罪耻辱感而不去犯罪，养成守法习惯。英国学者安德鲁·阿什沃斯也意识到在消极预防的基础上树立刑事惩罚等刑法规范体系对社会秩序的运行保障具有重要作用。美国学者马库斯·德克·达博认为通过量刑委员会制定“量刑指南”可以表达对犯罪的谴责，体现了刑罚的规范谴责机能对社会的同一性[④]，而且美国的羞辱刑就表达了对犯罪的蔑视和对公众法感情的回应，与积极一般预防理论对社会诉求的回应相一致。[⑤]

在我国，积极一般预防论的思想主要表现为“忠诚论”。周光权教授认为德国刑法机能主义论者雅科布斯提出的积极的一般预防理论利于

① ［美］马库斯·德克·达博：《积极的一般预防与法益理论——一个美国人眼里的德国刑法学的两个重要成就》，杨萌译，《刑事法评论》第21卷，北京大学出版社2007年版，第450—452页。

② 转引自陈金林《积极一般预防理论研究》，武汉大学出版社2013年版，第86—88页。

③ ［挪威］安德聂斯：《刑罚与预防犯罪》，钟大能译，法律出版社1983年版，第5页。

④ ［美］马库斯·德克·达博：《积极的一般预防与法益理论——一个美国人眼里的德国刑法学的两个重要成就》，杨萌译，《刑事法评论》第21卷，北京大学出版社2007年版，第443—466页。

⑤ 转引自陈金林《积极一般预防理论研究》，武汉大学出版社2013年版，第87页。

公民确立对刑法的忠诚感，提倡“刑法的公众认同”，主张对刑罚本身的规范有效性予以维持，基本认同雅科布斯保障刑法规范合法性期待的规范论思想。[①] 另外，陈兴良教授提出“通过刑罚实现对刑法的忠诚”，韩友谊也认为“刑法是学会法律忠诚的一种手段”。总之，我国的积极一般预防理论也逐渐得到国内学者的支持，成为弥补消极预防理论不足的重要刑罚目的理论。

2. 积极一般预防理论的内容

（1）积极一般预防理论观点

所谓积极一般预防理论，主要指由于行为人对刑法规范的违反而必须承担破坏法规范的刑罚后果，通过树立法规范的不容侵犯性从而达到自觉遵守法规范的目的，进而实现刑法的积极预防效果。[②] 之所以称之为积极的一般预防理论，在于它与消极一般预防理论不一样，不需要等待刑罚威吓来实现对犯罪的控制，而是积极地通过规范有效性的确证，达到培养人规范忠诚感的效果。[③] 强化或确证行为规范，稳定民众对行为规范效力、法秩序贯彻力的信赖，向法共同体证实法秩序的不可违反性[④]。积极的一般预防理论通过巩固社会伦理所期望的行为模式或世界观，整合行为规范、稳定社会秩序信赖。通过公众对刑法保护的侵害客体的肯定，通过理解或习惯性地遵从规范的权威性，防止法秩序被破坏。[⑤] 台湾学者许恒达也认为，积极一般预防强调每一个社会成员都有合法行为的主动学习义务，刑罚效果并不是通过刑罚强制来实现，而是设法让社会成员明了刑法的合法或非法的界限后，自愿而主动地配合，达到学习并遵守义务要求的效能。[⑥] “积极的一般预防”主要指通过树立民众对规范的信赖，使刑罚制度获得正当化。

另外，雅科布斯和罗克辛也都不同程度地受到积极一般预防理论的

---

① 周光权：《论刑法的公众认同》，《中国法学》2003 年第 1 期。

② 王胜华：《“预备行为实行化”立法的正当性根据——基于刑法第 120 条“准备实施恐怖活动罪”的考察》，《石河子大学学报》2017 年第 3 期。

③ 王胜华：《“预备行为实行化”立法的正当性根据——基于刑法第 120 条“准备实施恐怖活动罪”的考察》，《石河子大学学报》2017 年第 3 期。

④ Vgl. Clause Roxin, *Strafrecht AT*, Band I, Grundlagen, der Aufbau der Verbrechenslehre, 4. Aufl. , Verlag C. H. Beck, 2006, S. 80, Rn. 44.

⑤ Vgl. Jens Christian Müller Tuckfeld, *Integrationsprävention*, Lang, 1998, S. 7.

⑥ 许恒达：《刑法法益概念的茁生与流变》，《月旦法学杂志》2011 年第 10 期。

影响，他们的基本观点主要如下。

雅科布斯积极一般预防论的观点。雅科布斯主要从卢曼（Lumann）的法社会学系统理论中寻找行为规范来源的根据，即通过个人与社会的区分，通过社会系统自我观察而生。因此作为机能分化的法系统理论，依照其独特的二分符码（合法与不法），在自我再制系统下，法通过对自我观察而产生，因此具备封闭的性质；另一方面又具有对社会开放的性质，通过法主体与他者的沟通交流使双方的预期成为可能，在这个过程中，为了避免预期落空、消除二重的偶发性，就有宣示法规范的必要性。从这个意义上来说，法系统可谓是“整合一般规范的行动预期”，法的机能在于法规范预期的安定化，使法沟通成为可能。法系统以此来贯彻象征性预期的机能，提供行为规范和行动前提，利于实现社会全体的安定化。

雅科布斯正是基于上述卢曼的法系统立场，认为罪责必须由目的来决定，而此目的乃在于重建犯罪所破坏的规范信赖，因为对象并非犯罪人，而是一般社会大众，其效果与过去目的刑的预防不尽相同。换句话说，刑罚的目的并非对于犯罪人的威吓，而在于规范的积极一般预防，刑法的机能就在于对规范信赖的维护上，这就是雅科布斯所主张的积极的一般预防论。其内容主要包括：刑法通过对规范违反的刑罚，从而达到影响社会沟通与相互作用，从而实现刑法预防的目的。因此他认为刑罚有以下三个方面的作用：①对于规范信赖的训练，刑罚最主要的受众不是那几个潜在的罪犯，而是所有离开社会交往就无法生活的人，必须明确社会交往过程中信赖的行为规范。使刑罚惩戒为大众所周知、成为大众的行为预期，成为社会沟通的基础，保证公众对规范的信赖，从而维持规范的导向功能；②对于规范法忠诚感的训练，对违反法规范的态度予以处罚，从而使一般民众不愿再违反法规范；③接受规范训练，通过明确规范并给予刑事处罚，训练国民一旦违反规范就必须要负担相应的后果，达到公民接受规范训练的效果。

罗克辛积极一般预防理论的观点：①社会教育激发意义上的学习效果，即法忠诚训练。②法律规范信赖效果，只要保证刑法规范的贯彻实施，通过罪刑法定的执行从而实现规范的信赖效果。③满足效果，当行为规范得到执行，刑法惩罚得以实现，也就使得公众的正义感得到伸张，消除与罪犯的冲突。罗克辛认为这可以看作是“整合预防”，既有追求公众对规范信赖的积极一面，也有回应犯罪、安抚公众的消极效果，积极一般预防和整合预防两个概念其实基本相同。

总之，积极一般预防理论通过对行为规范的内化和犯罪人格的重塑达到以下目的和效果：①学习效应，通过刑法规范的明示和规定，达到规范内化的效果；②信赖效应，通过法律规范的贯彻执行，培养公民对法的忠诚感；③安抚效应，通过对违反法规范行为的惩治，达到安抚被害人的效果。[①] 如间接型抽象危险犯把刑事处罚前置到预备阶段、共犯阶段等，对间接型抽象危险行为进行规范宣告，通过积极的一般预防理论，达到犯罪人的学习效应、一般大众的法忠诚感培养以及被害人的安抚效应等来实现法规范确证的效果。以恐怖主义犯罪为例，预备行为实行化的效果不仅仅是通过对预备行为进行刑罚处罚和威吓，达到强制震慑恐怖分子不敢去犯罪的效果。更为重要的是，对于恐怖主义犯罪分子而言，威慑制止这种不怕死的亡命之徒有时完全是徒劳的，反而借助积极的一般预防理论可以唤醒公民遵守法律规范的意识，培养公民的法律忠诚感等，还可以起到一定的规训作用。

（2）积极一般预防理论特征

积极一般预防理论不同于消极一般预防理论，主要具有以下三个方面的特征[②]。

首先，积极一般预防的调整手段更为温和。积极一般预防统合了社会契约论或现代民主论等理论基础，通过更加温和和灵活的沟通方式来达到改变民众法规范态度的效果，而不是通过消极一般预防理论把刑罚作为消极的“威慑”手段，其调整手段更为温和。

其次，积极一般预防以社会制度和社会系统为基础，从社会学的角度反思刑罚作为社会调控措施的运用。[③] 积极的一般预防通过阐释刑法参与社会控制的机制及其可能的作用方式，通过刑法规范的宣告和执行达到调控社会措施的效果，具有实现刑法目的和刑事政策调控范围的

① 王胜华：《“预备行为实行化”立法的正当性根据——基于刑法第 120 条“准备实施恐怖活动罪”的考察》，《石河子大学学报》2017 年第 3 期。

② 陈金林：《积极一般预防理论研究》，武汉大学出版社 2013 年版，第 90 页以下。

③ Winfried Hassemer, *Einführung in die Grundlagen des Strafrechts*, 2. Aufl., Beck, 1990, § 30 Ⅱ.

作用。

最后，积极一般预防通过面向不特定多数人直接设定行为规范。一方面既回应了社会大众对规范的期待，不再考虑特定情境的利益分析，而是努力实现社会一般预防的效果，另一方面也体现了积极与一般民众进行沟通和回应等的态度，体现了对社会整合的社群沟通主义理论和交互式民主商谈理论等思想。如哈塞默尔的积极一般预防理论就深受社会控制理论的影响，其刑罚理论的色彩相对较淡，主要围绕着刑罚体系对于社会控制的定型作用展开。打开了刑法回应社会的开放渠道，综合社会实际情况减少对刑罚手段的过度依赖，达到限制刑罚适用空间的目的。

二 机能主义刑法理论对间接型抽象危险犯的影响

在积极一般预防理论语境下，为了控制重大犯罪的关联犯罪行为，打击在正犯不存在或不成立以及实行行为还未着手的情况下具有的潜在危险性，刑事立法通过预备行为实行化、共犯行为正犯化等前置化立法模式选择提前介入。间接型抽象危险犯的设置就属于对关联后续犯罪的防范与控制，对于这种间接关联性犯罪，对介入刑法处罚时点的选择体现了不同的刑罚处罚思想。因为按照传统共犯理论存在的处罚困境，无法将这种不存在正犯的“共犯”行为单独处罚，在这种情况下，立法者就只能将这种“共犯”行为拟制规定为实行行为，上升为刑法分则罪名的独立规定。如在日本规定有帮助自杀罪，因为惩罚自杀本身也毫无意义，也无法进行预防，而选择对相关联的帮助自杀行为提前介入，对维持这一因果关系的其他关联人进行规制，哪怕这个关联关系人并不是最终的决定性因素，要想实现积极的一般预防效果，对没有正犯的共犯予以处罚以弥补刑罚漏洞，就只能采用共犯正犯化的路径。[①] 总之，对共犯正犯化进行单独规定或者对预备行为实行化进行提前介入等，是刑法积极一般预防理论思想的体现。

另外，积极惩罚间接抽象危险行为，如预备行为实行化相比于传统一般预备行为更能体现刑法通过行为规范进行行为规制的作用，实现积

① 陈金林：《积极一般预防理论研究》，武汉大学出版社 2013 年版，第 90—100 页。

极的一般预防功能。因为传统一般预备行为依附于对后续犯罪行为的定性，要惩罚犯罪的预备行为一般都是在后续犯罪行为社会危害性极其严重的情况下，其危害性依附于后续犯罪行为；如果把预备行为上升为单独的刑法罪名予以规定，普通百姓就能通过了解刑法规范调整自己的行为，充分发挥行为规范的预防作用，而不必依附于后续犯罪的社会危害性大小选择性地予以处罚。而且根据积极的一般预防论，间接型抽象危险犯主观明知的判断也可以根据客观情况和一般人能力与标准进行推定得出，一般人标准就意味着对行为人按照社会预期的标准进行判断，体现了罪责判断的客观化趋势。在当今信息网络科技高速发展的背景下，通过预备行为实行化或共犯正犯化可以有效地防范关联危险行为的发生，实现刑法的积极一般预防功能。因此，与传统预备行为、共犯行为等相比，预备行为实行化或共犯行为正犯化等间接型抽象危险犯以其明确的法律规定，弥补了传统预备行为、共犯行为理论的困境，也通过行为规范的宣示对间接抽象危险进行积极有效防范，对国民进行行为规制教育，有效实现刑法的积极预防功能，契合了现代刑法通过风险分配和风险预防等实现刑法积极一般预防的效果。

同样，丹尼斯·贝克也认为，立法机关之所以在一般共犯行为的基础上，又制定共犯行为正犯化等间接危险类罪名这样两种犯罪化渠道，就是为了明确间接危害类帮助行为的规范禁止性，更好地实现对后续直接犯罪的积极预防①。英国学者达夫在论述对犯罪预备的处罚根据时也认为，惩罚可以让犯罪蒙羞，可以让人们保持对法律的尊重和信任。②“预防犯罪显然不是最终的善，不需要超越其本身的理由，但它显然是一种中间的善。”③ 通过对可能侵害法益的活动的侧面约束和禁止④来实现对危险的预防和控制等，体现了积极一般预防理论的影响。

---

① Dennis J. Baker, “The Moral Limits of Criminalizing Remote Harms”, *In New Crim. L. Rev.*, Vol. 10 370 (2007), p. 374.

② R. A. Duff., *Punishment Communication and Community*, Oxford university Press, May 2003, p. 6.

③ R. A. Duff., *Punishment Communication and Community*, Oxford university Press, May 2003, p. 4.

④ R. A. Duff., *Punishment Communication and Community*, Oxford university Press, May 2003, p. 11.

本章小结

该章对间接型抽象危险犯的理论基础予以探讨，主要分析了风险刑法理论和机能主义刑法理论对此类犯罪的影响。第一节介绍了风险社会和风险刑法理论，风险社会带来了风险分配和风险预防的逻辑，也带来刑法归因与归责的变化、实行行为的实质化扩张以及罪责的客观化判断等刑法理论的变化，被称为风险刑法理论，然后分析了该理论对间接型抽象危险犯进行风险分配与预防等的影响。第二节主要分析刑法机能主义理论的内涵以及对间接型抽象危险犯的影响，风险社会下的刑法机能主义内涵包括了机能主义刑法观、责任论以及犯罪论，强调需罚性、答责性以及积极的一般预防理论等观点，其中“积极的一般预防论”强调通过行为规范来培养国民的行为习惯、训练刑法忠诚感等观点对间接型抽象危险犯的设置产生重要影响。

第三章

间接型抽象危险犯的正当性根据

本章围绕着间接型抽象危险犯的正当性困境问题展开，即间接型抽象危险行为因为与后续实行行为还有更为遥远的距离，客观上难以分辨其与日常行为的区别，一般难以表现出直接的危险性而只是一种间接的危险支配性，为何要处罚这种只有间接危险的行为？为后续直接侵犯法益的犯罪行为负责是否违背了“自我答责原则”？针对这个根本性问题，本章通过对比分析间接型抽象危险犯的基础——抽象危险犯以及两种间接类型“预备型、共犯型”的处罚根据，比较得出间接型抽象危险犯处罚的正当性根据。

第一节　宏观层面“抽象危险犯”的正当性根据

一　抽象危险犯的正当性根据

抽象危险犯的处罚根据或者“危险性”的判断，经历了一个从单纯主观说到客观说、再到折衷说的历程。对于危险的本质到底是什么，主要存在两类观点。一类归结为一种“状态”，一类归结为一种“判断”。认为危险属于主观判断的学说认为，危险并非是客观的可能性或是客观存在的状态，而只是依据各判断者的主观观念而决定的判断。[①]

---

① 王荣圣：《刑法上危险概念之研究（上）——以“构成要件理论”为中心》，博士学位论文，台湾辅仁大学，2007 年。

这种主观的判断已经基本被抛弃，现在争议最大的是客观方面到底采用哪种观点。客观危险说中，大部分学者都将危险定义为一种“状态”，如，迈耶认为危险是依据经验上所发生的侵害事件，而被认为是存在有密接可能性之状态；李斯特也认为，危险乃是一种状态，这种状态存在侵害发生的密接可能性（盖然性）；弗兰克认为危险犯要在惹起危险之后，存在侵害密接可能性的异常状态才可罚以及施罗德的“法益可能发生侵害之状态”等不同的客观学说等，下面论文将主要对不同的客观学说进行分析论证。

（一）经验层面的学说讨论

对抽象危险犯处罚根据的讨论，最初都是先进行大量生活观察后从经验层面得出的观点。在无法进一步解释抽象危险背后规范意义的情况下，采用形式逻辑，要么把抽象危险行为类比为某种程度的“结果”，要么直接形式化地认定为符合构成要件的危险“行为”，这种不考虑规范和危险结果的分析被称为“形式说”。①

形式说主张，该当抽象危险犯的行为只要符合法条规定即可具有刑事可罚性，不管行为是否真的导致实质危险。不考虑具体案件的特殊性，唯法条规定为准，即使没有最终发生法益侵害，也被视为该当构成要件而具有可罚性，在此意义上，抽象危险犯的危险就成为一种形式的、法律拟制的、不允许反证的法律推定危险。

1. 一般危险说

一般危险说根据所属行为类型的一般化损害性质，即犯罪构成要件行为只要该当社会通行理念上的一般危险即可规定为抽象危险犯。② 根据一般生活经验，只要它属于某类经常会导致法益侵害的行为类型，符合类型化的行为模式即可构成犯罪，不需要考虑个案中行为是否有具体危险。③ 贺绪纳（Halschner）也认为危险中通例性的要素不因具体情况改变其行为危险的一般意义。克拉茨（Kratzsch）认为抽象危险犯立法可以达到“行为强化”的效果，由立法者完成苛刻的危险防御任务，行为

---

① 李晓龙：《刑法保护前置化趋势研究》，博士学位论文，武汉大学，2014 年。

② 徐凯：《抽象危险犯正当性问题研究——以德国法为视角》，中国政法大学出版社 2014 年版，第 45 页。

③ 蔡蕙芳：《从危险理论论不能安全驾驶罪》，博士学位论文，台湾大学，2000 年。

人只要不实施所禁止或命令的行为即可。[①] 通过排除不断重复将法益推至危险境地的统计危险，将偶然的损害排除，从而实现对危险的控制。

这种观点中最极端的是立法动机说，认为抽象危险是立法规定的行为规则或命令，只要单纯地违反立法规则就要进行刑事处罚，本质上等同于宾丁所主张的“纯粹不服从犯”。德国学者宾丁（Binding）把刑法规范分为三种，即侵害禁止、危险禁止与单纯禁止。“单纯之禁止”，就是对禁止本身的不服从，对这种禁止的违反就属于纯粹的不服从。[②]

一般危险说其实还是来源于冯·布里（V. Buri）认为抽象危险犯是对同类事例的观察这是德国大多数学者同意的观点，他们承认“行为样态具有的对特定法益侵害的危险性”。如耶塞克、魏根特认为，抽象危险犯的当罚性在于符合构成要件行为的危险性，是具体危险的典型惹起特征。雅各布斯也认为如果行为“一般性地或者典型地”导致法益侵害，这种行为就需要被普遍地禁止。[③] 日本通说也是一样的观点，西原春夫认为，抽象危险犯就是特定行为本身就含有的对特定法益的危险类型。台湾学者林山田也认为，抽象危险犯是据生活经验之观察对某一类特定法益具有一般危险性的行为。[④]

2. 拟制危险说

该说把抽象危险类比为“危险结果”，因此被称作“危险拟制说”“危险推定说”。该学说主要是从程序法上观察此类行为难以证明而做的简化处理，规定只要满足了条文中的构成要件，立法者就可以推定危险结果已经存在，[⑤] 而不需要再作积极的证明。换句话说，就是通过选定可能会造成危险结果的最低条件，通过一般化方式将其规定为构成要件所禁止的对象，而不需要再明文规定危害结果作为构成要件要素。[⑥] 这种学说最初为迈耶所提倡，后来被乌尔斯·金德霍伊泽尔发展为危险

---

① Vgl. Kratzsch, *Verhaltungssteuerung*, S. 285. 转引自徐凯《抽象危险犯正当性问题研究——以德国法为视角》，中国政法大学出版社 2014 年版，第 49 页。

② 转引自林东茂《危险犯的法律性质》，《台大法学论丛》第 24 卷第 1 期。

③ 蔡蕙芳：《从危险理论论不能安全驾驶罪》，博士学位论文，台湾大学，2000 年。

④ 林山田：《刑法通论（上）》增订 10 版，北京大学出版社 2012 年版，第 158 页。

⑤ 徐凯：《抽象危险犯正当性问题研究——以德国法为视角》，中国政法大学出版社 2014 年版，第 51 页。

⑥ Vgl. Kindhäuser, Gefährdung, S. 238ff. 转引自徐凯《抽象危险犯正当性问题研究——以德国法为视角》，中国政法大学出版社 2014 年版，第 51 页。

推定说。日本山口厚、佐伯千仞等都持危险拟制说的观点。台湾学者林东茂也认为这属于立法的假定，只要特定行为出现，危险就出现；即使个案没有危险也不允许反证推翻。①

评析：一般危险说是立法者基于大量生活经验观察某类行为具有的一般危险性得出的总结，它最为朴素地反映了立法者的动机。但是，在上升为抽象危险犯规定以后，作为面向所有不特定行为都具有一般危险性固然是大概率事件，② 但是完全排除具体个案有可能存在法益关联性、特殊认知等情况，就是违反了个别责任主义原则。山口厚也认为对于确实没有具体危险的行为，惩罚的只是危殆化的故意，不符合责任原则的规定。③ 生活层面的观察不能简单替代立法规定的处理，否则只能代表立法者的恣意。

与一般危险说相比，危险拟定说虽然也不需要证明具体危险，但二者的理论基础并不相同。一般危险认为正当性在于行为本身的一般类型危险，根本不需要具体危险的存在；危险拟定说则认为危害结果仍然是抽象危险犯不成文的本质要素，是一种推定的存在，只是不需要积极证明。即一般危险说无论法律或事实层面都接受具体危险的阙如；危险拟定说则是单纯地不需要法律层面的证明，事实上仍需要具体危险结果的存在。④

但是，因为危险拟定说也同样不需要证明具体的危险，等于也同样否定了具体个案的特殊情况，同样违背了责任主义原理。而且简单采用拟制化的判断模式，同样属于经验层面的简单化处理，并没有具体的实质内容。

（二）危险量化层面的学说讨论

对抽象危险犯进行危险的量化分析，具体考量抽象危险的大小，这类实质说主要从量化的角度通过对比具体危险犯进行分析。该类学说主张根据具体情况判断抽象危险是否存在，排除不具有具体危险的行为。

---

① 林东茂：《刑法纵览》修订版，中国人民大学出版社 2009 年版，第 50 页。

② 徐凯：《抽象危险犯正当性问题研究——以德国法为视角》，中国政法大学出版社 2014 年版，第 46 页。

③ 山口厚：《危险犯研究》，东京大学出版会 1982 年版，第 207 页。

④ 徐凯：《抽象危险犯正当性问题研究——以德国法为视角》，中国政法大学出版社 2014 年版，第 52 页。

1. 容许反证推定说

如库尔特拉伯（Kurt O. Rabl）认为抽象危险犯的危险来源于立法者推定的行为人的态度危险性，因此这个推定需要证明并且可以被反驳，[①] 所以又称为危险推定说。普茨（Pütz）认为在抽象危险犯的构成要件中危险结果是不可或缺的，行为与结果间的实质关联是刑罚发动的根据，这种关联必须包含对法和平的攻击并且侵害了法益的和平状态。[②] 施罗德（Schröder）则采取二元论，根据难易程度区分为“容许反证推定”“不容许反证推定”，如德国刑法第306条严重纵火罪容许反证；对于交通法规违反和武器爆炸物的持有等犯罪类型，因为行为造成的危险很难逐个预见，则应当尊重立法者处罚典型危险性行为的判断，不容许反证。同时他又认为如果能够确定行为没有引起任何可以预测的危险的话，法院就有权力在个别情况下针对危险性提出反证并且不去适用构成要件。

评析：首先，容许反证推定说虽然把抽象危险犯视为“立法者的推定”有其自身的科学性，但同时又根据一般危险说的经验判断，把抽象危险犯分为可以驳倒的和不可以反驳的两类。这种分类法固然可以让危险推定说的判断更为具体化，但是那些不可驳倒的危险推定过于绝对，也有违背责任主义的嫌疑。广义的责任原则还要求以实质的不法及行为人和被他攻击的法益之间的行为关联为前提。[③] 其次，容许反证推定说把对抽象危险犯的具体认定当成一种具体危险，还是属于一种量化分析的思路，造成与具体危险犯的界限模糊。

2. 具体的危险盖然性说

比得·克莱默（Cramer）认为抽象危险犯与不能未遂之间的关系类似，其与不能犯对法益的攻击程度相似，抽象危险犯是对保护法益的具体危险产生的盖然性状态，[④] 即对法益具体危险的盖然性。即使不存

---

① Vgl. Rabl, *Gefährdungsvorsatz*, S. 20ff. 转引自徐凯《抽象危险犯正当性问题研究——以德国法为视角》，中国政法大学出版社2014年版，第54页。

② 徐凯：《抽象危险犯正当性问题研究——以德国法为视角》，中国政法大学出版社2014年版，第55页。

③ Kaufmann, *JZ1963*, S. 426ff. 转引自徐凯《抽象危险犯正当性问题研究——以德国法为视角》，中国政法大学出版社2014年版，第53页。

④ 李晓龙：《刑法保护前置化趋势研究》，博士学位论文，武汉大学，2014年。

在具体危险性，根据行为人的法敌对性态度而处罚。他根据行为的攻击强度对犯罪类型进行划分，得出侵害犯>具体危险犯>抽象危险犯，法益的侵害强度同样呈现出：实害是发生实际损害>具体危险是发生实害的盖然性>抽象危险是发生具体危险的盖然性，完全把“抽象危险”视为“具体危险”的“前阶段”，把抽象危险视为具体危险发生的可能性。同时用“适格性”来准确表达抽象危险犯对法益的攻击强度或同等意义的对犯罪手段，从而把那些根据其客观意义绝对不会侵害法益的行为从可罚性领域中排除出去。[①] 他认为从社会意义角度看，未遂和抽象危险行为都同样动摇了法益存在的确定性。

评析：（1）克莱默将行为的潜在危险性解释为“具体危险的盖然性”，体现了将纯粹结果本位的犯罪概念引向了行为本位的方法论，为研究提供了新思路。但是，他将抽象危险犯视为具体危险的前阶段，二者只是程度的差异，仍然模糊了二者的界限。而且危险本身就是一种可能性，阿图尔·考夫曼认为，把抽象危险定义为造成法益危险的可能性，无异于说“损害发生可能性的可能性”，纯粹属于逻辑循环，显得毫无意义。[②]（2）尽管抽象危险犯与未遂犯一样都没有造成法益损害的外部结果，但是用未遂犯的思路论证抽象危险犯，一方面像未遂一样显得偏向重视主观态度，忽视犯罪发生的客观情况。另一方面，即使承认行为人的危险性标准也未必得出抽象危险犯正当性的任何推论。

3. 某种程度的具体危险说

德国学者沃尔兹认同克莱默所说的抽象危险是具体危险犯的前阶段，比具体危险程度更低。但根据经验法则，又具有较大的侵害盖然性而被处罚；具体危险犯则需要根据具体场合证明危险发生是必要的。山口厚认为，抽象危险判断也必须在具体危险场合的延长线上考察，抽象危险犯的危险比具体危险犯更低。

评析：沃尔兹试图从抽象危险的具体程度上寻求抽象危险和具体危险的差异，明显混淆了抽象危险犯与具体危险犯的区别。（1）所有试图通过具体危险量化思路去分析抽象危险犯的做法都混淆了二者的界

---

① Vgl. Cramer, *Vollrauschtatbestand*, S. 65f. 载引自徐凯《抽象危险犯正当性问题研究——以德国法为视角》，中国政法大学出版社2014年版，第61页。

② 蔡蕙芳：《从危险理论论不能安全驾驶罪》，博士学位论文，台湾大学，2000年。

限。因为能区分二者的永远不是“危险程度”的大小，而只能是犯罪结构的差异、危险构造的不同，因为抽象危险的发生机理源于对经验法则的总结，[①] 具体危险犯则要根据不同的实际情况分析具体因果关系，两者还是有着本质的区别，而不仅仅是量化的程度不同。（2）抽象危险犯是基于危险发生前的一种经验总结而作出的立法推定，具体危险犯则是根据行为发生之后出现的结果危险的实际判断，两者判断的角度也并不相同。山口厚也认为，二者的区别主要是判断危险时的“判断材料”抽象化程度不同而致。

4. 事前事后综合判断说

事前事后综合判断说，主要对抽象危险犯的危险性理解不同，包括行为内在危险说和结果内在危险说。行为内在危险说主张根据事前判断，以行为时的全部事实作为判断基础，比照具体危险犯的判断方法确定行为有无具体危险，因此，又被称为事前危险说。结果内在危险说主张在判明事实的基础上推定危险是否存在。日本学者佐伯和也同样主张把抽象危险分类为“作为行为的危险”和“作为结果的危险”，将前者定位于事前判断，后者定位于事后判断，同时要求两种危险的存在。根据事后判断的“作为结果的危险”使得抽象危险犯也成为结果犯。如遗弃罪，如果行为人把孩子遗弃到医护机构或放在门口偷偷注视，根据事后考察认为没有危险，就不构成遗弃罪。同样，对现住建筑物放火也要通过事后考察“作为结果的危险”之后才能具体把握。

评析：事前事后综合判断说主要将违反规则的行为作为抽象危险犯处罚，从事前判断很容易过度扩张刑法机能并干预市民生活。危险内在说，本来是想对行为危险说和结果危险说进行折衷调和，统合事前判断和事后判断的危险，虽然有一定的科学性，但是并没能真正说透彻。

总评析：这种量化分析的思路虽然给抽象危险犯的反证提供了可能性，但却误解了抽象危险犯的本质。抽象危险犯来自于推定的危险可能性，如果类比具体危险犯的量化分析思路，又难以与具体危险犯相区分，危险量化只是一个模糊的概念，并不能从本质上对二者进行区分，所以量化推定抽象危险犯处罚根据的思路是有误的。

---

① 李晓龙：《刑法保护前置化趋势研究》，博士学位论文，武汉大学，2014 年。

（三）义务、规范层面的学说讨论

1. 义务违反说

为了解释抽象危险犯与罪责原则相符合，霍恩、布雷姆和许乃曼把抽象危险犯视为“无结果的过失构成要件”。把抽象危险犯的可罚性由判断行为的潜在危险性转向类比过失犯罪的注意义务违反说。其中主要有布雷姆的客观注意义务论和许内曼的主观注意义务说。布雷姆认为为了避免处罚不适格的行为，提出客观的注意义务论。许内曼则把客观的注意义务违反更改为主观注意义务的违反，把抽象危险犯类比于过失未遂犯，通过综合分析全部客观事实的基础上判断行为人是否具有可罚性，如果从行为人自身的主观角度来看有必要但没有采取预防措施的场合，就具有可罚性。许乃曼认为，只有通过类比过失犯罪的注意义务，才能合理解释抽象危险犯的罪责原则，克服粗糙对待责任主义的做法。

评析：义务违反说能从实质上反映抽象危险犯承担责任的根据，强调行为人主动采取安全预防措施来控制或管理危险的积极义务。但是注意义务违反说主要适用于预备型、共犯型等抽象危险犯，对于危险驾驶罪等具体危险性犯采取义务违反说的观点是没有作用的。对具体危险性犯来说，主要判断抽象危险行为是否实际制造了规范禁止的危险，义务违反说并不能适用于所有抽象危险犯类型，相反从客观方面判断是否存在抽象危险犯倒更有普适性。[①]

（1）“逾越被容许的危险”说

沃尔兹（Volz）跟克莱默一样采用类比过失犯的行为本位分析思路，认为抽象危险行为“逾越了被容许的风险”。[②] 沃尔兹认为抽象危险犯也是围绕着维护社会秩序的目的设定相关的义务，为了维护社会秩序要求行为人不要创设针对法益的不必要的风险并且停止与风险创设相关的行为。即使这种风险因为意外原因或者行为人自身原因而没有发生，抽象危险行为也表现出了对法益的典型侵害特质，具有侵害法益的可能性。只要实施了一般意义上的危险行为，就已经出现了法益风险的升高，这样就逾越了被容许的风险，同时产生了对法益侵害的关联。这种风险升高的行为本身就属于逾越了被容许的危险的行为，不管有没有

---

① 李晓龙：《刑法保护前置化趋势研究》，博士学位论文，武汉大学，2014 年。

② Vgl. Volz, *Unrecht und Schuld*, S. 103f. 143ff.

危害结果的产生，就构成刑事犯罪。但如果某种特殊情况下，即使行为符合抽象危险犯构成要件的规定，但是没有造成规范意义上的风险预设，不具有犯罪规范意义和实际上的义务违反，也就不能对行为人进行刑事处罚。另外，如确信行为没有危险性，或者采取了积极的预防措施等，此时行为人就没有违反义务，也就抵消了自己行为的危险性。[①] 如罗克辛所述的危险增加原则，成为判断客观目的性有无的实质基准。

评析：首先，沃尔兹只是借用了过失犯归责的逻辑，采用了风险升高来替代危险行为的创设，同时采用自己抵消危险创设的行为也就没有归责的义务，从义务违反和自我答责的角度解释了抽象危险犯可以反证的根据，具有科学性。但是他过于主观地判断了只要行为人自己确信没有危险就抵消了危险创设的义务归责，则会演变成实质的主观主义，完全否定了过失行为情况下的危险创设，也打开了逃避刑事处罚的漏洞。其次，沃尔兹认为抽象危险犯规定的行为一般会造成法益侵害的结果，具有一般意义上的危险特质，这种判断也来自于一般危险理论的观点，特别是他认为个别情况下危险之所以没有发生，是源于行为本身的风险性[②]，这也凸显了他的观点建立在一般风险理论的基础上。

（2）客观注意义务违反说（规范说）

布莱姆（Brehm）也主张以客观注意义务来限制抽象危险犯的适用，他所认为的适合性，是多数情况下适合对人造成危险的方法。其实这种观点也有一般危险说之嫌。首先，布莱姆运用“行动功利主义”和“规则功利主义”两种不同的概念来解释。行动功利主义需要结合个案中的危害结果具体分析行为的不法性，规则功利主义则是根据一般人的普遍认识来判断。如对于危险驾驶罪来说，只有抽象危险对全体民众都具有拘束力，才能达到降低交通事故的目的。其次，布莱姆同样把抽象危险犯类比于过失犯，并且认为抽象危险犯中行为人侵犯的是客观注意义务行为。行为人的注意义务不是来源于主观风险估计，而是分析行为人是否采取了必要的注意措施。所以说布莱姆强调的是客观注意义务，是社会一般人在这样的情况下会作出什么样

① Vgl. Volz, *Unrecht und Schuld*, S. 162ff.

② 参见徐凯《抽象危险犯正当性问题研究——以德国法为视角》，中国政法大学出版社2014年版，第67页。

的反应，同时要求行为人应该尽到同样的注意义务。对于纵火罪，需要行为人经过特别的调查程序获得特别的认知，从而正常推论出危险不存在的假定，才算是履行了必要的注意义务。[①] 同时他也具体区分了与具体危险性犯不同的“禁止命令”式规范分配类型，如要求靠右驾车行驶等具体规则的要求时，就不能适用上述规则，其实也是承认了此类抽象危险犯的不可反证性。

评析：布莱姆的观点强调从事前判断可能发生的结果，属于行为无价值论观点。同时存在一定的缺点：第一，过度解释构成要件与规范目的的分离容易违背罪刑法定原则。一般情况下，构成要件的法律文本描述就代表了背后的法律规范，过于强调二者的不同会造成民众适用法律的安全感缺失，导致民众无法确定法律的确切含义以规制自己的行为。这种思考方式只是专家式的解读，难以推广操作。第二，采用过失犯的理论并不能覆盖所有抽象危险犯类型，对于具体危险性犯来说并不适用。过失犯明确了行为的标准和规则，如保持车距等规则要求本身是社会允许并期待的行为，在能为合法行为却没有实施的情况下，才需要具体判断分析行为人是否违反了法律规定的义务，才能适用过失犯罪分析是否存在注意义务的情形。第三，布莱姆同样区分了可以反证的抽象危险犯与不可以反证的抽象危险犯。他把过失犯的归责标准用在严重纵火罪等类型上，对于精神法益保护类型则不能适用，因为此类犯罪并不直接涉及对法益的违反，只是体现了对规则、规范的秩序违反，而这种类型的犯罪涉及维护秩序规范的功能，即使行为不具有具体危险性，也要无条件适用抽象危险犯的构成要件，不能作出限定解释。[②]

（3）主观注意义务违反说

许乃曼一直强调不同类型的抽象危险犯对应的罪责要求也不相同，必须对抽象危险犯进行分类。因此，他首先把抽象危险犯分为三类，“保护精神化中间法益类型、规制‘大众行为’类型以及真正的抽象危险犯”。第一，对于保护精神化法益的抽象危险犯类型，如虚假陈述罪、贿赂罪等，只要行为具有了对精神化中间法益确证性的损害，就具

---

① 蔡蕙芳：《从危险理论论不能安全驾驶罪》，博士学位论文，台湾大学，2000 年。

② Vgl. Brehm, *Gefährdungsdelikt*, S. 139ff. 转引自蔡蕙芳《从危险理论论不能安全驾驶罪》，博士学位论文，台湾大学，2000 年。

有了刑事可罚性，一般不能进行反证，除非情节特别轻微可以排除于构成要件之外。第二，对“大量行为”类型的抽象危险犯，根据社会学习理论，则需要无例外的遵守，达到“必要自动化”保护社会秩序的目的，没必要限制其可罚性。① 其主要特征就在于通过规范的宣示和严格管制等达到养成民众行为习惯的作用，体现的是行为规范和义务规范的分配，提醒人们留意生活中典型的危险行为。第三，对于除了上述两种之外的真正抽象危险犯，一般可以称之为“具体危险性犯”，需要具体判断有无侵犯法益的规范意义等。对此类犯罪他同样使用了过失犯的注意义务标准，但他认为属于主观注意义务而不是布莱姆所说的客观注意义务。这种主观性的根基来源于过失未遂犯的类比，借用了过失犯中的注意义务违反标准，认为判断抽象危险犯的关键在于：行为人是否根据自己的判断积极地排除危险，如果行为人没有根据自己的行为能力和主观认识采取积极的排除损害的措施，即使客观上没有造成危害结果或者没有任何危险性，基于行为人主观上的违反注意义务的态度和危险性，行为人也应当被罚。

评析：许乃曼对抽象危险犯进行分类处理的方式可以说总结了前人理论研究的成果，具有类型化研究的科学性，所作分类也比较简单。第一，对“大众行为”抽象危险犯类型的划分，虽然可以说明此类犯罪为了让大众练习养成行为规范的目的，但是为什么要创设这样的行为规范以及这种行为规范是否具有合理性等并没有得到充分说明。第二，许乃曼通过把抽象危险犯与过失未遂进行类比，采用主观注意义务，在抽象危险行为与法益之间的消极关联关系上，突出强调了行为人的主观危险性。过失未遂并没有类似强烈的主观违法敌对态度，或许跟抽象危险犯具有类似之处，但是采用过失未遂，反而突出了行为人的主观危险性的核心作用，这种模糊的主观违法性一方面难以说明抽象危险犯的不法性，另一方面也有扩大抽象危险犯主观主义的倾向。第三，简化诉讼证明的需求无法作为设立抽象危险犯的理由。刑法自动介入抽象危险犯的正当性只能在实体法范畴内解决，程序上证明困难的减轻并不能成为设立它的理由。

① 蔡蕙芳：《从危险理论论不能安全驾驶罪》，博士学位论文，台湾大学，2000 年。

（4）实质危险说

沃夫特（Wolter）认为不能单纯地依据形式规定认定不法，必须存在实质的危险，并根据危险是否直接关联法益侵害，将抽象危险犯分为“真正的抽象危险犯”和“非真正的抽象危险犯”。[①] 首先，真正的抽象危险犯情形，是指在大量行为成为问题如危险驾驶罪情形以及单纯的秩序违反情形等都是所谓“大众行为”，根据“学习理论”，单纯违反规则的行为足以发动刑罚，体现的是立法者保护身体和生命的刑法目的与理念。其次，非真正的抽象危险犯情形，是指如德国第306条的规定，既有保护个人法益的性质，但是又没有直接关联个人生命、健康的具体危险，如果刑法规定此类犯罪作为抽象危险犯就有违背责任原理之嫌疑。因此又称之为“潜在的具体危险或者侵害犯”，如果附加一定的条件，可以类比于具体危险犯或者侵害犯。这类犯罪需要至少过失地造成“相当侵害危险”（危险性不法），或者只有想象惹起存在故意或臆测的危险时抽象危险才实现。如果行为人已经履行注意义务确认无危险就属于主观危险的欠缺，或者法官事后确认无危险则属于客观危险欠缺。只有主客观危险都欠缺才不构成罪，否则，如果认识错误则仍然为有罪。[②] 采用的是二元的主观+客观义务违反说。

评析：首先，同许乃曼一样，沃夫特也将“大众行为”作为抽象危险犯的一种重要类型，因此同样属于一般危险理论，有着同样的缺陷。其次，沃夫特认为纵火罪属于非真正抽象危险犯，这与许乃曼认为纵火罪属于真正抽象危险犯的观点不同。他认为对于非真正不作为犯要首先实现“初级结果非价”，与克莱默一样把抽象危险犯当作具体危险犯进行量化分析，所谓的“初级的结果非价”也被认为是对侵害发生可能性更低的结果。沃夫特的观点可以看作是“在抽象危险犯中寻求结果证明的最后尝试”，同样模糊了抽象危险犯和具体危险犯的界限，把抽象危险犯看成为一种危险结果。最后，沃夫特建议对非真正抽象危险犯进行二元解读，造成了其结构上的分裂。因为不能未遂和过失犯二者归责模式截然不同，不可能被容纳在同一个构成要

---

① Vgl. Wolter, *Zurechnung*, S. 276f. 转引自徐凯《抽象危险犯正当性问题研究——以德国法为视角》，中国政法大学出版社2014年版，第81页。

② 王荣圣：《刑法上危险概念之研究》，博士学位论文，台湾辅仁大学，2007年。

件之下。[①] 在不能未遂中，行为人表明了他违反规范的意愿，刑罚的目的是确保规范的效力，规范的遵守不能依赖于行为客观面和规范之间的偶然一致性，而应该是规范接受者对它的认同。而与不能未遂相反的是，过失行为却强调的是客观方面对法规范的违反，并没有说明主观上违法的态度。其实强行把二者结合，主要是为了利用过失犯的注意义务违反性和不能未遂的主观违法性。未遂犯中犯罪意志具有积极的功能，而过失犯中的注意义务违反只具有消极的作用，但二者简单强硬的结合其实造成了同一构成要件同时蕴含两种不同的归责模式的矛盾。因此，可以得出抽象危险犯的论证不能简单采用过失犯或者未遂犯的归咎模式，因为过失犯所涉及的一般都是社会所认可的行为，而抽象危险犯所规制的行为则缺乏起码的社会相当性。但是可以从中借鉴实质性理由，解决表面符合抽象危险犯构成要件特征而实质无法益侵犯的犯罪类型。

2. 法益概念的规范化

（1）抽象化法益概念

宾丁理解的危险概念实际上就是指具体危险，即“动摇了保护利益的存在确定性”。[②] 他反对一般危险理论，因为这种理论会导致个别情况下没有危险的行为也被涵摄进抽象危险犯的构成要件中。[③] 他把抽象危险犯分为三类。

第一类在构成要件上不要求具体危险结果的犯罪，是属于能造成具体危险的适格性行为。[④] 行为造成法益危险的适格性属于行为自身的属性，相当于具体危险犯的未遂。所以犯罪完成（抽象危险犯的完成）与犯罪未遂（具体危险犯的未遂）是重合的。这类犯罪被宾丁归入具体危险犯，故意是此类罪成立的必要条件。

---

① Vgl. Kindhäuser, *Gefährdung*, S. 267ff. 转引自徐凯《抽象危险犯正当性问题研究——以德国法为视角》，中国政法大学出版社 2014 年版，第 85 页。

② Vgl. Binding, *Normen* Ⅰ, S. 372. 转引自徐凯《抽象危险犯正当性问题研究——以德国法为视角》，中国政法大学出版社 2014 年版，第 86 页。

③ Vgl. Binding, *Normen* Ⅰ, S. 408.

④ 如德国《刑法》第 186 条和第 187 条。第 186 条（恶言中伤），第 187 条（诽谤）：“明知为不真实的事实而故意加以断言或者散布，因而使他人受到公众蔑视或贬低或有损其信誉的，处……”

第二类不以危险结果为前提的犯罪中，立法者把侵害对象扩展到不特定多数人的范围。如破坏交通工具罪，宾丁认为破坏的并非个别船只的危险，而是“侵害”了船只交通安全和人们对于安全的信赖。通过对攻击客体的扩大化理解，他将具体危险犯扩大为抽象危险犯。

第三类不要求具体危险结果的犯罪是“单纯不服从犯”，法律针对特定行为设置了许可义务，在没有许可的情况下实施的行为就构成此类犯罪。对于少数行为不必然造成此类损害的，如果不能将这些无害行为从中区分出来，就会出现或者全部禁止此类行为，或者全部许可此类行为的结果。[①] 这类犯罪中，构成要件的实现意味着对规范的不服从，这才是相关行为具备刑事可罚性的原因。个别情况下的行为危险性只能在法官量刑时予以考虑。[②]

评析：首先，把第一类具体适格犯理解为危险犯的未遂并不科学，这仍然属于具体危险犯量化的思路。这类犯罪主要适用于具体危险性犯。按照宾丁的理解，必须以此类危险行为人要故意违法地造成危险和危险行为的适格性为依据，但是危险结果并不是抽象危险犯的客观构成要素，否则抽象危险犯就会等同于具体危险犯。但是刑法一般对未遂并不处罚，所以危险犯的未遂可罚性就更小。其次，在第二种不以危险结果为前提的犯罪类型中，宾丁理解为行为侵犯的是整体化、抽象化的法益。如果极端化理解，那么任何刑法规定都可以通过寻找抽象化（扩张）的法益类型，从而获得立法上的正当性，这种基于法益的扩大化、精神化理解让犯罪类型更加模糊。这也只能针对精神化法益的类型。最后，对于第三类抽象危险犯类型，宾丁更是模糊了刑法和行政法的观点。他一方面认为只要形式上违反规范就应该可罚，表面上好像放弃了实质法益保护的观点，但是另一方面他又认为需要根据“大众观察”全部予以否定，其实仍然借鉴了一般危险说，体现了法益保护的理念。最后的结果就是造成他的观点同时包含形式和实质的两种对立的观点，形式的观点强调规则的服从和秩序的形成，属于行政法视角；实质的观点侧重于法益的保护，属于刑法的视角。宾丁这种观点的形成主要因为在他所处的时代对二者缺乏适当程度的区分。

---

① Vgl. Binding, *Normen* Ⅰ, S. 399.

② Vgl. Binding, *Normen* Ⅰ, S. 399.

（2）观念的法益毁损说

乌尔里希·伯兹（Ulrich Berz）认为不法的认定要以观念的法益毁损为前提，是以侵害或具体危殆化的意思进行活动。[①] 他认为抽象危险犯与结果犯不同，它具有类型性地引起法益侵害结果的可能性。他将抽象危险犯归为一种普遍的注意规则，根据行为的一般侵害性，动摇了一般人共同信赖的基础。只有当行为缺乏危险性的确信和法益客体事实上没有受到侵害两个条件同时具备，既缺乏行为不法也缺乏结果不法，才可以排除对其他法社会成员信赖的侵害。[②] 如果根据具体情况一般性评价不正确时需要对构成要件进行目的论的限缩解释。[③]

评析：伯兹的观点也同样存在许多问题。首先，观念的法益损毁，是对抽象性的价值或观念法益之妥当性的一种轻视或不尊重，[④] 动摇了法共同体成员对规范效力的信赖。问题的关键是如何将法益抽象化，这种抽象化之后的法益并不能排除有具体结果或危险的情况，法益的损毁当然也包括法益的具体侵害或危险。但对于抽象危险犯而言，其本质并非在于这些具体的危险，因此说，其理论前提存在错误。

其次，伯兹认为行为缺乏危险性的确信和法益客体事实上没有受到侵害这两个条件同时满足才体现了对规范信赖的破坏。单纯的行为实行就已经否定了对法益客体的尊重要求，动摇了人们的信赖基础，再对结果不法进行限制解释是毫无作用的。通过对法益精神化的理解，伯兹建立了抽象危险和法益之间的消极关联来解决它的处罚依据问题。抽象精神化法益的概念并无法解释结果犯概念，如果行为已经触犯了精神化法益，那么立法者就没有必要再明确地将损害结果作为构成要件要素，精神化法益的概念也只是针对某一类的抽象危险犯而言。

（3）安全性损毁说

金德霍伊泽尔（Kindhäuser）认为抽象危险犯的规范目的就是禁止

---

① 王荣圣：《刑法上危险概念之研究》，博士学位论文，台湾辅仁大学，2007 年。

② Vgl. Berz, *Tatbestandsverwirklichung*, S. 114, 116ff. 转引自徐凯《抽象危险犯正当性问题研究——以德国法为视角》，中国政法大学出版社 2014 年版，第 93 页。

③ Vgl. Berz, *Tatbestandsverwirklichung*, S. 114. 转引自王荣圣《刑法上危险概念之研究》，博士学位论文，台湾辅仁大学，2007 年。

④ Vgl. Berz, Tatbestandsverwirklichung, S. 44, 110f.

对自由无忧虑地使用财物时所必要的安全性条件的毁损,[①] 行为规范的正当性是其自我目的规范即制裁规范正当性的来源。抽象危险犯与侵害犯具有不同的犯罪结构，他们应该服务于不同的规范目的。[②] 我们要在符合构成要件的行为、法益以及规范性期待三角关系背景下明确抽象危险犯的规范目的。这种规范性期待的对象是无危险的法益支配的可能性，他又把这种可能性称之为“安全”，并且区分了“自治的”和“他治的”安全管理。[③] 自治的风险，如赌博属于个人事务，即“自治的安全”；另外，如街道交通中的风险，个人根本没有能力“自治地”抵消特定的风险，或者需要花费不成比例的代价才可采取的预防措施需要通过“他治”的方法进行规范性弥补。刑法通过抽象危险犯的方式承担了“他治安全”的管理。在抽象危险犯中，行为规范的目的不是为了维护法益实体的完整性，而是以法律的方式确保为了理性地支配法益所必需的安全状态。作为抽象危险犯构成要件基础的行为规范担负起“他治的”安全的管理任务，因此具有了正当性。为了贯彻这一行为规范效力的制裁规范（自我目的规范）自然也就具有了实质的合法性。

关键的问题是，到底什么样的条件才能让一个理性主体能够正当地、无忧虑地支配法益；自治和他治的条件该如何区分，安全的概念是否过于模糊？对此，他认为：“关于有益于社会的个人承担或者减轻风险负担的看法是不断变动的，并随着不同领域的变化而变化，就这点来说，一定程度的实证是完全恰当的。”因此他进一步提出五步法来检验抽象危险犯的正当性。[④] ①首先确定规范的目的，即无忧虑支配法益的方式方法。②确定人支配法益时候的忧虑对象。③查明这种忧虑是否有正当的根据。④根据社会规范性共识和利益协调等观点，弄清预防损害是个人自治的还是超出个人能力或不可期待的他治范围？⑤如果确认个人没有义务承担那些为无忧虑支配法益所必要的预防措施，那么就需要规范性地弥补，即设立抽象危险犯。同时，抽象危险犯构成要件的解释也应该考虑对预防措施的规范性补偿及其促成安全的目的。制裁规范

---

① 王荣圣：《刑法上危险概念之研究》，博士学位论文，台湾辅仁大学，2007 年。

② Vgl. Kindhäuser, Gefährdung, S. 270ff.

③ Vgl. Kindhäuser, Gefährdung, S. 279，转引自王荣圣《刑法上危险概念之研究》，博士学位论文，台湾辅仁大学，2007 年。

④ Vgl. Kindhäuser, *Gefährdung*, S. 288f.

（自我目的规范）则因为保障了这种规范性补偿的效力而具备了正当性。

评析：金德霍伊泽尔摒弃了传统保护法益的静态思路，转而以法益动态支配的安全作为论证抽象危险犯正当性的依据。把对公共风险的治理作为个人无法控制的“他治”的安全管理领域，从而需要国家通过设立抽象危险犯直接进行风险分配。通过设立抽象危险犯的行为规范实现“他治”领域的安全管理，把行为规范的正当性作为抽象危险犯正当性的来源，但对于如何确定行为规范的范围，他只用了模糊的“刑事政策上的克制”，并借助了“安全”这一范畴。但安全自身的内涵却过于模糊，如罗克辛所言，“就像所有其他的构成要件一样，安全的产生仅仅是在此之前的法益保护的附随现象和结果而已。”① 金德霍伊泽尔指出“安全”的内容取决于其所涉及的具体领域。但是无论如何，安全的内容绝不可能绕过行为对法益本体造成的危险而独立地得到确认。②

二 对抽象危险犯正当性根据的评析

（一）处罚根据学说难以统一

抽象危险犯处罚根据的讨论，经历了从经验层面的形式化讨论、到实质层面的量化分析思路，最后到实质的规范化解析路径，体现了实质化的发展趋势。同时，也出现了对抽象危险犯处罚根据的类型化讨论，区分出传统抽象危险犯和精神化中介法益类以及义务犯等不同的类型等，这种类型化的研究有助于推进抽象危险犯更为科学地发展。

1. 经验层面的形式讨论

包括一般危险说和拟制危险说，这类学说只能说明立法者基于大量的经验观察把某类具有典型危险的行为上升为刑法的立法动机，并不能规范地解释特殊情况下符合抽象危险犯构成要件但却不具有抽象危险的行为为何也构成犯罪，经验层面的讨论毕竟概括不全面，而且不能规范地解决个案中出现的特殊认知等情况。更为关键的是，此类学说不允许反证凸显了它的形式化特征和缺陷。

---

① Roxin, AT Ⅰ, 3. Aufl. §11Rdn. 131.

② Vgl. Martin, *Umweltbeeinträchtigung*, S. 74ff.

2. 危险量化思路

危险量化思路也是一般常用的逻辑，它虽然允许反证，但是把这种根据具体情况辨明危险是否存在的分析等同于具体危险的判断是有错误的。不管是具体危险的盖然性说，还是某种程度的具体危险说，或者进行事前事后折衷的综合判断说等，都是类比具体危险犯危险程度的学说。但实际情况就如最后“事前事后折衷说”所分析的，抽象危险犯属于事前判断，具体危险犯属于事后判断，二者的判断对象有着根本不同；抽象危险来源于一般危险说的大量经验观察，而具体危险说来源于因果关系的证明，二者的犯罪构造也不相同。所以，抽象危险允许反证并不是对危险程度或危险结果的因果证明，而是对抽象危险自身的规范含义或者规范保护目的的检讨。因此，类比具体危险犯的量化分析思路最终只能混淆抽象危险犯和具体危险犯的界限，并不能得出抽象危险犯的处罚根据。

3. 规范论和义务违反说

规范论和义务违反说属于实质分析抽象危险犯处罚根据的学说。义务违反说的论者都先对抽象危险犯进行不同的分类，提倡义务违反说也主要是针对其中的一类犯罪而言。而且不管是客观注意义务说还是主观注意义务说以及折衷的过失未遂二元说等，基于义务违反说主要针对表面无害的行为非定型性行为，之所以承担刑事责任的原因就在于违反了相关的自治管辖义务等。如相关义务论者都分析了纵火罪是违反了谨慎审查义务创设了法不允许的风险，这与危险驾驶罪侧重对规范的练习是不同的。其他类型的抽象危险犯，包括侵犯中间法益类型的抽象危险犯、“大众行为”类型的抽象危险犯等，但这些类型都不能适用义务违反说。

义务违反说来源于风险分配的预防性刑法理念，预备行为实行化、共犯行为正犯化正是提前对可能发生的风险的一种预防，之所以提前惩罚这种完全没有客观危险的行为，是因为行为人应该对系自我管辖领域内的危险具有控制管理的义务。如果不予控制或采取间接放任的态度，对于后续可能发生的犯罪行为应当禁止而不禁止或应当积极防御而不采取措施，违背了对自己管辖领域内的危险行为予以积极控制管理的义务，就要承担相应的刑事责任。

规范论者都是通过把法益概念进行抽象放大为“抽象的整体法益”“法共同体的信赖”“法益支配安全”等来涵盖不同类型的抽象危险犯。但是当法益过分膨胀、稀薄化以后，也就失去了限制可罚性的功能，如已经不能再合理解释结果犯的正当性，这就与法律规定产生了矛盾之处。抽象法益概念只能有针对指向中间法益类型的抽象危险犯。相反，这些抽象化后的法益如“法共同体信赖”“他治的法益支配”等都隐含着“共同体义务”或者“他治的义务”等规范，某种程度上都可以为义务违反论提供实质的理论基础。这也正是笔者在后文中提倡义务论的原因所在，根本原因在于所谓的抽象法益其实还是基于立法者对风险管理义务的不同分配，所以直接理解为行为人的义务更为明确。

总之，因为抽象危险犯包含了不同的结构类型、行为类型，所以单一采用某一种处罚根据说都不能涵盖其他学说。如一般危险说主要根据经验上的观察得出，属于形式论且不允许反证，学说自身也存在缺陷，但因为是基于经验的类型观察，倒是可以涵盖大部分具体危险性犯，即危险驾驶罪等传统型抽象危险犯，但对特殊认知下的情况并不适合；法益规范类学说也不能适用于解释结果犯类型，而且用来解释纵火罪等具体危险性犯也毫无意义；义务违反说也不适用于解释危险驾驶罪、中间法益类型的犯罪；类比具体危险犯进行量化分析的学说估计只能用来分析具体危险性犯是否存在规范意义上的危险，但是也要与具体危险犯中的具体危险予以区分。

（二）处罚根据学说各有侧重

所以对于抽象危险犯而言，单一采用某一种处罚根据说都显得片面，只能针对某一类型进行分析。如上述学说，抽象法益说主要针对中间法益类抽象危险犯、义务违反说主要针对行为关联薄弱类型的抽象危险犯，所谓的“大众行为”抽象危险犯类型其实也可以看作是国家基于制度规范进行的风险分配，具体危险性犯则具有具体危险犯判断的逻辑，需要结合实际情况判断是否存在危险的规范含义，允许反证危险是否现实存在等。

对于间接型抽象危险犯而言，有些间接危险行为根据其持有物品的典型特征可以表明其具有的一般危险性，但是另外一些间接危险行为表面看起来属于中立、无害的日常行为，一般不具有“一般危险说”的典型类型化危险。是否具有类型化的危险需要结合对后续犯罪的关联关系具体判断，而这种关联关系需要进行实质化判断。基于义务违反说、规范论等的实质论观点可以从本质上分析间接危险行为为后续犯罪行为承担责任的根本原因，正是这种间接型的支配关系才有必要让间接危险行为人承担刑事责任，成为间接危险行为人归责的关键。

第二节 微观层面“预备型抽象危险犯”的正当性根据

传统刑法认为犯罪预备并没有着手实行，也就不具有对法益的现实侵害性，而且存在举证困难，大多数都不具有处罚意义。一般来说实行行为着手点是具有可罚性的起点，但是对跨越着手实行界限，单独把预备行为甚至阴谋行为等拟制为实行行为进行处罚，其处罚的正当性疑虑就会急剧升高。观察国内外学说，几乎都对现代型抽象危险犯即预备行为实行行为化等存有疑虑，但它又是各国近年来刑事立法活动中的一个极为流行的现象。[①] 德国理论界和实务界一直都有争议，但现在意见基本统一，为了防止法益侵害危险，需要对这些预备行为采取更早的预防措施，达到刑罚维护法秩序共同体安全的目的，现代刑法中更多预备行为实行行为化的做法，也是适应风险社会刑法扩张和共同体安全的需求，表达了立法者向法秩序共同体的一种禁止性呼吁。

一 预备型抽象危险犯的正当性根据

预备型抽象危险犯面临着处罚正当性的质疑。作为单独准备工具的行为，它的用途可以是日常生活，也可以是用于犯罪，具有“日常化”“中立性”的特征。预备行为相对于原来的正犯行为具有法益危险的间接性，仅是一种立法推定的抽象危险的行为。预备行为的危险相对于实行行为要侵害的法益来说是一种距离更为遥远的状态，其危险性并不能说是一种存在意义上的，而只能说是一种认识法益侵害的根据。学界一直讨论的就是对于这种遥远的危险能否直接正犯化，就是改变原来的依

---

① 周漾沂：《未遂犯可罚性基础及着手实行概念：风险输出理论的建构与应用》，《台大法学论著》第47卷第1期，第407—408页。

附于实行行为的状态独立成罪，也就面临着：本身没有危害性，就是因为与后续犯罪存在间接惹起关系而犯罪化的理论争议，违背了罪责自负原则。如何论证它的正当性，已有的学说参考如下。

（一）经验层面的学说讨论

1. 相当因果关系说

社会相当性学说认为，如果某行为被特定历史形成的社会秩序所认可，那么它就不能作为对行为人归责的事实基础。即使依据刑法条文，这个行为符合相关的构成要件也不构成犯罪。[①] 但是社会相当性很模糊，摆放猎枪便利了第三人实施故意杀人行为，它是否具有社会相当性？社会相当性的判断是否需要考虑到它与后续犯罪之间的关系？对这种关系又如何评价？社会相当性学说就如同雅科布斯的“僭越他人的组织圈”等概念一样，都有待进一步充实。

预备行为一般都具有日常性、生活化、中立性的特征，从一般人观点来看，都不具有对法益侵害的危险性，所以想要根据行为的日常性特征来判断行为正当性的做法过于表面化，只是一种经验层面的总结或归纳，并不能概括间接型抽象危险犯的本质特征。

2. 印象理论

印象理论认为，预备行为是否可罚主要根据行为是否动摇了人们对法律的信赖。其理论来源于德国刑法典对于未遂的规定“对力图的刑法根据，是对敌视法律的意志的启动，该意志给社会共同体造成的印象，有可能导致法制意识动摇和危害法制和平。”[②] 这种学说虽然要比笼统的法益威胁标准要更加清晰，但是判断的标准转向人们的主观心理印象，根据一般人标准分析行为的社会效果，对违反共同法秩序信赖的行为进行处罚，体现了刑法预防主义的目的，但是印象的判断有主观主义之嫌。毕竟这是对社会公众的第一印象，是否有其他原因或条件还要进一步判断，印象理论只是通过一般人的经验感受来判断可能存在对公众法和平意识的违背等，但实际还存在着可能并不违背人类印象但实质上却存在违法意图的行为。所以该理论还需要进一步从实质上判断：何

---

① Vgl. *Stratenwerth*, 3. Aufl. , AT Ⅰ, Rdn. 340.

② ［德］约翰内斯·韦赛尔斯：《德国刑法总论》，李昌珂译，法律出版社 2008 年版，第 338 页。

种证据能够“断定其犯罪意图”？

印象理论属于主客观混合的理论，处罚根据主要依据主观敌对态度，客观行为只具有界定作用。该理论的含义就是行为人的不法意识表现于外达到足以撼动社会信赖和法秩序和平的印象，根据应罚性的观点须加以处罚。① 印象理论让主观主义刑法观的影响进一步扩大，预备行为人的主观危险性不断得到强调，原则上不惩罚预备行为的做法也一度被改变，预备行为可罚的范围进一步扩大。

3. 社会行为分离说

该学说是从反面论证的思路，如果能把这种预备行为的危险性与正常社会生活行为相分离与区别，就不具有刑事可罚性。这是基于预备行为的危险，在立法上作出的一种推断，体现了一种立法假设的判断逻辑，但却恰恰证明了预备犯中的危险并非现实存在的。如果预备行为可以与促成、激起第三人的故意犯罪行为“分离”开来，那么第三人行为所造成的结果就不能归咎于预备行为人。② 同样，预备行为在什么条件下才能与第三人责任区分开来？存在着与信赖原则一样的弊端。所以，行为分离的观点也只是一种表面的现象，背后起实质性作用的只能是划定预备行为责任边界的规范性标准。

社会行为分离说采用的也是假定条件的逻辑，这跟中立帮助行为处罚根据里面的假定替代条件说有相似之处，在预备行为具有对后续犯罪行为的侵害目的下，表现出与后罪之间的紧密联系，可以采用阻断的假设方法来判断，如果切断与后续犯罪的关系，那么单独预备罪将无法合理解释，单独预备罪的设立也就没有意义。当然，通过综合考量预备犯与后续实行行为之间的发生时间、手段目的关系以及发生地点等关系，也能反映出后续行为是否是前预备行为的连续或延展，也能说明二者是否具有社会分离或者紧密关系。

4. 信赖原则

信赖原则最先用于街道交通领域，后扩展到其他风险领域。每一个交通参与人允许信赖其他人正常的交通行为，而无须考虑其他参与者不

---

① 王荣圣：《刑法上危险概念之研究》，博士学位论文，台湾辅仁大学，2007 年。

② Vgl. Jakobs, *ZStW*89 (1977), S. 20f.

理性或者错误的交通行为。[①] 但是信赖原则并没有直接告诉我们预备行为人是否和在多大程度上允许信赖第三人不会以自己的行为为基础进一步实施犯罪行为。信赖原则是一种规范，而不是心理事实。人们不用去考虑其他人可能实施的违法行为，因为更深层次的规范性标准已经对他们之间的责任领域作了区分。只要在规范性标准划定的领域内活动，即使他的行为与最后的侵害结果间存在事实上的因果关系，也无须对它承担责任。信赖原则无非是这些规范性区分标准适用结果的心理学表述而已，是规范性责任区分标准适用的“结果”，而不是具有区分功能的“原因”。

（二）危险量化层面的学说讨论

“危险增量说”认为只有预备行为的危险递增到一定量的程度，国家刑罚权才能介入。对于预备犯来说，预备行为的危险性也需要增加到一定的程度才能纳入刑法分则。该预备行为要使法益侵害的危险量大大提升，达到一种如果不加以及时控制就有随时转化成法益侵害结果的程度，如果不控制就没有机会再抵御该危险时，才有把预备行为拟制为实行行为的必要。有学者认为，该学说来源于对中立帮助行为可罚性的分析，是借助中立帮助行为理论来分析独立预备罪的可罚性，“危险增加量”的标准表述为“帮助行为对于正犯实现的机会增加”，但是所谓“重大性的帮助”和“机会的增加”都没有明确的判断标准，实践中操作还比较困难。“危险增加量”主要从客观上判断中立帮助行为对后续犯罪的支配性作用的，相对于从主观意思内容来判断的“犯罪意思关联理论”。“犯罪意思关联理论”侧重于主观方面的判断，主张通过该帮助行为的意思内容和使他人犯罪行为成为可能的关联性来判断行为人是否有促进后续犯罪的意思，与强调客观危险的“危险增量说”并不相同。

（三）义务、规范层面的学说讨论

1. 合宪性说

如何限制行为规范的范围，日本学者高桥则夫提出要把行为规范限制在合宪的范围内。日本学者高桥则夫认为“行为规制的目的、行为

---

① Vgl. Schumann, *Hanglungsunrecht*, S. 7.

规范（禁止·命令）的比例性、刑法的必要性及刑罚恰当性问题等不能混淆"[①]，关系到是否合宪的问题。在设置刑法罪名时，除了关注法益，还要考虑法益保护背后的行为规制是否适当。

2. 责任领域

责任领域理论主要是雅科布斯的思想，其内涵可以分为两部分：第一，责任领域划分：第三人自我负责。雅科布斯用责任领域来划分预备犯和第三人之间的责任分配。[②] 如果预备行为人实施的行为延伸到了后续第三人的责任领域、对第三人的行为及结果造成重要影响，他就应该控制自己的危险行为不能干涉他人领域。如果预备行为人积极消除自己的危险行为对后续犯罪的作用，就无须对第三人行为负责；否则，预备行为人如果明知后续第三人的危害行为仍然不予停止或消除自己行为的影响，第三人的后续犯罪行为或者危害结果也应当归责于预备行为人。雅科布斯的责任领域理论，又被称为"第三人的自我答责原则""回溯禁止原则"，一般不能把第三人的犯罪结果回溯至幕后预备行为人。[③] 回溯禁止原则其实主要被用于因果关系的判断，这里使用的主要角度在于幕后人无力控制事件的因果历程，在幕后人基于过失使第三人故意犯罪行为成为可能时，他不对第三人所造成的结果负责。[④] 猎人把猎枪挂在小酒馆衣帽间里，虽然存在第三人用枪他杀的可能性，而事实如果果真有人被猎枪打死，这个侵害结果是无法归咎于猎人的。这是因为，第三人的故意杀人行为已经排除了猎人对事件因果历程的掌控，切断了放置枪支和死亡结果之间的因果关系，无须对死亡结果负责。

但否定该说的观点认为，第三人的自我负责行为只是一种事实结果，它并不能起到区分幕后人责任与第三人责任的规范作用，所以仍然需要借助其他更为具体的划分责任界限的规范标准。与"信赖原则"和"行为分离理论"一样，"责任领域"仅仅是适用特定的规范性责任区分标准的结果，它本身并不具有解决幕后人责任范围这一问题的

---

① ［日］高桥则夫：《风险社会与犯罪论的应有状态》，陈家林译，载莫洪宪、王晨主编：《社会转型与法学发展论文集》，中国人民公安大学出版社2012年版，第14页。

② Vgl. Jakobs, *ZStW*89 (1977), S.3, 7, 11.

③ Vgl. Welp, *Vorangegangenes Tun*, S. 300f. 转引自徐凯《抽象危险犯正当性问题研究——以德国法为视角》，中国政法大学出版社2014年版，第183页。

④ Vgl. Naucke, *ZStW*76 (1964), S. 409f.

功能。

第二，判断责任领域的界限标准：外部干扰性。雅科布斯认为，单独看预备犯本身只是生活化的行为，仅仅具有微不足道的危险性，只能作为危险进程的开启，危险进程的实现还只能取决于未必着手或未必成立的后续犯罪行为。换句话说，相对于后续犯罪的实行行为而言，预备犯只是被前置到预备阶段作为拟制实行行为，它只具有相对独立性。如预备犯违反规定持有非法禁用品，违反了自我管辖领域对危险行为的控制义务，如果最后危险物品被用于后续犯罪，就具备了对预备犯的持有行为进行处罚的正当理由。而判断预备犯被处罚的界限标准在于行为外显的外部扰乱性特征。单纯的犯罪计划仍处于个人内部领域,[①] 并没有外显出风险的创设或风险升高特征，是不允许刑罚侵犯的。单纯处罚行为人计划的行为也不具有实质合法性。如德国刑法第 146 条伪造金钱罪和第 267 条伪造文书罪等其实也只是处罚了单纯的思想计划，并不具有实质的合理性。

但是“外部扰乱”概念并不是很明确，它只是相对于“私人空间”而言的概念。雅科布斯进一步解释为，“外部扰乱”就是“僭越了他人的组织圈”或“风险地形成了自己的组织圈”,[②] 以此来划定风险处罚的范围。“他人的组织圈”或者“个人的组织圈”这些都是从社会系统论出发的概念，整合了行为的社会综合意义，具有从社会整体或社群行为主体间性出发的意义，具有实质性的判断根基。外部干扰性体现了行为对他人领域的干涉性等相对于主观的外显客观判断。这个标准虽然体现了预备行为发动的几个核心特征，如：规范社会性（体现行为的主体间性规范意义）、外部客观性（相对于个人内部领域）、干扰他人性（相对于社会危害性）等,[③] 但是这个标准仍然过于模糊，需要进一步充实。如外部干扰性要达到什么样的程度或标准才能判断“僭越了他人的组织圈”或者“风险地形成了自己的组织圈”，雅科布斯的理论为我们提供了判断的理论基础和方向，外部干扰性的标准也体现了对后续犯罪的规范意义，但是具体程度和标准还需要进一步明确。

---

① Vgl. Jakobs, *ZStW* 97 (1985), S. 761f.

② Vgl. Jakobs, *ZStW* 97 (1985), S. 751, 762ff, 773.

③ 李川：《危险犯的扩张逻辑与正当性思考》，《法学评论》2017 年第 3 期。

3. 安全义务违反说

福利许（Frisch）认为行为人违反安全管理义务才是他为后续第三人犯罪行为承担责任的根据。因为某些具有特殊危险性的物品或工具，只有经过审批或者特殊情况下才能获取或携带等，持有这些物品的人或管理机构应当被信赖合理使用，只有持有人积极行使了安全管理义务，确保相关物品不落入没有特定资质的人手中，[①] 这种持有行为才是合法的。但如果行为人违反了安全管理义务，没能对这些物品、工具合理保管而落入无权使用者的手中，就会给他人身体、生命造成潜在危险等，这样的不作为已经“僭越了他人的组织圈”是不被法所容许的。它不仅要为后续第三人的行为及结果承担责任，而且自身也成为一个独立的刑事制裁的对象。[②] 同时，福利许还认为安全和组织义务并不能适用于日常用品的设定。即使是把刀具卖给商店外面正在打架斗殴的人，但是商店老板也没有义务考虑后续第三人的行为性质，因为他的售刀行为与他所承担的社会角色是一致的。即使某些物品的性质不能排除被用于犯罪的可能性，如买老鼠药等，但是这些生活用品的性质并没有违背基本的生活用途形象，过度设置这些义务会造成了对行为人自由的限制。[③]

（四）间接危险结构层面的学说讨论

“间接危险性说”，德国学者玛拉哈认为犯罪预备行为只有在可能会给法益造成间接威胁，或本身具有亟须控制的危险性，或预备行为者本身的人身危险性并表现出威胁法秩序的现实危险等情况下才有必要处罚，相对后续犯罪法益来说只具有间接危险性：预备行为只是为后续犯罪提供了便利条件的行为，这种对后续犯罪造成间接危险的行为方式违背了社会规范，应当通过刑罚手段予以控制。尤其在现代科技飞速发展、网络社会虚拟复杂的情况下，新的犯罪手段层出不穷，不及时控制将造成难以弥补的巨大损失，因此，刑法需要在犯罪预备阶段提前介入，以预防重大法益的侵害。该说突出了预备行为相对于后续实行行为的间接危险性，并采用“间接危险”的概念，充分说明了预备行为对

---

① Vgl. Frisch, *Tatbestandsmäßiges Verhalten*, S. 247.

② Vgl. Wohlers, *Deliktstypen*, S. 342, 343. 需要注意的是，针对犯罪物品的组织和安全义务属于不作为犯中的保证人义务，并非过失犯中的归责标准——注意义务。所以，承认预备犯可以作为一个独立的刑事制裁的对象，并不是对“过失未遂”的认同。

③ Vgl. Frisch, *Tatbestandsmäßiges Verhalten*, S. 253, 269f; Wohlers, *Deliktstypen*, S. 335.

后续实行行为的促进性，充分体现了预备罪的间接危险性结构特征，具有一定的合理性。不过，对于间接危险的具体标准还需要在此规范意义的基础上进一步明确。

另外，在德国曾经影响比较大的还有一类主观说的观点，即主观预见可能性说，现在已经基本被抛弃，在此只作下简单介绍。主观预见可能性说是德意志帝国法院曾经使用的主观说观点。针对非故意地促成或便利第三人犯罪的情况，帝国法院认为，如果第三人自我负责的犯罪行为造成了构成要件结果，而且这一点是可以预见的话，那么幕后人的行为就符合了过失犯的构成要件。① 在此过程中，自我负责的第三人的行为属于自然历程中的中间环节。但是，“预见可能性”本身并不明确，也不能精确划分第三人和幕后人各自的责任范围，无法一以贯之地适用于全部具体案件。实际上，在能预见到第三人采取犯罪行为的情况下，部分判例也采取了否定幕后人责任的意见。② 另外，“预见可能性”自身不明确的特征也可能造成刑罚干预过度化的危险。对此，该学说的支持者希望能够借助“社会相当性学说”来缓解。③ 其实也是默认了“预见可能性”无法进行第三人和幕后人责任的界分。

二　对预备型抽象危险犯正当性根据的评析

在预备犯处罚根据的各种学说中，也同样存在抽象危险犯处罚根据的三种思路：社会经验层面的形式化讨论、具体危险的量化思路以及从规范、义务等实质化分析的角度。如从社会经验层面讨论的学说主要有以下四种：相当因果关系说的判断依靠社会共同体或一般人是否接纳或承认这种行为的标准进行一般意义上的判断；印象理论也是基于行为对社会民众的基本印象来判断行为的可罚性；社会行为分离说跟印象理论比较类似，也是根据预备行为能否与后续犯罪行为分离的印象进行模糊判断，这种“印象”的含义也是一般意义和经验层面的；信赖原则也只是提供了人们行为的基本信赖准则，但是“信赖”的标准跟“印象”标准一样模糊，或者说这些只是适用特定规范性责任区分的结果，说明

① Vgl. *RGSt*29, 218, 34, 91, 93.

② Vgl. *BGHSt*3, 203ff.

③ Vgl. Gallas, *Verbrechenslehre*, S. 92.

的只是责任承担的规范意义，但本身并不具有划定预备行为责任范围的功能。社会经验层面的讨论角度虽然比较多，也从不同层次对预备行为处罚的根据进行了分析，但是经验层面的区分只有事实概括的意义，并不能规范解决预备犯在特殊情况或特殊认知下的规范意义，而且概括的范围也容易失之片面。

危险量化层面，主要是危险增量说，通过预备行为对后续行为的增量意义，当危险增量到一定程度时就需要刑罚权的介入，该学说着眼于预备行为本身对后续犯罪的因果关系，但是完全依据危险量化的判断标准并不明确，而且容易导致把抽象危险犯量化处理成具体危险犯的弊端。实质量化说跟抽象危险犯中量化处理的学说一样，误解了抽象危险的规范含义。

规范义务层面，主要有合宪性、责任领域以及安全义务违反说等三种学说。合宪性说提供了预备犯的规范不能超出宪法规定的范围，限制预备犯的过度扩张，当然限制在宪法所保护的权利范围之内固然正确，但是宪法内的权利有很多种、有效区分预备行为是否可罚的标准还需要进一步精确化。责任领域说既能提出预备犯承担责任的根据在于自我管辖领域的危险控制义务，又能从法社会学角度提出危险行为对后续行为的“外部干扰性”，初步给出了预备犯的“不法性”特征。安全义务违反说也提出预备行为人的安全管理义务，并通过分类对比对日常生活用品的分类来说明危险品的安全管理义务，这跟雅科布斯的自我管辖责任领域说有相似之处。这两类义务说可以更好地说明预备犯处罚的根本依据与后续犯罪的犯罪意义关联性。

例外的是主观预见可能性说，这只是德国法院曾经采取的学说，具有主观主义的嫌疑，现在几乎已经不用。间接危险性说则能科学地说明预备行为与后续犯罪法益之间的间接危险性关系，并列举了预备行为亟须控制的危险性分类等，能更加形象地反映预备犯与后续犯罪之间的间接行为结构特征，不过对预备行为不法性的判断标准可以在间接行为结构的基础上进一步明确。

总之，预备犯的处罚根据学说中，主观说、经验层面、危险量化层面的学说等都不尽规范，而责任领域、安全义务违反说以及间接危险性说等从规范层次区分了不法和责任基本构成的规范意义，提出了不法层面的外部干扰性、间接危险性等特征以及责任层面的自我答责、安全管理义务等深层次根本原因，能够科学规范地解释预备犯的作用。对比抽象危险犯处罚根据学说中的主观注意义务说、客观注意义务说以及法益支配论等学说，能体现与抽象危险犯的一致性，同时又具有更加具体、细化的标准。本书将在责任领域说、间接危险说以及安全管理义务说等的基础上进一步提出间接型抽象危险犯的判断标准。不法层面，以雅科布斯的“外部干扰性”或玛拉哈的“间接危险性”为基础，进一步明确这种客观、间接关系的犯罪关联意义特征，即以犯罪事实支配说为根据分析预备行为与后续行为的犯罪关联意义，责任层面以雅科布斯的自我组织管辖领域的安全管理义务或危险控制义务为基础进行归责判断。因为我们只有先得出可能起到犯罪预备作用的事物具有明显犯罪意义关联的情况下，才会进一步考虑行为人是否针对典型的犯罪工具履行了相关的安全和组织义务。

第三节　微观层面“共犯型抽象危险犯”的正当性根据

一　共犯型抽象危险犯的正当性根据

共犯正犯化就是“中立的帮助行为一下提升为正犯”，具有中立帮助行为的基本性质，共犯型抽象危险犯在客观和主观上都呈现出“表面中立”的特征，那么在正犯不存在或者不成立的情况下，对这种表面中立的帮助行为予以处罚的根据何在？学界也进行了以下不同角度的探讨。

（一）经验层面的学说讨论

1. 社会相当性说

社会相当性理论最早由德国学者韦尔策尔所提倡，认为并不是所有造成法益侵害的行为都要入罪，他通过对法社会学的观察来充实规范法学的内涵，“在对法益造成侵害的数个行为中，只有那些对社会秩序共同体而言不可容忍的行为才需要禁止。”[①] 同样日本有学者提出“社会预期

① Han Welzel, Studienzum System des Strafechts, *Zeitschrift fur die gesamteStrafrechtswissenschaft*, 58 Band, 1939, S. 516. 转引自陈璇《刑法中社会相当性理论研究》，法律出版社2010年版，第10页。

说”，根据社会一般人的标准判断生活中的帮助行为是否符合“规范的行为预期”。如为杀人者提供饮食、医生为他人做手术的职业行为等，如果能被当时的社会伦理秩序所允许的行为就是正当的。“根据社会历史形成的共同社会秩序看，如果该行为属于正常的社会生活秩序范围，即使该行为有侵犯法益的危险，也因为其具有的社会相当性而排除其刑事可罚性。”①

但社会相当性说的判断标准比较模糊，一方面，只是一味强调和宣誓重申，最后只能沦为一种虚无的标签而无法获得实践理性。另一方面，社会相当性学说观点也属于经验论的观察，不具有规范性的意义，在具有某种特殊认知或特殊背景下，才具有了助力特定行为的犯罪意义关联。因为社会相当性本身基于行为的特定社会效果，无法离开一般的社会生活领域背景。② 但是中立行为的可罚性在于虽然行为表现中立，但背后却存在促进犯罪关联意义的作用。因为一般的中立帮助行为都有着“中立性”“日常性”的外衣，社会相当性是以社会大背景和一般人行为为参照系，属于经验论观点，并不能否定在某种特殊的时空背景下表面中立的行为实际已经具有帮助某种违法犯罪的重要意义。如出租车载人强奸案以及出卖菜刀给正在打架斗殴的一方等。

2. 职业相当性说

德国学者哈塞默认为，中立的帮助行为如果属于某种典型的社会职业行为，恰恰体现了国家社会政策对行为规范的倡导，可以说是一种行为规则的补充、延长和具体化，即使符合行为构成要件也不具有可罚性。③ 日本松生光正教授认为，如果行为没有超出正常的业务范围就不能认定帮助犯的成立。在行业分工日益细化的情况下，难以对层出不穷的职业领域全面考察。但如果纯粹“以职业规则作为判断的唯一标准，将无法解释与职业无关的中立帮助行为如何判断，如果再重新引进新的价值判断标准就很繁琐而无必要。”④ 凡是职业行为一律免于处罚，将

① 于改之：《社会相当性理论的机能》，《武汉大学学报》（哲学社会科学版）2007 年第 5 期。

② 陈璇：《刑法中社会相当性理论研究》，法律出版社 2010 年版，第 77 页。

③ 参见［日］曲田统《日常的行为与从犯——以德国的议论为素材》，《法学新报》第 111 卷，第 2、3 号，第 159 页。转引自孙万怀、郑梦玲《中立的帮助行为》，《法学》2016 年第 1 期。

④ 李灿：《风险社会背景下中立帮助行为可罚性探讨》，《东南大学学报》（哲学社会科学版）2016 年第 18 期。

在一定程度上可能使行业行为沦为阻隔刑罚归属的“免死牌”。职业相当性说比社会相当性说更加具体，具有一定的参照标准。但是经验的视角让其只能覆盖个别职业范围，具有明显的局限性。

3. 具有业务通常性的行为规范后退说

具有业务通常性的行为规范后退说，[①]是日本从客观归责角度强调帮助行为对正犯行为促进作用的学说。业务上或组织体中的行为都是基于法的义务的行为，当实施促进正犯的行为时，就突破了“规范的行为预期”，就需要从业务通常性的行为规范意义上后退。该学说虽然承认了行为的规范预期性，因为促进正犯的行为而使其从规范意义上后退，也就具有了可罚性，其本质还是犯罪促进说，但是如何判断犯罪促进行为仍然没有明确标准。

评析：社会相当性说和职业相当性说以及日本的业务行为规范后退说等，都只是从经验观察视角的形式化讨论，虽然可以从一般人视角或者职业视角承认行为具有正当性的一面，但是这些只是表面特征，在特殊情况或者特殊认知下的行为仍然具有犯罪意义关联，这种判断的逻辑并不具有规范性。

（二）危险量化层面的学说讨论

1. 利益衡量说

利益衡量说以立法论为视角，通过比较犯罪行为对法益保护的重要性和对公民自由限制的强度来判断行为是否可罚，如果犯行越重大，对公民个人自由限制度就越大。具体来说，就是在判断犯罪构成要件的基础上，对所要保护的法益和行为人的行动自由进行衡量，从而决定是否要对帮助行为予以处罚。[②]

评析：利益衡量说当然具有重要的方法论意义，但是因为利益衡量主观性太强，而且标准模糊，实践上可能流于恣意解释，需要更为明确的标准。

2. 违法阻却说

违法阻却说是另辟蹊径从实质违法性阶层进行的讨论，将中立帮助行为“合法性”的一面类比为超法规的违法性阻却事由以实现否定违

---

① 刘艳红：《网络中立帮助行为可罚性的流变及批判》，《法学评论》2016 年第 5 期。

② 陈洪兵：《中立的帮助行为论》，《中外法学》2008 年第 6 期。

法性的缩限效果。“违法阻却说其实是把利益衡量说放在违法性阶层予以评价，对日常中立行为所要保护的法益与可能侵害的法益进行利益衡量。”① 如银行职员根据通行的职业规则为客户办理转账，即使可能帮助了客户逃税，也因为其办理的是正常的业务活动而无须处罚。② 违法阻却说通过比较促进法益与可能造成的法益侵害来判断要不要处罚，如果所促进的法益大于可能带来的法益侵害，就应当阻却中立帮助行为的违法性，否则就需要追究其刑事责任。这与利益衡量说有着基本相同的比较逻辑。德国学者黑芬德尔（Hefendehl）承认这种利益衡量说对中立帮助行为的客观限制作用和规范限缩效果。③ 虽然二者都可以对中立帮助行为进行限制解释，但是相比而言，利益衡量说具有更加明确的标准和衡量的内容，比违法阻却理论更加明确，而违法阻却理论虽然侧重路径合理性的解释，但是采用违法性的解释路径还存在让人困惑的逻辑。

评析：违法阻却事由说与利益衡量原则一样，对所保护的法益与可能造成的法益侵害进行比较，避免对自由保障的过度侵犯。但如果行为人不具有法益保护义务就不具有可罚性。④ 首先，违法阻却理论的逻辑前提存在错误。如果承认中性行为已经属于构成要件的帮助犯行为，就不再具有中立性，也就难以评价为正当业务行为。⑤ 不然，假想构成违法行为的逻辑会全面扩大处罚的范围。如有的学者所言，通过衡量法益、分析违法阻却事由，这种实质化分析模式只能适用于特殊个案的模式，很难适用于大规模的日常业务行为。⑥ 其次，直接把违法阻却理由嫁接到中立帮助行为上也是让人困惑的逻辑。虽然比例原则可以进一步为利益衡量提供相对的标准，但这仍然不够精确，还缺乏更加明确的标准。⑦

---

① 蔡惠芳：《P2P 网站经营者之作为帮助犯责任与中性业务行为理论之适用》，《东吴法律学报》2006 年第 18 卷第 1 期。

② 陈洪兵：《中立的帮助行为论》，《中外法学》2008 年第 6 期。

③ 陈家林：《外国刑法通论》，中国人民公安大学出版社 2009 年版，第 613 页。

④ 陈洪兵：《论中立帮助行为的处罚边界》，《中国法学》2017 年第 1 期。

⑤ 李波：《论制造法不容许的风险》，载赵秉志主编《刑法论丛》2014 年第 1 卷，法律出版社 2014 年版，第 294 页。

⑥ 张伟：《中立帮助行为探微》，《中国刑事法杂志》2010 年第 5 期。

⑦ 陈洪兵：《中立行为的帮助》，法律出版社 2010 年版，第 90 页。

3. 假定替代说

“假定替代说”通过比较帮助行为是否存在被替代的可能性来判断其关键核心作用，只有高度不可替代时才具有可罚性。日本学者岛田聪一郎提出，通过以假定方式对现实发生可能性较高的事实进行替换，从而判断帮助行为对于后续可能发生的正犯行为是否具有重要甚至是唯一的可能性大小。如果同样的工具也存在可以从其他地方获取的可能，那么该帮助原因的作用力不大就没有可罚性。山口厚教授认为判断是否成立帮助行为的关键在于，在具体个案中是否现实地发生了事前假定的危险，否则就不成立抽象危险犯。但是这种例外性阻却犯罪的方法并没有充分的理论根据。是否存在经验上假定的危险并不是实质判断的重点，重点应该是在假定危险之前的阶段也即经验法则的前提事情上。

我国台湾学者古承宗的观点：首先，判断中性职业行为是否可罚，有必要明确提出客观化的标准，可以把职业行为称为“违反禁止要求的帮助”，也就是说，行为人原本可以避免法益侵害或危险，但却降低或排除了这种避免能力。也即：帮助犯促进行为人实现犯罪的能力，或是针对行为人“降低或排除避免能力”的强化等。具体判断可罚性的方法，可以分为以下步骤：第一步，进行整体的综合观察，判断二者是否具有手段和目的的关联；第二步，二者是否具有法主体间的“特殊行为关联”，帮助犯的行为目的至少单向假设地与行为人的行为目的产生连接，[①] 与主行为形成一种主体间同意归属关系。[②] 包括积极认识到帮助是犯罪实现的一部分，或者通过暗示调控职业行为的方法，达到补充主行为之缺陷或排除障碍的直接效果。

评析：这个学说跟危险增加量说其实有着相同的逻辑，也有着同样的弊端，都是分析帮助行为对后续犯罪行为的犯罪促进意义，不管是危险增量说还是行为的可替代说等都是为了判断该帮助行为对于后续犯罪行为的作用力大小。

---

① Köhler, *AT*, 1998, S. 492. 转引自古承宗《犯罪支配与客观归责》，（台北）元照出版公司 2017 年版，第 151 页。

② Köhler, *ZStW* 104（1992）, S. 23. 转引自古承宗《犯罪支配与客观归责》，（台北）元照出版公司 2017 年版，第 151 页。

4. 危险增量说

德国学者托马斯·魏根特认为可以通过分析帮助行为对正犯行为的作用是否重大来判断。如果提供的帮助是犯罪必不可少的，对犯罪有着必要特殊作用的物品的，就被认为是重大帮助，如看到有人打架向其中一方卖道具的，就具有可罚性。相反，如果是日常生活中提供饮食等无足轻重、对犯罪没有重要性的行为则不可罚。

评析：分析危险增加量是否重大，只能是判断行为对后续犯罪行为关联意义的一个方面，一般来说是可以用来判断行为与法益之间的犯罪意义关联的，但是仅从“量”角度的分析，会失于片面之嫌，完全量化的判断还是有类比具体危险犯的思维模式，而且具体的量化标准也并不明确。

（三）义务、规范层面的学说讨论

1. 禁止回溯说

德国学者雅科布斯根据卢曼的社会系统论认为每个社会个体都要按照社会赋予的人格体角色承担自我管辖领域内的控制管理义务，以客观归责为框架嵌入自我答责原则。“人们根据各自承担的社会生活角色而互相联系，并根据这种社会规范角色而产生对他人规范预期的信赖。”①“根据社会角色赋予的管辖义务范围，每种职业承担者都应当对自己职权范围内可以支配或管控的危险予以消除或监督，局外人无法干涉。”②因此也被称为禁止溯及说，跟预备犯中的理论学说一致。他认为：①人们都有自己的社会角色承担，刑法调整的不是法益，而是基于社会角色的规范期待。人们根据自己的角色承担与他人交流，也根据角色的规范期待，信赖、要求他人的行为。②行为的规范意义根据客观社会背景来把握，不以人的主观意思或单方面意思所左右。也就是说，要想构成共犯行为，要具有一般规范性的“共同性”，否则则不构成共犯。例如恣意利用他人的行为不具有共同性；日常生活中的服务行为也不具有犯罪共同性，例如为犯罪汽车加油的行为等。③社会的规范意义行为不因行

① ［德］雅各布斯：《行为·责任·刑法》，冯军译，中国政法大学出版社 1997 年版，第92 页。

② ［德］沃斯·金德霍伊泽尔：《故意犯的客观和主观归责》，樊文译，载陈兴良主编：《刑事法评论》第23 卷，北京大学出版社 2008 年版，第226 页。

为人的主观明知而改变，也就是说与主观意欲无关。行为人显示出中立性的态度，不管是否被他人犯罪行为所利用，都不构成犯罪。[①] 如出租车司机知道乘客的犯罪计划仍然载客等。④当存在特别适合“犯罪关联性”的行为时，则符合了犯罪“共同性”的要求。如正在打架的行为人突然冲进来要买刀具等，则具有可罚性。

评析：雅科布斯的责任领域管辖理论，可以为中立帮助行为承担责任提供理论根据，可以弥补前面理论学说的不足。量化分析的危险增量说、假定因果关系说等，这些学说只能从事实支配的角度证明帮助行为与后续正犯的犯罪量化意义关系，但是并没有从规范角度说明这些支配关系承担责任的原因。而雅科布斯的自我组织管辖义务论则为上述支配后续犯罪行为的帮助行为提供了规范论基础，说明了支配后续犯罪行为的也不一定都要承担刑事责任。如网络社会中，网络接入服务商一般并没有义务审查其接入范围内的行为，网络平台服务商则一般有对其平台的内容进行审查的义务。所以，雅科布斯的责任管辖理论具有合理性，也是本书对此类危险犯进行分析所采用的基本观点。

2. 义务违反说

德国学者（Ranisek）认为，义务违反既可以适用于不真正不作为犯，也可以适用于过失犯、故意犯等，当然也应该适用于对共犯的判断。对于帮助行为不法的限定在于否认法的行为促进上，但是只存在行为促进的效果，而没有违反共同生活准则，就不存在义务违反。如正常生活秩序范围内的行动，即使有法益侵害也不能该当构成要件。这里的“义务违反”就是“保护关联义务的侵害”，主要包括：满足生活需要的行为不可罚、履行民事借贷义务的不可罚、与正犯行为存在固有关联的行为不可罚。这类行为一般既有正当目的，又有促进犯罪的一面，因此不可罚。他列举的这些行为有助于更加具体地判断义务存在的范围。

评析：这种义务违反说也遭到以下批评，把所有犯罪类型都视为违反义务的类型并不科学，尤其是故意犯并不能说是义务违反，过于扩张了义务论的范围，也使义务违反说失去了合理性的一面，导致义务来源

---

① 陈家林：《外国刑法通论》，中国人民公安大学出版社 2009 年版，第 165 页。

的过于宽泛化，最后重新陷入不作为犯形式义务来源的思维窠臼，也有违罪刑法定原则之要求。

（四）间接危险结构层面的学说讨论

“正犯不法连带说”，是德国学者许乃曼对帮助行为与后续正犯之间不法关系的归纳总结。他发现帮助行为具有关联后续不法行为的印象，追随不法行为形成“共同性”和“犯行接近性”。[①] 舒曼也认为，帮助行为能否与后续正犯行为之间形成连带作用直接关系着帮助犯是否成立。如果帮助行为还处在预备阶段，就难以与主行为形成“团结性印象”，而帮助犯是否可罚的关键在于帮助促进行为是否影响到了正犯核心行为，判断的标准就是与正犯之间的距离远近。[②] 只要中性职业行为与后续主行为之间具有不法关联性，也就不再具有社会相当性，就生成了以行为无价值为理论基础的“危险印象”。以“接近关系”考察与“不法核心”的介入距离远近，也就是说只有中立帮助行为接近正犯不法核心时才具有可罚性，可以通过以下条件予以判断：明知正犯的犯行计划仍然予以帮助、明确声明提供帮助或者中立帮助行为本身根据相关法律规定被认为违反了法规范的，可以根据这些条件判断与“不法核心”的“接近关系”。德国的正犯不法连带说与印象说观点比较类似，都以帮助行为是否给社会生活共同体造成了危险性的印象为标准来判断可罚性。

评析：借助中立帮助行为与正犯的“接近关系”以及“不法核心”的判断标准虽然具有一定的模糊性，而且采用“主观印象”的观点也有主观主义的倾向，但是突出了中立帮助行为与正犯的“间接”关联性特征。强调了间接危险行为对后续关联行为的因果关系或者促进力等，可以突出此类犯罪的间接结构特征。

二 对共犯型抽象危险犯正当性根据的评析

本节对共犯型抽象危险犯的处罚根据也同样从社会经验总结、危险量化、规范义务论等不同层面进行总结。社会相当性说与职业相当性说与预备犯的相当因果关系说一样，都属于经验层面的观察，因此

① 陈洪兵：《中立行为的帮助》，法律出版社 2010 年版，第 92—93 页。

② 陈家林：《外国刑法通论》，中国人民公安大学出版社 2009 年版，第 614 页。

也存在规范性不足的缺陷；利益衡量说、违法性阻却理论以及假定替代说都是通过对自由保障与保护法益之间的利益衡量来决定是否处罚，其判断逻辑都是通过比较分析实质利益大小的方式展开，本质上也属于实质量化的思路，虽然具有一定的合理性，但是量化性标准的弊端主要在于其模糊性；同样危险增量说与预备犯中的“危险增加量说”含义相同、相互借用，但是都难以说明危险量的标准、同样具有模糊性；规范、义务论中的禁止溯及理论与预备犯处罚根据学说中的责任领域说一样，都属于雅科布斯的自我管辖责任领域对危险行为不予控制的义务；德国学者拉尼塞克（Ranisek）分析共犯型抽象危险犯处罚根据的义务违反说，与福利许（Frish）分析预备犯处罚根据的义务违反说有相似之处，通过对具有犯罪关联性的义务进行分析得出此类犯罪违反的都是更加具体的安全管理义务，比抽象危险犯中的“主观注意义务说”或“客观注意义务说”等更为具体、更加具有类型化的特征；最后，正犯不法连带理论通过指向后续犯罪行为的连带关系、接近关系等突出了与后续犯罪行为之间的间接关联意义特征，凸显了共犯型抽象危险犯的间接危险结构。而且通过比较预备型抽象危险犯的处罚根据学说，可以发现：共犯型抽象危险犯与预备型抽象危险犯的处罚根据学说有很多相同之处，间接型犯罪结构相同、处罚根据学说也基本相同，因此把二者合并为专门的一类进行研究具有合理性。最后对这三种不同类型的抽象危险犯进行的对比分析将在第四节中充分展开。

第四节　中观层面“间接型抽象危险犯”的正当性根据

预备型抽象危险犯和共犯型抽象危险犯属于“间接型抽象危险犯”的两种类型，都具有相同的间接型犯罪结构。通过对抽象危险犯、预备型抽象危险犯、共犯型抽象危险犯的处罚根据学说进行比较分析，笔者发现预备型、共犯型抽象危险犯的处罚根据学说，有着不同于基础抽象危险犯的类型化特征。下面笔者用图表罗列出这三种抽象危险犯的处罚根据学说并进行对比。

一 相关正当性根据学说的梳理

表 3－1 预备型抽象危险犯、共犯型抽象危险犯与抽象危险犯的处罚根据对比分析

	抽象危险犯	间接型抽象危险犯	
		预备型抽象危险犯	共犯型抽象危险犯
经验层面讨论	一般危险说 拟制危险说	相当因果关系说 印象论 社会行为分离说 信赖原则	社会相当性说 职业相当性说 具有业务通常性的行为规范后退说
具体危险量化思路	危险推定说 具体危险盖然性说 某种程度的具体危险性说 事前事后综合判断说	危险增量说	危险增量说 利益衡量说 违法阻却是由说 假定的替代条件说
规范义务论	义务违反说 主观注意义务说 客观注意义务说 法益抽象化说	合宪性说 责任领域说	义务违反说 禁止回溯理论
		间接危险性说	正犯不法连带说

通过对表 3－1 中对相关处罚根据学说的对比分析，我们可以得出。

1. 预备型与共犯型抽象危险犯的处罚根据学说存在互相借用，说明了二者的行为结构有共同之处。通过对预备型和共犯型抽象危险犯的处罚根据进行比较，可以发现二者具有基本相同的间接危险性结构特征。共犯型抽象危险犯与预备型抽象危险犯的行为都具有“日常化”“中立性”“极小危害性”的特点，二者的处罚根据基本相同，还有相互借用处罚根据理论的情况。把二者合并作为间接型抽象危险犯进行统一分析符合此类抽象危险犯的间接结构特征。

2. 预备型抽象危险犯和共犯型抽象危险犯两种间接类型都采纳了规范、义务论的实质论观点，而且能够更加合理地说明间接型抽象危险犯处罚根据；另外，抽象危险犯的一般性处罚根据学说中，其中的规范论、义务论等学说则是在对抽象危险犯进行分类的基础上，针对某一类抽象危险犯适用的，其适用的抽象危险犯类型也与间接型抽象危险犯相吻合。因此，用义务、规范论来解释作为抽象危险犯类型之一的间接型

抽象危险犯的处罚根据当然也是合理的。

3. 除了从经验层面、危险量化层面以及规范义务层面进行分析之外，预备型抽象危险犯和共犯型抽象危险犯都多了凸显间接危险结构的两种学说，即预备型抽象危险犯的“间接危险说”和共犯型抽象危险犯的“正犯不法连带理论”，这些学说都分别凸显了他们具有共同的间接型犯罪结构特点。

4. 通过对预备型抽象危险犯与共犯型抽象危险犯进行对比可以发现，预备型抽象危险犯在经验层面的讨论学说相比共犯型更多，而共犯型抽象危险犯中具体量化比较的学说中采用利益衡量比较的学说更多，也表明了二者之间侧重点的不同。

二　对相关正当性根据学说的分析

通过对抽象危险犯、预备型、共犯型抽象危险犯处罚根据学说的对比分析，可以得出预备型、共犯型抽象危险犯具有基本相同的间接危险结构，其处罚根据学说也基本相同。由于经验层面的讨论、具体量化分析的思路都不尽科学，而义务论规范层面的学说则具有一定的合理性，可以合理解释间接型抽象危险犯的处罚根据。

笔者基本赞同采用雅科布斯的组织管辖义务论。通过比较预备型抽象危险犯和共犯型抽象危险犯处罚根据的理论学说，发现二者都共同使用了雅科布斯对自我组织管辖领域内的危险行为进行控制的义务论观点，该观点对间接型抽象危险犯处罚根据的说明具有合理性。根据雅科布斯的组织管辖责任领域说，个人要对自己管辖领域内的危险行为进行管理控制，确保其不能干涉到后续第三人的责任范围。具体判断的标准是：在不法方面，要求具有“外部扰乱性”的特征，即“不能僭越他人的组织圈”，“风险地形成自己的组织圈”，外部扰乱性要具有规范性、客观性、外显性等特点；责任方面，要具体判断“外部扰乱性”的行为是否发生在行为人自我组织管辖的领域，如果在行为人管辖的领域，行为人对这种危险行为就具有控制、管理的义务，否则，违背了此义务就要为惹起的后续犯罪行为承担刑事责任。但是该学说提出的“外部扰乱性”行为还需要进一步明确，找出更加具体描述与后续犯罪关联意义的标准。

除了雅科布斯的组织管辖义务论之外，还可以借鉴其他学说的合理性内涵。如预备型抽象危险犯和共犯型抽象危险的处罚根据学说中，间接危险性说和正犯不法连带说等也都规范性地提出了预备行为实行化、共犯行为正犯化等拟制实行行为与后续犯罪行为的间接危险结构，实质化地分析了与后续犯罪之间的关联意义，不过没有进一步突出间接危险结构背后的归责意义；还有，德国学者拉尼塞克（Ranisek）和福利许（Frish）的义务违反说，都从具体分类的视角总结了不同的组织管理义务，可以成为我们判断的具体参考。

笔者在雅科布斯义务论的基础上提出间接型抽象危险犯的处罚根据在于“犯罪关联危险控制义务说”。在综合以上有关处罚根据学说的基础上，笔者在本书中提出进一步完善的标准，以雅科布斯的组织管辖义务论为基础，借鉴间接危险说对间接危险结构的描述等，提出“犯罪关联危险控制义务说”，即不法方面，在雅科布斯“外部扰乱性”的基础上，根据犯罪事实支配说的实质行为论判断间接危险行为与后续犯罪之间的犯罪关联意义，犯罪事实支配说属于实质化的分析实行行为的学说，当然也适用于拟制实行行为对后续犯罪意义的行为结构分析，进一步明确不法判断标准。因为“外部扰乱性”的概念还比较模糊，根据间接危险行为对后续犯罪的间接关联结构关系，采用犯罪事实支配说，可以更加明确间接危险行为对后续犯罪行为“干扰”的程度或规范意义；责任方面，根据雅科布斯的组织管辖义务论，具体判断间接危险行为是否发生在行为人自我组织管辖的领域，如果行为人能够控制危险而不履行危险控制、管理的义务的，就要为后续犯罪行为承担刑事责任。这种“犯罪关联危险控制义务说”既能立足于间接危险行为对后续犯罪行为的实质危险性，又能结合雅科布斯的组织管辖义务论对这种间接危险行为的归责原因给出合理解释，即：具有控制危险的能力却不对自我管辖领域的行为予以控制，对这种影响后续犯罪行为的不作为进行处罚并不违背自我答责原则。

由本章的正当性根据讨论得出间接型抽象危险犯的处罚根据应当是基于间接危险行为的控制义务，一方面要有对他人造成的危险行为和干扰行为；另一方面要具有对这种危险行为的控制义务。以前的预备犯或者共犯正犯化的讨论都是通过预备理论或者共犯理论的讨论来解决，但是这种讨论已经面临共犯论的困境或实行行为的解构，所以笔者认为这种拟制实行行为的问题还应当通过行为论去解决，采用实质的实行行为论即犯罪事实支配理论，既可以解决预备行为实行化的问题，也可以解决共犯正犯化的问题，因为犯罪事实支配说本来就是区分共犯和正犯的学说。正是这种支配了后续犯罪行为的危险行为对他人造成了干扰，而危险行为又属于行为人支配管辖的范围，行为人就要为此类危险行为承担责任。所以笔者主张基于犯罪事实支配论的危险行为控制说。

本章小结

本章通过梳理抽象危险犯处罚根据、预备型抽象危险犯（预备犯）的处罚根据以及共犯型抽象危险犯（中立帮助行为正犯化）的处罚根据等，对比三者之间的异同，总结出预备型和共犯型抽象危险犯的处罚根据具有重合性、互相借用性的共同特征。一方面，可以从中归纳出预备型、共犯型的处罚根据具有间接危险性、义务违反性的特点，即采用雅科布斯的自我组织管辖领域的“危险控制义务论”作为此类间接型抽象危险犯的处罚根据。另一方面，通过对比也可以总结得出间接型抽象危险犯相比抽象危险犯的讨论更具有针对性，通过分类方式分别讨论某种抽象危险犯的处罚根据特点，可以凸显类型化研究的必要性。

本章相关分析论证主要集中在第四节，其主要内容是：通过对三种抽象危险犯处罚根据进行分析概括出生活经验、危险量化以及规范义务等三种不同的分析层面，前两种层面的讨论并不能体现间接型抽象危险犯的规范性，流于形式或经验。而从规范义务论角度可以更加深入地说明间接型抽象危险犯的归责根据，对其中三种不同的义务论学说即雅科布斯的责任领域论、义务违反性说以及间接危险性说等比较分析，得出以雅科布斯自我组织管辖领域内的“危险控制义务论”作为间接型抽象危险犯处罚的正当性根据，与第四章对间接型抽象危险犯的质疑与回应一起论证了处罚该类犯罪的正当性范围，为第五章分析间接型抽象危险犯的范围限定等提供理论参照。

第四章

对间接型抽象危险犯的质疑与回应

间接型抽象危险犯通过把原预备行为、共犯行为都上升为分则罪名处罚的方式，实现了刑法处罚范围的进一步扩张，同时也隐藏着过度预防和侵犯公民自由的危险。间接型抽象危险犯的扩张风险主要因为其立法模式突破了原实行行为的边界，给传统理论带来一系列的冲击，引起学界从不同角度提出的理论质疑，包括从不法论角度提出“行为的非定型性、模糊化”“法益过度抽象化”等问题；归责论角度提出“间接危险行为违背了自我答责原则”以及其他是否违背共犯论、义务论等衍生问题，涵盖了不法与责任等基本犯罪构成、与传统共犯、预备论等的区分以及诉讼证明问题等。对这些质疑问题的回答也从某种程度上阐释了间接型抽象犯的基本理论内涵，可以视为对此类犯罪正当性的反向论证。本章节就是针对间接型抽象危险犯的质疑进行分析和回应，通过反面论证得出该类犯罪的正当性，既是对前文正当性处罚根据的辩证，又为后文第五章把该类犯罪进一步限定在正当性的范围以及第六章明确归责步骤等提供基础。

第一节　间接型抽象危险犯的不法论

一　行为的非定型性

不管是预备型抽象危险犯还是共犯型抽象危险犯，其所谓的间接危险行为都具有“日常性”“中立性”的生活化特征。日本学者泷川幸辰认为，“预备犯有着难以确定的行为起点和终点的困境以及主观目的难以证明的缺点，使得其往往受到处罚边界模糊性、处罚依据非正当性的质疑。"[1] 预备犯因为难以类型化，天然具有不合法治的特征，难以统一确定具体认定的标准。[2] 因此，在判断此类行为是否存在与后续犯罪行为之间的犯罪关联意义时，仅凭形式化的特征难以判断，只能从实质规范分析的视角展开。间接型抽象危险行为一般由预备行为、共犯行为拟制上升为分则的"拟制实行行为"，一般不具有定型化的构成要件特征，也无法独立显示对后续犯罪的直接"危险性"，加之其涵盖的范围比较广泛而具有边界的模糊性等。对这种指向后续犯罪的间接关联性结构的分析，要结合与后续犯罪行为之间的关联关系，进行规范保护目的的判断。除了判断客观事实性，还需要判断与后罪之间的规范关联意义。正是因为这种规范判断的复杂性和模糊性，造成司法实务中对于某个具体行为是否属于法条规定的间接型抽象危险犯，存在判断认定上的困难，也成为间接型抽象危险犯不法认定的难点。如"快播案"中的技术缓存行为是否构成帮助信息网络犯罪活动罪就在国内学界引起不小的争论。同样，日本也出现类似中立技术的"Winny 案"是否构成犯罪的讨论等，但日本"Winny 案"并不构成犯罪，一方面的原因也是由于中立帮助行为的非定型性，由此可见此类行为具有边缘性、模糊性，还存在认定的疑难问题等。

因为预备行为或者共犯行为本身就存在形式多样化、边界模糊性等特点，如果立法不作出更为具体的描述与界定，或者即使试图进行类型化的描述，但作为为后续犯罪创造条件的行为，预备或共犯行为本身也就不具有一般实行行为的明确性特质。只有对预备行为等进行目的论限缩，客观方面考察预备行为如"准备工具""制造条件"等是否足以显示出与后续犯罪实行行为间的关联性，主观方面也要有足以表征行为人对法规范秩序的敌对态度时，才能判断预备型抽象危险犯的成立。

间接型抽象危险犯的设置目的也是为了从根本上解决传统共犯理论或者预备理论等遭遇的困境而将有必要进行刑事处罚的共犯或者预备行为拟制为刑法分则独立罪名的实行行为，采用了法律拟制技术与抽象危

---

① ［德］冈特·施特拉腾维特、洛塔尔·库伦：《刑法总论Ⅰ——犯罪论》，杨萌译，法律出版社 2006 年版，第 250 页；［日］泷川幸辰：《犯罪论序说》，王泰译，法律出版社 2005 年版，第 119 页。

② 王永茜：《论现代刑法扩张的新手段——法益保护的提前化和刑事处罚的前置化》，《法学杂志》2013 年第 6 期。

险犯原理。[①] 这种拟制实行行为的技术，必然意味着原预备行为或者共犯行为要接受更为严格的法定化、类型化规制，把看似日常化的中性行为与后续犯罪行为建立起犯罪关联性，只能突破表面的形式特征进行实质化的认定，但实质化地认定此类间接型抽象危险行为的不法性更加困难。

笔者因此在后文的论述中主张采用罗克辛的实质化行为论的观点：即犯罪事实支配说，规范地判断拟制实行行为与后续犯罪行为之间的犯罪关联意义特征等；而且拟制实行行为结构本身也需要用实质化、规范化的观点来分析，才能更加准确地判断该拟制实行行为的规范意义。采用犯罪事实支配说可以更好地解决此类犯罪行为非定型化的问题，准确认定与后续犯罪行为之间的意义关联。

二 法益关联的薄弱化

间接型抽象危险犯不仅与后续犯罪的法益关联性更为遥远，而且也突破了原后续犯罪实行行为的界限，其不法性更为薄弱，很难被认为是法益侵害危险或者损害可能的惹起，而只能在某种程度上看作立法者的犯罪化动机，体现的主要是对后续犯罪的目的指向性和行为支配的可能性。所以，间接型抽象危险犯只能作为立法判断的评价要素，或者说是立法判定后续犯罪能否成立的条件。[②]

相对于后续犯罪而言，间接型抽象危险犯保护的法益就是后续犯罪的成立条件或立法者进行规范分配的动机。立法已经把间接危险行为上升为分则规定的罪名，而这些罪名保护的应该就是后续犯罪的侧防法益，由此达到阻止后续犯罪外围条件确立的目的。但是因为间接型抽象危险犯行为本身难以直接体现法益危殆化的特征，所以与后续犯罪的法益关联性更加薄弱。

法益关联性的薄弱化表现为间接危险行为很难从外观上显示出对法益的危险。以预备行为实行化为例，其预备罪的设置处在犯罪实行开始

---

① 拟制实行行为，就是将共同犯罪中的教唆、帮助行为或者故意犯罪阶段中的预备行为等上升为刑法分则上独立的罪名，成为新罪的实行行为，因此又称为拟制实行行为。参见何荣功《实行行为研究》，武汉大学出版社 2007 年版，第 22—24 页。

② 李晓龙：《刑法保护前置化趋势研究》，博士学位论文，武汉大学，2014 年。

的前阶段，所输出的客观危险基本无法表现法益的危殆化，司法实践中只能通过行为人的主观意图、计划或者想法等主观方面判断对后罪的意义关联指向。但是预备行为实行化的判断过多依靠主观方面的思想意图或计划，容易陷入刑法主观主义的泥淖，受主观恣意化的影响。所以，预备行为与后续犯罪的关联性还必须进一步找到外部客观行为的证明，而不能单纯地依靠内心的主观计划。[①] 尤其是预备行为本身就具有非定型性、无边界限制性等多种方法手段类型，所以区分与后续犯罪行为或法益的关联性就更为困难，有必要明确间接危险行为成立的客观条件，判断间接型抽象危险犯的归责必须先从客观方面开始判断，这部分内容将在第六章归责模式建构中进一步展开。

第二节　间接型抽象危险犯的责任论

一　是否违背自我答责原则

1. 自我答责原则的含义

所谓自我答责原则（Selbstverantwortung、Eigenverantwortlichkeit）是以“自我决定权”为根据的刑事归责原理。[②] 即个人责任领域应该仅限于自己实施的行为，只有在极其特别的情况下才需要为别人的行为负责。这是行为主体对自我自由的尊重和实现，也是法规范对理性自由人内在规定性的期待。[③] 自我答责的根据就在于行为人违反了作为自由意志主体的自我约束，任意支配自我行为造成对他人的干扰或对自我的损害。前一种情况，行为人要为自己的任意行为对他人造成的危害结果负责，属于行为人的自我答责；后一种情况被害人要为造成的自我损害负责。本书所提到的行为人的自我答责，主要即行为人自己违反“自我决定权”，违背了雅科布斯的组织管辖义务论，就要承担对自己管辖领域应当控制的危险行为而予以控制的义务，任意支配自己的行为给他人造成了危险而不加以控制的就要为自己的行为承担不利的损害后果。行为人的自我答责又主要包括四种类型，把自我完全工具化、把他人完全

① 李晓龙：《刑法保护前置化趋势研究》，博士学位论文，武汉大学，2014 年。

② 何庆仁：《义务犯研究》，中国人民大学出版社 2010 年版，第 103 页。

③ 马卫军：《刑法中自我答责的基本原理》，《云南大学学报法学版》2016 年第 2 期。

工具化（如间接正犯）、行为自动流出结果（行为人制造了结果发生的危险，而防止危险真正转变为结果就是行为人自己的责任）、特殊情况或特别规定的责任领域（如尾灯事件）等。[①] 本书讨论的间接型抽象危险犯违背自我答责原则主要指违背的是行为人的自我答责原则，即行为人自我答责类型中的“行为自动流出结果类型”，即行为人对于自我制造的造成结果发生的危险行为承担控制管理的责任，如果行为人对自我管辖领域内的行为不予合理管理与控制而导致结果发生的危险，行为人就需要对这种危险行为承担相应的管理责任。后一种情况是被害人的自我答责。在被害人自我控制的领域，如果有损害结果发生而被害人能够阻止而放任不管的，如果最后损害后果发生，要首先由被害人自己先行答责。即使在义务犯和支配犯并存的情况下，也是支配犯对支配行为负责，义务犯对义务违反行为负责，而不能因为支配犯的答责而排斥义务犯的自我答责。[②]

2. 间接型抽象危险犯是否违背自我答责原则

对间接型抽象危险犯最大的质疑是，间接危险行为只是提供了后续犯罪行为发生的条件基础，并没有直接造成法益侵害或者法益危险。直接实现法益侵害或危险的是后续犯罪行为人自己，间接危险犯只是起到间接作用的幕后行为。而之所以让看似完全无危害性的日常中立行为为后续第三者的自我答责行为承担责任，除了仅仅分析行为人对后续第三者具有干扰和影响作用外，还要考察预备行为对后续行为的规范关联性才能让这类预备行为处在答责或处罚的范围之内。虽然间接危险行为激起了第三人实施针对他自己或者其他人的危险行为，但这个激起作用的行为是不被禁止的。因为“他人对我的行为如何反应，基本上只属于他自己的责任”。[③] 如果将他人的贡献看作不法，就是要他为别人行为承担刑事责任，当然需要特别的理由。而这个理由要能说明，为什么幕后人的责任范围内能够延伸进后续第三人的行为。[④]

① 冯军：《刑法中的自我答责》，《中国法学》2006 年第 3 期。

② 何庆仁：《义务犯研究》，中国人民大学出版社 2010 年版，第 104 页。

③ Schumann, *Handlungsunrecht*, S. 6. 转引自何庆仁《义务犯研究》，中国人民大学出版社 2010 年版，第 104 页。

④ Schumann, *Handlungsunrecht*, S. 70. 转引自何庆仁《义务犯研究》，中国人民大学出版社 2010 年版，第 104 页。

间接型抽象危险行为本身具有日常中立性、无害性特征，作为刑法介入强前置化的立法模式，始终面临的问题在于：对于尚未发生的后续行为或者他人行为，作为间接危险行为人要在多大程度上为这种危险负责？单从客观或主观的标准都难以充分判断把因果关系向不确定发生的未来可能性延伸或者向由他人决定的关联行为延伸的间接危险界限①。根据德国或日本的观点，间接型抽象危险犯对应于德、日刑法中广义的预备犯，预备犯也仅仅是创造了一个有利的平台，为预备犯本人或者其他人进一步实施犯罪行为提供基础条件。

本书的观点主要根据雅科布斯的管辖义务论进行合理解释。这个观点已经在第三章中有所介绍，还会在第五章中进一步展开论述，其基本内容是：雅科布斯根据管辖责任领域的不同，把义务分为自我组织管辖义务和制度管辖义务。自我组织管辖义务就是行为人对于自己管辖范围内的活动有义务妥善控制，间接危险行为人虽然制造了没有直接侵害法益的高风险行为，但是一旦这种行为具有了对他人进行扰乱、干扰性的犯罪关联意义特征，行为人就违背了"不得侵害他人"的基本义务，对于自己输出的高风险行为要承担控制责任。因此，间接危险行为人并不是对后续第三人的犯罪行为承担责任，而是对自己输出的高度干扰、惹起不法的行为承担自我管辖责任。从这个意义上来讲，间接危险犯承担的是对危险行为进行自我控制不干扰他人的危险管理责任，而不是代替没有直接参与的后续第三人负责，因此也并没有违背自我答责原则。

二　刑法义务规范性的扩张

间接型抽象危险犯设立的目的就是为了进行风险分配和义务规范分配，这种立法模式的形成就是刑法随着风险社会的发展而进行扩张的结果，是更为直接的风险分配与风险预防的立法模式。相比于一般预备行为和共犯行为，间接型抽象危险犯具有通过分则行为规范的宣示特征，属于国家直接分配注意义务规范的立法方式，属于直接为国民树立行为规范，培养规范信赖，是国家预防性立法的体现。但是这种国家直接进行风险分配和义务规范强制的做法，很容易失去判断标准和规范监督机

① 李川：《危险犯的扩张逻辑与正当性思考》，《法学评论》2017 年第 3 期。

制，沦为立法者或执政者自我专政和极权主义，成为宣扬本阶级意志或特定意识形态的工具。换句话说，立法者根据经验总结选择某些高概率、高风险的行为规定为刑事犯罪，通过行为规范的形塑和警示达到引导公众行为的效果，这种完全功利主义或者工具主义的做法也带来一系列的疑问。

首先，通过刑法积极创设公民积极义务和消极义务的做法是否会带来泛道德化的危机引起学界的进一步讨论。我国刑法一般把义务分为积极义务和消极义务，消极义务被认为属于刑法上不作为犯的义务，一般是指不得伤害他人的义务；积极义务则是指和他人共建美好世界的义务，旨在鼓励公民更加积极地帮助他人。间接型抽象危险犯在危害结果发生之前定罪处罚，给公民设立了更多的注意义务，不管是积极的还是消极的都给公民带来更多的行为规范约束，是否会造成泛道德化危机?

其次，为了防止未来可能出现的不法风险和排除社会体系障碍等而采用刑法手段进行预防性调节，改变了传统刑法作为已然不法的刑事制裁手段。刑法的这种预防性功能很容易使刑法转变成为了保护社会安全感的目的而进行社会统治的政策性行为控制工具，导致刑法预防功能的泛滥。①

最后，通过刑事立法而创设规范意识的做法是否合理还有待证明。这种直接通过刑法威慑来进行犯罪预防的做法还无法从经验上证明，而且国家是否具有权力动用刑法手段培养市民的法律意识和理性行为，是否具有为了追求国家安全而压缩公民自由的权限等都还存在疑问。通过刑法直接进行压制性、支配性的立法模式来应对现代社会的各种问题，只会进一步暴露政治文化和信赖性的无能。

面对刑法义务规范性的质疑，一方面，认识刑法义务的本质是基础，即刑法义务的设定是人类文明发展的必然，不管消极义务还是积极义务都有着深刻的思想渊源，如西塞罗认为“不伤害他人”是公正的第一任务，黑格尔认为尊敬他人是人之为人的基础②。另一方面的重要原因就在于过于形式化地理解了行为规范论。现代刑法固然更多地采用行为规范的做法，但是制定行为规范或者规定公民合适的义务范围并不

① 李晓龙：《刑法保护前置化趋势研究》，博士学位论文，武汉大学，2014 年。

② 参见何庆仁《义务犯研究》，中国人民大学出版社 2010 年版，第 148 页。

必然带来国家权力的专制或者政治文化等的无能，积极规定行为规范也是内化法益发生的一个过程，问题的关键不在于是否采用了规范的形式，而在于规范的制定是否属于合理的范围。所以强调刑法的义务规范性并不必然否定法益论或者造成刑法的无限扩张。义务规范论与法益论在权力结构和社会效应上也有相同之处。在社会规范论下，社会成员更加主动学习与遵从规范义务，法益概念也具有了更为深入有效却更为柔软的行为规训功能。其实，法益概念也只是某种权力结构下用以整合社会规训机制的概念，是某种知识论意义的中间转换触媒。通过了解法益之所以能够制造出来的原因可以更好地理解法益论的本质。① 徐玉秀认为，法益当然也属于规范概念，来源于对具体生活利益的描述。规范存在的目的，也都是为了定义利益，证实规范保护目的在于保护人的生活利益。② 因此，法益论说到底也是一种实质规范论，犯罪只要侵犯了法益，也必然破坏了规范，而刑法保障规范的有效性恰恰是保护法益的一个反射性的效果。③ 因此，设定刑法的义务规范本身并不意味着就一定是过度的扩张刑法工具主义倾向，问题的关键在于如何把规范限制在合理的范围，如果能对规范进行合理的限制反而是更好地保护法益的预防措施。结合间接型抽象危险犯的处罚根据学说，论文将在第五章中进一步展开对间接型抽象危险犯范围限定的分析。

第三节　间接型抽象危险犯与传统预备犯、共犯理论

从司法解释的规定和司法实践案例来看，间接型抽象危险犯其实是来源于传统共犯和预备理论无法解决的难题而异化出来的教义学问题，并不是立法者自己凭空想象的发明。但另一方面，间接型抽象危险犯的设置虽然适应了弥补传统共犯理论漏洞的需要，但同时也带来了对传统理论的冲击，如何明确间接型抽象危险犯与传统共犯、预备犯理论的关

---

① 许恒达：《刑法法益概念的茁生与流变》，《月旦法学杂志》2011 年第 10 期。

② 吴情树：《京特・雅科布斯的刑法思想介评》，《刑法论丛》2010 年第 1 卷，总第 21 卷。

③ 许玉秀：《刑法的任务——与效能论的小小对话》，《刑事法杂志》2003 年第 2 期；许玉秀：《当代刑法思潮》，中国民主法制出版社 2005 年版，第 25—26 页。

系以及与传统共犯行为、预备行为等的区别，成为司法实务认定的疑难问题。

一 是否违背了传统预备论、共犯论

预备行为实行化、共犯行为正犯化等间接型抽象危险犯脱胎于实行化之前的预备行为或者共犯行为，因此必然与原有的预备行为与共犯行为等有着密不可分的关系。如何对比、区分与传统后续犯罪行为的预备行为、共犯行为之间的关系成为无法避免的问题。

本书研究的是预备行为、共犯行为是否要独立化的问题。如果说预备行为、共犯行为是犯罪的两种不同形态，那么把他们都独立化为单独的罪名不是一个简单的规定在刑法总则或刑法分则的问题，它涉及客观行为的不法性由原来依附于主犯行为变为相对独立的实行行为，是判断是否有客观上的独立性或者实行行为性的问题。这些非实行行为的独立化，主要也是为了弥补原有共犯理论的不足，如帮助网络犯罪活动罪，在后续行为不构成罪或者无法查明的情况下，可以单独构成间接型抽象危险犯定罪处罚。那么在后续行为不构成犯罪的情况下，如何认定间接型抽象危险犯就成为研究的关键。即使原来处罚预备行为，现在处罚独立化后的预备犯，其意义也不完全相同。原来的预备行为是附属于实行行为的，需要后续犯罪的实行行为成立才能考虑要不要处罚其预备行为，而预备行为实行行为化以后就成为独立的罪名，即使正犯还未成立，也可以对它单独定罪处罚，正犯化以后的独立预备犯有其独立的价值。当然，也不是所有的预备行为都能转化为预备犯的。而转化后的预备犯也需要具有独立的实行行为性才具有正当性，否则就会造成立法的泛滥和惩罚的过度。

以共犯正犯化为例，随着网络科技的发展和分工的日益细化，网络帮助行为与正犯行为之间联系更为松散，出现时间、空间间隔的情况已经非常普遍，帮助行为对正犯行为的配合成为极具偶然性的随机组合。如果采用传统共犯的归责方式，强调共犯与正犯之间具有明确的意思联络，就很难成立传统意义上的共同犯罪。相反，回避帮助行为与正犯行为之间的主观意思联络，强调客观行为之间的犯罪关联意义，把预备行为、共犯行为直接规定为正犯化罪名，根据国家意志直接调整网络社会中风险较大的行为。即：只要实施了关联后续犯罪意义上的帮助行为且情节严重的，不管后续犯罪是否成立或者能否查清，也不需要等待后续犯罪的出现，就可以直接对这类帮助行为的主观方面推定明知并追究刑事责任。这种共犯正犯化的路径可以克服传统共犯归责体系下处理此类问题的困境，避免依照传统共犯无法追究某些严重行为的偶然性漏洞事件发生，让刑事责任追究更为公平。

（一）是否违背传统预备论

因为德国和日本都只在刑法分则规定了个别预备犯，并未在刑法总则中规定对预备行为的处罚，虽然没有刑法总则的规定，但理论上会把预备行为作为未遂理论的关联性课题，作为在实行行为之前可能出现的阶段予以讨论。如日本学者西田典之在未遂处罚问题中讨论阴谋、预备等问题，德国刑法学者耶塞克、魏根特也把预备行为及处罚问题放在未遂中讨论。总之，这些有关犯罪发生过程的理论讨论基本都包括了预备行为。德国、日本刑法总则不处罚预备行为的原因，主要在于预备行为距离犯罪既遂行为还很遥远，一般都被认为对法益没有重大威胁。之所以在刑法分则中规定对个别重罪的预备进行处罚，主要是出于刑事政策的需要。所以，预备罪有其特殊性的一面，当预备行为具有了对实行行为的紧迫危险性以后，就转化成了后罪，根据预备罪与后罪之间的牵连关系，按照牵连犯的从一重罪处理。从这个意义来看，预备罪从某种程度上只具有对后续犯罪认识根据的意义。

而我国既在刑法总则规定对一般预备的普遍处罚，又在分则中作出预备行为实行化的规定。这两种做法是否存在冲突？因为司法实践中鉴于犯罪预备行为情节较轻、危害性不大，所以根据刑法总则一般不予处罚。如果刑法分则再对其中的预备行为进行专门规定，就成立了独立的罪名当然必须处罚。这种对分则的专门规定可以看作是一种特殊情形，并没有违背刑法总则的规定。如果刑法分则已经规定了独立的预备犯，直接按照分则罪名定罪处罚，不需要再适用刑法总则的规定，除非按照刑法总则一般预备的处罚更为严重，可以按照想象竞合从一重罪处罚，但现实中刑法分则规定的处罚一般都比总则预备行为的处罚更重，所以在有分则规定的情况下基本不会再按照总则一般预备行为的规定处罚。当重罪预备罪继续发展，越过原后续犯罪的实行行为着手点，这就产生了与后续犯罪的牵连关系：如非法持有恐怖主义书籍的，如果后来参加了恐怖主义组织，就成立参加恐怖活动组织罪，原持有行为也属于预备行为。当后续犯罪不成立时，预备行为直接构成非法持有恐怖主义书籍罪。当存在后续犯罪时，根据其是否加入、参与后续犯罪，具体分析有没有构成后续犯罪如参加恐怖活动罪。如果构成后续犯罪，则按照非法持有恐怖主义书籍罪与参加恐怖活动罪两者之间构成牵连犯的关系，择一重罪处理。

区分预备犯与预备行为的关键在于，预备犯是否越过了后续犯罪的实行行为的着手点，具体参与了后续犯罪的构成要件。我国台湾学者周漾沂认为，以雅科布斯的责任管辖理论来分析：预备犯的实行行为就是从个人法权领域输出风险到他人法权领域。在个人法权领域内达不到输出风险的着手实行点，即使外显出有犯罪的关联性意义，同时表现出主客观面的意义，也不属于刑法所规定的犯罪实行行为。他认为着手实行点就具有检视拟制实行行为正当性的依据[①]。一旦这种风险逾越进程的最后可控制时点，就实现了侵害进程的不可逆转，就已经属于输出风险到他人法权领域中，违反了对风险进行控制的义务而产生刑事责任。因此他反对预备行为实行化的做法，坚持主张只有对法益直接造成损害风险的行为才能成立犯罪，如果从原有的实行行为结构来分析，预备行为当然属于着手实行之前的前阶段行为，当然不具有可罚性。从这个意义上来说，着手实行点就具有检视拟制实行行为正当性的依据。[②] 周漾沂的这种风险判断逻辑固然有道理，但是他是站在原有犯罪的实行行为结构上分析的，这种分析结构对于拟制的实行行为也一样成立，不过对于拟制实行行为而言，它所要保护的直接法益与原法益不同，不能把二者混淆在一起。所以，判断拟制实行行为正当性的关键在于，行为人是否具有风险控制义务，这种控制义务是相对于哪个构成要件而言的。

笔者认为，当行为人输出的风险能主导、支配后续犯罪行为发生，这本身也属于一种不被允许风险的输出，具有引发后续犯罪的高度可能

---

① 周漾沂：《未遂犯可罚性基础及着手实行概念：风险输出理论的建构与应用》，《台大法学论著》2018 年第 1 期。

② 周漾沂：《未遂犯可罚性基础及着手实行概念：风险输出理论的建构与应用》，《台大法学论著》2018 年第 1 期。

性，作为拟制实行行为也应该同样具有实行行为的着手点，不过与后续的犯罪行为来比较，二者的着手点具有不同的构成要件含义。例如，帮助信息网络犯罪活动罪作为拟制实行行为，它的着手实行点应该是对本组织管辖领域的风险行为不予控制的行为，它原生于后续犯罪如网络诈骗罪等的帮助行为，而诈骗罪实行着手点则是实施诈骗的行为，在没有开始诈骗之前的帮助网络信息犯罪行为，如建设伪基站、虚假网站等肯定不能是诈骗罪的实行着手点；资助恐怖活动罪的实行着手点是给恐怖活动提供资金等，它肯定不是组织恐怖活动罪的实行行为着手点。因此，如果采用罗克辛的风险创设的客观归责模式，那么当行为人不能控制自己造成的关联犯罪的危险行为时应当承担刑事责任，也是拟制实行行为的着手点，这种风险输出具有独立性，当然可以成立独立的刑事犯罪，用风险输出的观点反而证明了拟制实行行为的相对合理性。

（二）是否违背传统共犯论

1. 共犯正犯化的理论根据

共犯行为上升为正犯行为的根据，学界一般都从共犯理论去探讨。从因果共犯论角度看，不管后续的正犯行为是否成立，共犯行为都已经对后续犯罪行为具有了事实上的因果作用力，都对后续行为产生了实质上的帮助作用，这种具有间接因果控制作用的帮助行为能否独立为实行行为，从既有的共犯理论来分析，主要有以下不同的观点：有学者认为共犯正犯化根源于共犯区分制下的“共犯独立性说”，有学者认为源于犯罪参与单一制，因为根据罗克辛的犯罪事实支配论，共犯正犯化基本已经偏离共犯区分制，而更加倾向于犯罪参与单一制等。

（1）共犯正犯化是否偏离共犯区分制

有关我国共同犯罪立法体例的观点主要分为两种，一种属于共犯参与单一制，即只要对犯罪具有实行作用力的人都被认为是参与犯罪的正犯，立法者根据参与者对犯罪实行作用力的大小进行大小轻重不同的量刑；另一种为共犯区分制，对共犯和正犯之间的不法性大小、参与程度的深浅等都进行区分，分别属于共犯或者正犯等不同的类型、适用不同的处罚原则等。而共犯正犯化的概念本身，就属于共犯区分制语境下的讨论，完全跟单一制无关。但是，如果分析共犯之所以能上升为正犯的原因就能发现，共犯之所以能够实现正犯化，也是因为“共犯”具有了“正犯”性，具有更加趋同于正犯的特征。从此意义上来说，共犯正犯化本身恰恰是对共犯区分制的异化或偏离。

现在用罗克辛的犯罪事实支配理论来区分共犯与正犯的做法已经基本得到认可，犯罪事实支配理论本身就属于一种实质化的分析方法，根据是否具有对犯罪构成事实的支配作用，从中提炼出“正犯”的概念，已经具有了偏离共犯区分制的倾向。现在多数学者都基本赞同用犯罪事实支配理论来区分共犯与正犯，以传统实行行为作为判断犯罪支配的核心要素。根据犯罪事实支配说，正犯是能够支配犯罪并在侵害法益过程中居于支配地位之人。支配是体现个人作为理性个体的自我决定权的表现，犯罪支配就是行为人实施了支配犯罪构成要件实质意义的行为，这种行为具有犯罪意义决定性和结果实现的可支配性。这种犯罪支配是从规范意义上解读，不局限于亲自实现不法要件的人，根据犯罪事实支配类型的不同，分为由行为人自己支配、利用第三人支配或者与他人共同支配等不同类型的正犯。[①] 正是这种先把所有教唆、帮助等对正犯具有因果作用力的行为都纳入正犯可以选择的范畴，然后再从中剔除不具有支配地位行为的逻辑，其实已经偏离了“正犯与共犯区分制”原有含义，采取的是把限缩正犯概念转入扩张正犯概念的理论方法，[②] 具有了根据犯罪参与单一制考察所有犯罪参与人作用力大小的逻辑倾向。犯罪事实支配说，一方面想要通过因果关系说明共犯对法益侵害的间接性，以证明共犯的可罚性；另一方面，又有通过犯罪支配理论的实质正犯观点，努力摆脱“限缩正犯概念”的初衷。最后得出的结论是，不论是直接或者间接侵害法益的犯罪参与者，只要在利益侵害过程位居犯罪支配，就有可能取得正犯资格，从而具有上升为正犯位阶的可罚性。[③] 这种实质考察的观点其实已经具有了犯罪参与单一制的特点。

我国也有学者虽然也赞同共犯区分制，但是却在共犯区分制下不断通过共犯独立性说、“纯粹惹起说”等学说观点为共犯对正犯的依附性改造松绑，不断剥离不法意义上的依附关系最后只留存了事实上的依存

① 古承宗：《犯罪支配与客观归责》，（台北）元照出版公司 2017 年版，第 129 页。
② 古承宗：《犯罪支配与客观归责》，（台北）元照出版公司 2017 年版，第 129 页。
③ 古承宗：《教唆从属性与回溯禁止》，《台湾法学杂志》2013 年第 220 期。

关系，如纯粹惹起说认为共犯对正犯具有的只是“纯粹事实性质”的依赖。以至于主张共同犯罪单一制的学者认为，区分制越来越跟单一制趋同，现在基本已经跟单一制没什么太大区分了。但是区分制的观点仍然坚持认为，正犯行为仍然要以犯罪构成要件为犯罪处罚的根据，刑法分则仍然需要通过明示正犯的构成要件行为作为处罚的依据。即使是纯粹惹起说，也是共犯区分制下的共犯处罚根据学说，也不属于单一制下的立法体例，二者并无关联①。

笔者认为，按照罗克辛的犯罪事实支配说来区分正犯与共犯的做法相对科学。因果共犯论已经被学界基本认可，即不管共犯还是正犯，只要对犯罪事实起到因果作用的行为都在正犯判断的范围，正犯的概念具有与实行行为相通的特征，从实质化的角度分析对犯罪构成事实起到支配作用的都可以称之为实行行为，或者称之为正犯行为。虽然共犯区分制与单一参与制二者之间更加趋同，但却恰恰证明了“以实行行为为核心的犯罪构成”和“犯罪事实支配说”才是分析犯罪构成的关键。虽然犯罪事实支配说主要考察了对正犯因果力的大小，但是这种考察的标准和指向仍然是以犯罪构成要件为核心的，是否属于符合犯罪构成要件的行为对共同犯罪是有限制和区别作用的。因此，笔者主张以共犯区分制下因果共犯论为基础，同时根据犯罪构成要件的规范限制对共犯和正犯予以区分。因此，共犯之所以能上升为正犯，主要基于其对于后续犯罪事实发生的支配作用。当共犯行为具有了对后续正犯行为的支配性、惹起或关键作用时，也就具有了上升为正犯的实行行为性。采用共犯正犯化就是为了弥补在正犯行为不存在或者不成立的情况下，对具有事实支配性的共犯行为予以惩罚，可以弥补共犯论处罚的漏洞，也具有了对此类具有实行行为性的帮助行为进行规范宣示、积极预防的效果。

（2）“共犯正犯化”是否违背共犯从属性说

在共犯二元区分制下，根据共犯对正犯是否具有实行行为从属性，又分为共犯独立性说或共犯从属性说两种理论学说。共犯独立性说主要基于行为人主观上的反社会性格，只要反映了行为人的主观危

---

① 王霖：《中立帮助行为研究》，博士学位论文，海南大学，2018 年。

险性、对正犯具有因果作用力等，共犯行为就具有了刑事可罚性，与其相应的正犯行为则变成了反映共犯因果关系的过程条件或者处罚条件。[①] 共犯从属性说主要从客观主义出发，根据共犯行为并不是刑法分则中明确规定的构成要件行为，不具有直接对法益造成侵害的危险，只能通过正犯构成要件行为间接发挥作用力，属于一种间接的、潜在的抽象危险，当然无法独立构成犯罪，需要通过或借助于正犯实行行为才能够实现。[②] 因此，在共犯区分制下，根据共犯从属性说，共犯具有依附于正犯的从属性等。而现在"共犯正犯化"将原先的共犯行为直接提升为正犯行为，在刑法分则中单独定罪处罚。这就意味着原先的共犯行为已经不再依附于正犯，具有了自己的独立性，这与传统的共犯从属性理论存在矛盾。按照共犯从属性说，共犯行为并不具有独立性，如果正犯不成立，单独处罚共犯的做法也必然完全没有意义。而共犯正犯化这种让共犯作为独立罪名的做法无疑与共犯从属性说相违背。相反，如果依照共犯独立性说，共犯行为也是对正犯产生因果作用的行为，本身就具有独立的违法性和可罚性，并不依赖于正犯的成立前提，因此共犯正犯化应该与共犯独立性说一致。如帮助信息网络犯罪活动罪，只要行为人明知他人将要实施犯罪而为其提供帮助的，就已经构成帮助信息网络犯罪活动罪，而不需要具体查明后续犯罪是否成立或已经实施，体现了共犯独立性说。

但笔者认为，一方面，共犯正犯化以后本身就具有了独立性，之所以专门规定正犯化罪名就是为了表明其对共犯从属性说的异化，如果认为共犯正犯化就是采用共犯独立性说，那么也不需要再另外规定共犯正犯化罪名了，因为根据共犯独立性说就可以直接判断共犯的违法性而不需要根据正犯存在有无来判断。另一方面，共犯正犯化以后就不属于原来的共犯行为，不能再把它作为共犯问题来讨论，如果需要共犯理论讨论的问题，也只能是当该行为又参与后续犯罪的共同犯罪行为时产生后续犯罪罪名的共犯与共犯正犯化罪名之间的想象竞合关系，根据处罚较重的行为定罪处理。总之，共犯正犯化本身就是对传统共犯从属性学说

① 陈子平：《刑法总论》，（台北）元照出版公司 2015 年版，第 504 页；郑泽善：《刑法总论争议问题研究》，中国人民大学出版社 2013 年版，第 393 页。

② 钱叶六：《共犯论的基础及其展开》，中国政法大学出版社 2014 年版，第 157 页。

的异化处理，而且是直接把共犯提升为正犯的做法，所以笔者认为没有必要再根据共犯理论来讨论此类问题，当然也不需要根据共犯论下的共犯独立性说进行分析，而只需要根据共犯从属性说下的犯罪事实支配理论就可以解释这种异化现象产生的原因。

2. 共犯正犯化的性质

有关共犯正犯化的性质问题，国内学界有不同的理论观点，有学者认为可以类比“片面共犯”理论，有学者认为属于中立的帮助行为问题等。笔者主要针对以上两种观点学说展开分析讨论。

（1）类比片面共犯的错误导向

有学者认为共犯正犯化只能通过片面帮助犯的理论来解释，并且从以下几个方面来论证。

首先，我国刑法明文规定了无通谋的共同犯罪。如我国刑法规定的保险诈骗罪、骗购外汇罪等，这些共同犯罪的成立并不要求具有明确的犯罪意思联络，被片面共犯论者视为现存的法条依据。而帮助信息网络犯罪活动罪也同样是不具有犯罪意思联络而很难被认为是共同犯罪的类型，把其作为片面共犯理解可以更充分地实现对网络帮助行为的评价。① 而且把帮助信息网络犯罪活动罪作为片面共犯行为，可以消解刑法总则与刑法分则第 287 条之二之间的矛盾冲突问题，更好地解释信息网络犯罪环境下共同犯罪意思联络更为薄弱化的趋势，协调本罪规定与相应司法解释之间的关系。② 把帮助信息网络犯罪类比于无通谋的共同犯罪，突出了其犯罪意思联络上与典型共同犯罪的不同特点，但是把不具有完全意思联络的犯罪都作为片面共犯来解决是不尽科学的，虽然片面共犯也只体现了意思联络的单向性，但是片面共犯的单向目的意思非常明确，是特定情况下出现的单方促成意思。这与具有中立性、日常生活化的中立帮助行为的特点并不相同，不能简单地把所有存在意思联络瑕疵的共犯行为都归结为片面共犯行为。

其次，从现有司法解释的相关规定来看，限定在片面的帮助犯范围

---

① 于志刚：《网络空间中犯罪帮助行为的制裁体系与完善思路》，《中国法学》2016 年第 2 期。

② 孙道萃：《网络共同犯罪的多元挑战与有组织应对》，《华南师范大学学报》（社会科学版）2016 年第 3 期。

可以避免与传统共犯理论的冲突。如我国相关司法解释[①]都把这种明知是淫秽网站而故意提供各种网络技术服务的行为规定为共同犯罪，属于对后续行为的单方明知与帮助，因此只能理解为片面共犯的范围才能使刑法体系内部相互协调统一，避免同案不同判现象的发生。[②] 现有的司法解释虽然也规定了“明知+故意”的单向故意犯罪类型，但是中立帮助行为一般是间接故意，与片面共犯积极追求结果实现的主观方面不同，而且中立帮助行为的“明知”也可以通过客观方面推定认定，比片面共犯要求实然心态更为严格，因此承认中立帮助行为更为科学。

再次，片面共犯理论以行为共同说为理论支撑。因为如果按照传统共同犯罪理论就需要具有明确的犯罪意思联络，导致出现明显的处罚漏洞就并不合适。[③] 要合理解释这种不存在通谋或意思联络的共同犯罪只能以因果共犯论为出发根据，采用行为共同说。按照行为共同说，只要存在共同的犯罪行为，即使犯罪人之间并无意思联络，也不需要各自的行为都必须触犯同一罪名，每个犯罪人只需要为自己的行为承担责任即可。[④] 当然学者们也可以灵活地解释为单方面意思联络也属于另一种意思联络，或者如陈兴良教授认为的单方认识也属于片面的共同故意，属于共同犯罪的主观联络方式之一，也同样产生共同犯罪的后果。[⑤] 但是行为共同说的弊端是很明显的，它会完全忽视了行为人的主观联系而过于看重行为人的客观行为联系，这种做法完全违背了共犯理论的原意，过于扩大了刑法处罚的范围。[⑥] 所以，通过行为共同说来主张片面共犯

---

① 《关于办理利用互联网、移动通讯终端、声讯台制作、复制、出版、贩卖、传播淫秽电子信息刑事案件具体应用法律若干问题的解释（二）》第6条规定“电信业务经营者、互联网信息服务提供者明知是淫秽网站，为其提供互联网接入、服务器托管、网络存储空间、通讯传输通道、代收费等服务，并收取服务费，情节严重的”，第7条规定“明知是淫秽网站，以牟利为目的，通过投放广告等方式向其直接或间接提供资金，或者提供费用结算服务，情节严重的”。

② 李冠煜、吕明利：《帮助信息网络犯罪活动罪司法适用问题研究以客观归责方法论为视角》，《河南财经政法大学学报》2017年第2期。

③ 陈洪兵：《“二人以上共同故意犯罪”的再解释——全面检讨关于共同犯罪成立条件之通说》，《当代法学》2015年第4期。

④ 张明楷：《共犯的本质——“共同”的含义》，《政治与法律》2017年第4期。

⑤ 陈兴良：《共同犯罪论》（第二版），中国人民大学出版社2006年版，第107页。

⑥ 花岳亮：《网络共同犯罪的解决路径——以片面帮助犯为视角》，《济宁学院学报》2014年第4期。

的做法也是不科学的，片面共犯理论只能是某种特殊情境下的共同犯罪，不能拿来解释无正犯存在的帮助行为。

总之，从片面共犯理论出发来解释共犯正犯化的做法并不科学。因为片面共犯的理论出发点仍然是共同犯罪，而片面共犯离开实行行为是完全不具有存在意义的；而共犯正犯化则是在后续犯罪不成立或者不存在的情况下通过刑法直接规定进行刑事处罚的，如果后续正犯不存在，也不能根据片面共犯说的观点直接把共犯规定为拟制正犯，以此为根据来证立共犯正犯化罪名是不成立的，片面共犯理论不足以解释正犯不存在情况下的中立帮助行为。而根据犯罪事实支配理论，克服原先以形式化的实行行为为标准区分正犯与共犯的做法，实质化地认定组织犯罪中的组织者、间接正犯中的幕后操纵者以及共谋共同正犯等都可以被纳入正犯的范畴，客观实质化思潮才是“共犯正犯化”发展的契机。[①]

（2）类比中立帮助行为的观点

学界一般认为，共犯行为正犯化一般都属于中立帮助行为的正犯化，如帮助信息网络犯罪活动罪就属于“将本来还存在理论争议的中立帮助行为，通过立法一下子提升为正犯处罚”。[②] 学者们也对此罪到底是否属于中立帮助行为进行了讨论。

肯定论者认为：首先，帮助信息网络犯罪活动罪行为表现为客观上的中立性、日常性等，表面看来，这种网络帮助行为都属于提供技术支持等行为，如网络接入与存储、提供网络服务器等，本身并不具有明显的社会危害性，都属于平常性的网络技术服务工作。[③] 其次，本罪成立要求“明知”，很难进行确切的故意心态证明，所以，这里的“明知”含义应当包括了“推定的知道”，因此，该罪主观上也具有中立性帮助行为的特点。最后，该罪并不具有片面共犯要求的明确犯罪目的，当然不属于片面共犯。因为一般网络中立技术帮助行为并不具有明确的服务对象，尽管可能会猜到对方具有实施违法犯罪活动的可能性，但是也只是一种间接故意或放任的心态，以自己的中立业务行为作掩盖，并不具

---

① 吴飞飞：《共犯行为正犯化及其反思》，《国家检察官学院学报》2013 年第 3 期。

② 车浩：《刑事立法的法教义学反思——基于〈刑法修正案（九）〉的分析》，《法学》2015 年第 10 期。

③ 车浩：《刑事立法的法教义学反思——基于〈刑法修正案（九）〉的分析》，《法学》2015 年第 10 期。

有片面共犯要求帮助一方一定具有明确的犯罪目的的特征。当然不能按照片面共犯来解释。

否定论者则认为有可能成立片面共犯并不是中立的帮助行为，进行了针锋相对的回应：第一，都承认该罪行为具有客观上的中立性特征，具有“反复持续性、日常性、可替代性”等日常生活行为特征；第二，虽然本罪条文表述主观方面为“明知”，具有中立帮助行为人主观心态难以确定的特征，但与“推测的知道”含义并不相同，二者无法等同；第三，即使从帮助犯目的来判断，只要行为人具有实现非法犯罪的目的就可能成立片面的帮助犯，而无须具体明确是哪一种犯罪。

通过比较，笔者认为：首先，中立帮助行为一般都具有不特定指向性，具有日常生活性的特征；其次，把明知理解为推测的知道，其实就是一种客观推定，体现了客观行为对后续犯罪行为的支配性；最后，即使认为帮助信息网络犯罪是为了实现后续犯罪的目的，也不一定成立片面的帮助犯。因为片面帮助犯一般都是直接故意，是积极追求犯罪结果发生，在被帮助人不知情的情况下介入以助力正犯的行为，而中立的帮助行为本身就是为了实现自己牟利目的的职业行为，对于后续犯罪而言虽然起到了关键作用，但是却属于间接放任的故意。这与某个特殊情况下针对正犯而实现某个犯罪后果的片面帮助行为是不同的。相比而言，中立帮助行为具有独立存在性，面对不特定多数人，具有更多中立色彩同时也具有更大危害范围；片面共犯只是共同犯罪下帮助自己一方的介入助力行为，虽然二者的主观意思联络都很薄弱，但是客观方面却不相同。片面共犯离开了特定的共同犯罪语境，如知道甲要去杀害仇人乙，故意把枪留给甲的行为成立片面共犯；而中立帮助行为则不同，中立帮助行为的中立性色彩让它具有了更大的客观危害性，如猎人把猎枪放在酒馆里，被甲捡到拿来去杀死了与自己无关的乙。不管猎人的心态是故意还是过失，都可以推定猎人把猎枪到处乱放，就存在明知可能有人拿走猎枪实施犯罪的心态，按照对危险物品具有控制义务的要求，对猎人就要定罪处罚，属于中立帮助行为的可罚性范围。按照中立帮助行为的观点，如果存在后续犯罪或者后续犯罪成立的情况下，基于中立帮助行为对后续犯罪的因果支配力作用，而与后续犯罪成立共同犯罪；如果没有后续犯罪或者后续犯罪不成立的情况下，把中立帮助行为上升为正犯罪名则是继续体现中立帮助行为对后续犯罪行为客观支配力的重要方式，所以共犯正犯化采纳中立帮助行为的观点才是合适的解释路径。

尤其在目前网络帮助行为在共同犯罪中的作用不断增强，其社会危害性更加明显，具有了相对独立性，不再依附于正犯的成立。因此刑法分则设置共犯正犯化罪名正是有效应对网络犯罪泛滥的思路。① 对比英美国家，美国甚至有设立专门的"犯罪促进罪"将所有中立帮助行为予以正犯化处理，以有效弥补刑罚处罚漏洞，这种做法相比我国来说更加激进，因此我国只是把个别行为规定为正犯的做法也是符合世界范围内共犯行为正犯化的立法趋势的。② 根据中立帮助行为理论，帮助行为人制造了对后续犯罪的独立危险，间接惹起后续犯罪的发生，如果这种制造危险的行为过度参与了后续犯罪的实行行为，也可能成立后续犯罪的共犯，避免与传统共犯理论的矛盾。其实这种观点也是充分说明中立帮助行为的犯罪事实支配作用的观点，为中立帮助行为的独立化提供理论基础。如果全部用共同犯罪理论处理，恰恰掩盖了帮助行为本身的独立性，与司法实务无法契合，尤其在网络中立帮助行为背景下，不使用共犯正犯化路径就会存在难以避免的处罚漏洞。

因此，我国也应当承认中立帮助行为正犯化的路径。虽然目前我国刑法理论或司法解释都并未明确中立帮助行为的概念，但是随着社会发展，中立帮助行为的危害性更为突出，也应当根据社会需要把某些中性职业行为适当纳入刑法保护范围。③ 不过因为中立帮助行为属于拟制化正犯，对罪责的认定具有推定性的特点，因此应当严格限制其司法适用范围。中立帮助行为正犯化只能在传统共犯理论无法解决的处罚困境下才能适用，而不能盲目扩张，需要借鉴对比德日立法和司法部门都严格限制中立帮助行为的做法，积极适应刑事政策的轻刑化潮流。④

3. 共犯正犯化与一般共犯的区别

（1）与共犯保护范围不同

共犯正犯化罪名主要是在后续犯罪不能成立或者还未发生的情况

---

① 于冲：《帮助行为正犯化的类型研究与入罪化思路》，《政法论坛》2016 年第 4 期。

② 马荣春：《中立帮助行为及其过当》，《东方法学》2017 年第 2 期。

③ 苏彩霞、侯文静：《"帮助信息网络犯罪活动罪"正当性考虑——〈刑法修正案九（草案）〉第 29 条之评议》，《中南财经政法大学研究生学报》2016 年第 1 期。

④ 刘艳红：《网络犯罪帮助行为正犯化之批判》，《法商研究》2016 年第 3 期。

下，由中立性帮助行为提升为正犯，是立法者为了弥补处罚漏洞对此类具有间接危险性的行为进行处罚的技术。当存在后续犯罪的共犯时二者区分的关键就在于中立帮助行为人对后续犯罪的参与程度等。如果明知后续犯罪存在违法犯罪活动后仍然不停止提供帮助的，就构成共犯正犯化罪名；如果明知然后继续提供帮助、维持服务的，就与后续犯罪构成共同犯罪。所以，某种意义上来说，中立的帮助行为有两种存在样态，一种是通过立法上升为分则罪名，这就是共犯行为正犯化；另外一种是通过共同犯罪的归责路径，但是需要正犯能成立或者能认定，否则若正犯不成立违法意义上的犯罪，根据共犯从属性论就无法对共犯进行归责。因此，可以说中立帮助行为正犯化与刑法总则规定的共犯所保护的范围不同。中立帮助行为正犯化可以在后续犯罪不成立或者没出现的时候成立犯罪，提前预防犯罪行为发生；当后续正犯成立后，如果中立帮助行为参与后续犯罪行为的则成立共犯，此时就发生正犯化罪名与后续罪共犯的想象竞合，择一重罪处理。

因此，对帮助行为正犯化的理解应当是“中立帮助行为正犯化”，如果理解为“共同犯罪行为的正犯化”就必然发现此罪与共犯理论的矛盾冲突之处，甚至选择片面共犯的理论误区。只有理解为“中立帮助行为正犯化”才能合理解释刑法的定罪量刑以及司法实务的实际处理方式。中立帮助行为本身就具有“日常性”“中立性”的特征，需要判断它对后续犯罪行为发生的指向性和支配性，具有特殊的间接危险行为结构，具有不依附于正犯的特征，需要从行为结构和实行行为的实质内涵去理解它的客观危险性才是准确的，所以，设立专门的正犯化罪名可以更加科学合理地对此类行为进行归责。

美国学者（Dennis J. Baker）也认为[①]：间接危险犯（Remote Harm Criminalization）与一般共犯（Accessory Criminalization）的不同之处在于，立法机关制定了两个不同的罪名，以防止主要（直接）伤害。例如，乞丐打碎了破碎窗户，根据间接危险犯，有必要将乞丐（所谓的间接危害行为者）和针对破碎窗户区域的窃贼（主要伤害行为者）两项都定为刑事犯罪，用来防止“破窗效应行为”带来的伤害，但这是

① Dennis J. Baker, “The Moral Limits of Criminalizing Remote Harms”, *In New Crim. L. Rev.*, Vol. 10370 (2007), p. 374.

通过制定两项单独的罪行来实现的：一种罪行将间接危险行为定为犯罪，另一种将共犯定为犯罪。间接危险行为实施者受到指责，只要他有间接危险的犯罪意图（如只要她打算乞讨）即可构成。共同犯罪责任的情况则与此不同，帮助犯和主犯的不法性都是来自主犯的不法行为而受到指责和惩罚，并在不法连带意义上被定为刑事犯罪。共犯责任与间接危险责任有所不同，但他们都有一个共同的主题：责备另一个人的有害行为。将从犯（帮助犯）定罪的哲学理由取决于从犯与主犯行为之间的规范联系。①

（2）与共犯的行为独立性不同

与传统共犯对正犯成立的依附性不同，共犯正犯化罪名具有独立的实行行为性。我国也有学者认为，② 不具有侵害法益危险性的行为不具有"帮助行为性"，不符合中立帮助行为的客观要件。这里的帮助行为性其实就是中立帮助行为性，也就是间接型抽象危险犯的主要特征。之所以称为"帮助行为性"，也说明了帮助行为的相对独立性和相对于后续犯罪的关联犯罪意义。学界一般把共犯正犯化罪名视为中立帮助行为直接上升为正犯的特殊规定。功能上的原因在于为了弥补正犯不成立或不存在造成的处罚漏洞，只要以后续犯罪为目的或指向，即使后续犯罪不存在或不成立，也不影响共犯正犯化罪名的成立。所以，共犯正犯化具有不依附于后续犯罪的独立性特征。本质上的原因在于，中立帮助行为之所以能上升为正犯行为，主要源于其自身具有对后续犯罪行为发生的关键作用，这种关键性的支配作用也是其独立化的根本原因。因为若要等到后续犯罪法益遭受侵害时才发动刑法制裁已经无法满足法益保护的需求，因此有必要提前到着手实行前的预备阶段或者共犯阶段，在行为人开始准备或者帮助的计划阶段就承认其可罚性。一方面，随着风险社会分工日益细化，实现了风险的分解，更多生产生活行为经常被拆解为更加精细的下游参与行为同时也变相增加了下游参与行为的介入风险。另一方面，网络社会也催生了大量技术性中立服务行为，如信息接

---

① See Sanford H. Kadish. "Complicity, Cause and Blame: A Study in the Interpretation of Doctrine", *Cal. L. Rev.*, Vol. 73, pp. 323 – 327 (1985) ("Where the principal's actions are fully voluntary, the accomplice cannot be said to have caused the principal's actions, and thus cannot be held liable for crime on the basis that he caused those actions.").

② 陈洪兵：《中立的帮助行为论》，《中外法学》2008 年第 6 期。

入、服务器托管、网络存储、通讯传输成为维持网络空间稳定运行的必要组成。如何控制这些中立型技术服务行为的风险、积极应对此种实态异化，在后续正犯不存在情况下，传统共犯理论难以实现对此类异化帮助行为的归责，因此“将其直接视为‘正犯’，直接通过刑法分则中的基本犯罪构成对其进行评价和制裁”就成为网络时代发展的必然选择。[①]

二 是否存在“预备的预备”“共犯的共犯”

（一）是否存在“预备的预备”

对预备行为实行化以后是否还存在预备行为，也存在着与“共犯的共犯”同样的问题。作为间接型抽象危险犯的预备或者共犯问题，都属于间接型抽象危险犯的间接预备或者间接帮助行为，具有与后续犯罪法益更为遥远的距离。因此，日本高桥则夫认为，对“预备的预备”也科处刑罚的立法，已经忽略了实行行为性。同样，我国刑法中存在的“预备的预备”的立法同样引起了学者们的关注，如《刑法修正案（九）》中第120条将持有恐怖主义图书、音频或者其他相关物品的都归入恐怖犯罪的实行行为，就属于预备行为实行化的再预备。我国学者梁根林就认为，组织、领导、参加恐怖活动组织罪属于对其后预备实施的恐怖犯罪的预备行为。[②] 要理解间接预备纳入处罚范围的正当性，只能在于对后续犯罪的关联性。预备行为可以说已经明显表现出了侵害法益的抽象危险或者对法规范的敌视态度。[③] 因此，根据我国刑法总则中预备行为的规定，预备行为实行化以后作为独立的拟制化罪名也应当存在预备行为样态，但是这种基于间接型抽象危险犯的预备就距离后续犯罪保护法益更为遥远，因此也基本不具有刑事可罚性。除非刑法分则具体规定了“预备的预备”的罪名，就如上述将持有恐怖主义书籍等间接预备行为也明文规定为犯罪一样，要根据实际上对后续犯罪行为的事

① 陈洪兵：《质疑经济犯罪司法解释共犯之规定——以中立行为的帮助理论为视角》，《北京交通大学学报》（社会科学版）2010年第3期。

② 梁根林：《预备犯普遍处罚原则的困境与突围——〈刑法〉第22条的解读与重构》，《中国法学》2011年第2期。

③ 王新：《刑法修正案（九）第120条前置化规制的法理探析》，《北方法学》2016年第3期。

实支配力大小来判断是否具有可罚性。所以笔者的建议是，基于我国现有刑法总则普遍处罚犯罪预备行为的弊端，从而摒弃刑法总则的普遍处罚模式或者增加必要的提示性规定或条件；同时借鉴德国或者日本等国主要通过刑法分则明确规定重罪预备犯的做法，根据现实需要慎重增设独立预备犯的规定，逐步迈向普遍和特殊相结合的规范化轨道，合理确定预备犯的实质处罚范围等。[①]

（二）是否存在“共犯的共犯”

共犯正犯化以后，原本距离法益实害较为遥远的共犯之共犯也将步入可罚的参与归责范围之内，刑罚的辐射范围将一下子扩大。虽然迎合了风险社会刑法规制触角不断前置的刑事政策要求，但不断突破的共犯归责类型的边界将产生更为棘手的理论危机。

对共犯正犯化罪名是否仍然可以存在共犯的问题，学界具有不同的观点。如果单从形式化角度分析，共犯正犯化以后当然就属于新的正犯，作为分则规定的罪名当然也应该具有刑法总则规定的共犯形态等，但如果从实际可罚性的角度分析，共犯正犯化的共犯是否具有可罚性就成为一个需要认真思考的问题。目前学界对于共犯制度的研究主要限于正犯的共犯，对于共犯的衍生层次即共犯的辗转性、间接性、连锁性还缺乏更为深入系统的研究。

所谓共犯的共犯，是指对原正犯的共犯进行帮助的行为，又可以称为间接共犯或辗转共犯，台湾学者林钰雄认为属于辗转经由他人间接促成正犯等的犯罪行为人。[②] 我国学者曾庆敏认为属于辗转共犯或帮助他人犯罪。另外也有学者认为间接共犯是基于非正犯行为之间的连锁性形成的共犯。[③] 德国曾在1532年《加洛林纳刑法典》中规定了间接共犯的不同形态，中华民国《暂行新刑律》也都规定过教唆帮助犯或者帮助帮助犯等间接共犯行为，后又都废除了这些法条。目前只留下日本在其刑法第61条和第62条分别规定了教唆教唆犯与教唆实行犯等，教唆“帮助正犯的从犯的”以“准从犯论”。但对帮助犯或教唆犯再进行帮

---

① 孙道萃：《网络预备犯罪行为的法教义学分析》，《刑法论丛》2016年第2卷总第46卷。

② 林钰雄：《新刑法总则》，（台北）元照出版有限公司2014年版，第460页。

③ 田淼：《共犯的共犯》，中国长安出版社2013年版，第35页。

助的，日本则没有明文规定，因此理论界对此问题也有一定的争议。

在原有共犯体系下，间接共犯必须通过共犯行为来对正犯产生作用力，属于间接帮助犯。但是在共犯正犯化以后，间接共犯行为就成为直接的帮助犯，这种间接帮助犯的可罚性也就形式化地成为可能。但是对于这种间接共犯是否具有实质的可罚性，学者们具有不同的观点。因为有明确立法规定的主要是日本，根据刘艳红教授对此问题的分析归纳，总结出日本学者存在肯定说和否定说等不同的观点。[①]“肯定说”[②]认为，因为共犯行为本身可以被理解为一种修正的从犯构成要件，可以涵盖在正犯的含义之中，因此具有可罚性；还有学者认为间接共犯都可以直接视为正犯的间接帮助或间接共犯来把握，这实际上也是将正犯的间接共犯等同于直接共犯。如日本学者木村龟二就认为承认间接教唆与再间接教唆是妥当的，没有理由仅仅限于间接教唆。类似的观点还有韩国学者李在详、金日秀、徐辅鹤等都认为在正犯符合构成要件且违法等情况下也应当承认正犯的连锁帮助犯或间接帮助犯等。而持“否定说”[③]的学者认为，因为共犯的共犯就是要对帮助犯再进行帮助行为，这种间接帮助已经不再具有原帮助正犯的规范意义，帮助的对象只是帮助行为而不是实行行为，已经不符合帮助正犯的原有含义。如果没有刑法分则条文明确规定对帮助行为的帮助构成犯罪，就不应当对这类间接帮助行为或共犯的共犯行为进行处罚。而且距离所要保护的法益也更为遥远，因果联系更加薄弱，由此否定其可罚性也不是没有正当化的理由。因为如果想当然地承认间接共犯，那么间接共犯的再共犯行为是否具有可罚性等也同样需要我们继续思考，这样无限循环下去，也就失去了原有保护法益的目的，消解了传统的共犯理论体系，违背了共犯理论设立的初衷。如日本学者植松正认为，间接教唆会扩及无限的间接，显得过于苛罚而不具有正当性。因此，在日本，理论界和实务界基本都持否定的观点，如果对共犯正犯化行为的共犯再进行处罚，就会产生更多的间接共犯关系、导致共犯的无限循环，使帮助犯的认定更加模糊、失去边界，导致可罚性范围变得无限宽泛。

---

① 刘艳红：《网络犯罪帮助行为正犯化之批判》，《法商研究》2016 年第 3 期。

② ［日］小野清一郎：《新订刑法讲义总论》，有裴阁 1950 年版，第 213 页。

③ ［日］福田平：《全订刑法总论》，有裴阁 2011 年版，第 291 页。

而且“否定说”认为，根据共犯正犯化罪名本身就具有帮助不特定多数人的特性，再承认间接共犯就更不具有合理性。以帮助信息网络犯罪活动罪为例，该罪名本身就是共犯正犯化罪名，是本书中要讨论的共犯型间接抽象危险犯类型。该罪的特点就是在正犯不存在或者不成立的情况下，帮助信息网络犯罪行为本身就可以构成犯罪。这种帮助行为独立构成罪的特性就在于它帮助对象的不特定性，如日本的“Winny 软件案”，提供软件的对象具有不特定性，即使存在帮助的故意，但是也不知道帮助的正犯对象是谁。正是基于这种帮助对象的不特定性，又因为日本没有专门的帮助信息网络犯罪罪名规定，因此日本“Winny 软件案”辩护人认为因为帮助的是不特定多数人，所以不能构成帮助犯，该案被告人也不构成犯罪。

明确对不特定多数人的帮助能否成立帮助犯成为共犯正犯化罪名是是否具有正当性的关键①。因为帮助不具有特定对象的拟制化正犯会让帮助范围完全失去边界限制。尤其在现代互联网领域，网络帮助行为更加错综复杂、网络环境下面对的大都是不特定的人，解决这个问题就变得尤为重要。因为共犯正犯化就是在正犯不成立情况下对不特定对象的中性帮助行为，共犯正犯化罪名本身具有帮助不特定多数人的特性。对此，日本学者很多都是持反对的观点，如大谷实认为帮助犯的对象需要是特定化的人，帮助不特定的人不能成立帮助犯。日本学者丰田兼彦认为帮助犯只能是针对正犯的个别贡献，否则将无法成立。② 还有日本学者园田寿也赞同此观点，认为面向不特定人的帮助行为不能被认为是传统意义上的帮助犯，③ 并且他认为如果认可间接共犯行为，就会无限延长共犯成立范围，造成帮助犯的成立没有了边界限制。④ 而且如果允许帮助犯的无限扩张，也会给现代网络技术带来过多的束缚。网络新技术开发人员会担心自己的技术被违法犯罪行为使用，而且影响力越大，被用于犯罪的可能性或许更高，如果帮助犯无限溯及，可能也会追究到技

---

① 刘艳红：《网络犯罪帮助行为正犯化之批判》，《法商研究》2016 年第 3 期。

② 储陈诚：《限制网络平台帮助行为处罚的理论解释——以日本 Winny 案为视角的分析》，《中国刑事法杂志》2017 年第 6 期。

③ 储陈诚：《限制网络平台帮助行为处罚的理论解释——以日本 Winny 案为视角的分析》，《中国刑事法杂志》2017 年第 6 期。

④ 刘艳红：《网络犯罪帮助行为正犯化之批判》，《法商研究》2016 年第 3 期。

术开发人员，这样就会对科技产业的发展带来负面影响。承认对不特定多数人的帮助行为必将意味着对网络平台管理者或网络服务者等带来更多的规范管理义务，不利于网络科技的发展。这也是目前我国刑法中共犯正犯化存在争议的重要原因，在这些问题还没有充分讨论之前，如果盲目进行共犯正犯化的立法就会显得过于草率，不具有现代法治精神。所以这些问题也成为质疑共犯正犯化是否具有正当性的前提。对此，日本学者也进行了一定的讨论，岛田聪一郎认为向不特定多数人提供行为时，如果"非例外范围内的人"提供违法行为的盖然性较高时，还是要认定引起结果的危险存在，肯定对不特定多数人帮助行为的可罚性。①

因此，共犯正犯化罪名本身是否还存在共犯也成为需要继续深入探讨的问题。我国也同样存在肯定和否定的不同学说。肯定说主要从共犯行为上升为正犯以后就具有的独立性出发，认为单独的罪名理当按照刑法总则规定成立共犯，属于一种形式化的认定思路；否定说则基于对法益的关联性更加遥远而持有怀疑的态度。我国还有学者根据我国相关法条的规定来推导出存在间接共犯的结论。他认为按照我国刑法第 29 条有关教唆犯中有规定"教唆他人犯罪的"，这个他人也应当包括"正犯、教唆犯、帮助犯"，如果这样推理，教唆帮助犯就属于间接共犯，这并未超出一般国民的预测可能性，应当肯定间接共犯。同样的道理，当共犯上升为拟制实行行为，也当然应当成立其共犯。② 田淼也认为间接共犯可以进行刑法本体论或方法论的置换，承认间接共犯存在的可能性与正当性。③

笔者认为，间接型抽象危险犯本身就属于刑法分则规定的独立罪名，当然也应当毫无例外地适用我国刑法总则规定的预备行为、共犯行为处罚原则。所以共犯正犯化也应当存在共犯，如果非要怀疑间接共犯行为已经过于远离了原实行行为的距离，造成无限扩张的负面作用，这就需要我们实质化地分析间接共犯行为是否具有对后续犯罪事实起支配

---

① 储陈诚：《限制网络平台帮助行为处罚的理论解释——以日本 Winny 案为视角的分析》，《中国刑事法杂志》2017 年第 6 期。

② 费翔：《间接共犯之中国境遇与处断反思》，《长江大学学报》2015 年第 8 期。

③ 田淼：《共犯的共犯》，博士学位论文，武汉大学，2010 年。

作用，如果其具有对后续犯罪的核心、关键作用，同样也可以存在间接共犯，而不能仅仅根据“双重间接”的形式逻辑而否定其可罚性。马克昌先生也针对此情况认为不能一概地作为共犯或者不作为共犯处理，而是要根据具体情况予以分析，根据其在共同犯罪中所发挥的作用而定。① 所以，不能因为是否存在间接共犯问题的讨论而成为质疑共犯正犯化正当性的依据。

第四节　间接型抽象危险犯的证明

一　是否允许推定

承认间接型抽象危险犯，即预备行为实行化、共犯行为正犯化等立法模式，如何证明这种间接抽象危险行为与后续犯罪存在关联意义相对更难，成为刑事诉讼证明的难题。间接型抽象危险犯本质上就可以说是一种风险分配，通过行为规定推定间接危险的存在，对于侵害后果无从直接证明，只能通过考量间接抽象危险行为与推定的后果之间的风险性关系进行规范认定，这种规范意义上的证明更为抽象，需要综合多方因素与条件以及入罪时立法者的立法目的和动机等进行整体认定，根据行为主体间性的规范意义而不能从法律条文表面简单推理、恣意判断。如果行为规范性证明不了就会造成法律虚置。如泽尔曼所说，前阶段犯罪化的目的本身就是一种美丽的理想，但认定不准反而会带来更大的弊端，造成执行赤字的泛滥等而不得不将其视为象征性刑法。②

因为间接型抽象危险犯采用的是法律拟制的技术直接把具有间接危险的预备或共犯行为拟制为抽象危险犯，是否也就意味着对于此类犯罪都属于法律拟制的抽象危险犯而无法推定呢？有学者认为应当按照法律拟制说，认为此类犯罪是立法者根据日常生活经验直接规定的，属于法律拟制，只需要根据法律条文明确规定即可认定犯罪；但否定论的学者认为属于法律推定说，抽象危险也要具有规范上的危险含义具有实质的危险结果才能构成，并不是单纯的法律拟制，而是一种根据经验的

① 马克昌：《共同犯罪的若干特殊问题》，《武汉大学学报》1987 年第 6 期。
② 李晓龙：《刑法保护前置化趋势研究》，博士学位论文，武汉大学，2014 年。

推定。[①]

间接型抽象危险犯的拟制性特征就意味着只要行为符合构成要件就能成立犯罪的一种推定思维。间接型抽象危险犯的立法动机首先来源于对这种高风险生活经验行为的总结。因为间接型的抽象危险行为本身并不是直接侵害或者威胁个人法益的行为，而是对大量高危险行为进行反复观察和经验总结，把其中具有极易支配后续犯罪发生的高风险行为规定为刑事犯罪，刑事立法者只有承认此类行为的可罚性才能有效保护一般人的信赖，但同时对当事人个人特殊性的一般化做法也会遭致可罚性的危机和不法体感减少的批判。[②] 台湾学者王皇玉也认为，毋宁说抽象危险犯是一种立法的拟制，不如说是一种立法动机，现实中不考虑是否对法益造成了危险，也无须在个案中认定行为是否真地对法益造成了危险，只要根据法条对典型危险行为的描述就认为符合刑法规定，就被假设具有危险性，这种假设的危险就属于立法的推定。

间接型抽象危险犯规定有“明知”的要素，对于“明知”的判断根据美国相关法律一般也都要进行推定。美国《模范刑法典》采取以下立场：反对行为人为远超过其预期的严重后果负刑事责任，反对对太过于遥远的或偶然性的以至于与行为人的责任或者犯罪的轻重无关的情况施加刑事责任。[③] 如非预谋杀人罪，适用美国《模范刑法典》的州(需要证明轻率的存在）和非适用美国《模范刑法典》的州及英国法(因为后两者采取更宽泛的原则，分别称之为“推定的”“不法行为”或“轻罪——非预谋杀人罪”）之间存在路径上的很大不同。[④] 第一种适用美国《模范刑法典》的做法采用了司法推定；第二种不适用该法典的做法采用了不法行为理论，主张当行为人明知而实施某项不法行为时，其就已越过最重要的道德边界，就应当为其所造成的任何结果承担责任（不论是否预见）；另一个最后认为是轻罪的做法则采用的是正统的主观主义，行为人的责任根据他或她故意或预见的范畴予以确定。

---

① 董泽史：《抽象危险犯理论的对立、反思与重构》，《现代法治研究》2018 年第 1 期。

② 李晓龙：《刑法保护前置化趋势研究》，博士学位论文，武汉大学，2014 年。

③ Markus D. Dubber& Mark G. Kelman, American Criminal Law: Cases, *Statutes Comments*, 2005, pp. 399 - 411.

④ 相关论述参见 Joshua Dressier, *Understanding Criminal Law* (3rdedn. 2001), pp. 538 - 541。

如果允许推定，间接型抽象危险犯作为距离法益侵害更加遥远的抽象危险犯类型，就面临着更大的质疑：因为不需要危害结果，只要有行为即可认定，司法认定时一般都视为行为犯。但这种完全建立在假设危险推定上的判断逻辑，完全忽略了没有危险情况的做法又被批评为违反了罪责原则。[①] 另外，抽象危险犯本身也不要求危害结果、无须审查损害因果关系等更为简单的归责结构，再加上法益的日益抽象、模糊化，最终造成刑法规定的日益扩大化、象征化。为了合理节制抽象危险犯的滥用，德国刑法专门在1998年增设306a条第3项减轻处罚的规定，以及德国防治毒品犯罪的麻醉药品法也以量化的概念来平衡处罚与罪责之间的落差。从德国立法的这种趋势可推知，虽然司法实际存在对抽象危险犯的推定入罪，但同时也发展出限制推定的允许反证而予以减轻其刑的立法模式。[②] 所以，这种一般性的推定应当允许刑事被告人的反证，被告人根据自己的特殊情况能证明该行为不具有犯罪关联意义的应当被排除。就如天津大妈非法持枪案一样，持有类罪名也是间接型抽象危险犯，关键看持有的物品是否为法定规范意义上的枪支。天津大妈持有的“枪支”是大家司空见惯街边小摊贩的枪支，一般用来做娱乐使用，根据一般民众的理解，并不具有枪支的规范含义，持有这类玩具用枪也没有输出不被允许的风险，更无法让人产生后续犯罪的关联意义。因此，对这类不具有犯罪关联意义的案件就需要允许反证排除此类间接危险犯的可罚性。

二　是否允许反证

对于抽象危险犯能否进行反证学者们有不同的见解。如许乃曼（Schünemann）认为，对于大量发生的行为类型，不应考虑可罚性的限制，否则，立法者基于学习理论希望达成的促进“必要的自动化”便无法成功。[③] 施罗德（Schröder）也认为，应当将抽象危险犯分为两种：不允许反证的抽象危险犯与允许反证的抽象危险犯。前者一般属于类型化的对法所保护的利益产生的危险，只以此理由将特定人的态度加以处

① 林东茂：《危险犯的法律性质》，（台北）五南图书出版公司1996年版，第10页。

② 王皇玉：《论危险犯》，《月旦法学杂志》2008年第8期。

③ 吴柏苍：《危险犯之研究》，硕士学位论文，台北大学，2005年。

罚是正当的。如危险驾驶、麻药买卖、持有武器等。耶塞克认为，抽象危险犯的本质可以类比行为犯，以构成要件行为对特定法益可能造成的一般危险性为基础判断其可罚性，不需要根据具体情况判断危险是否发生，强调的是此类行为“典型地导致具体危险”的规范含义。[①] 罗克辛认为设立抽象危险犯也是为了防范某种典型的危险举止行为，不需要具体判断危险结果是否发生，通过典型危险行为的防范来达到防止具体危险或危害的立法目的，具体危险是否发生并不能作为犯罪构成要件。[②] 尽管出于抽象危险犯的行为规范意义，很多学者认为抽象危险犯不需要或者不能允许反证，但是如果不允许反证，就等于不允许当事人对于有无危险加以判断，一律受到禁止，[③] 如果说具体危险犯还在自我负责的范围内的话，而不允许抽象危险犯反证就等于剥夺了当事人自我判断的权利，违背了罪责自负的原则，必然不合理。虽然如施罗德一样可以把不同抽象危险犯分为允许反证的和不允许反证的两种，尽管有些行为本身也容易表现出危险不存在的情况、反证空间更大，但是并不能因行为类型的差别就完全否认其他类型的抽象危险犯存在极小的反证空间，这种做法如上所述必然违背罪责原则。如我国就有学者区分了不同类型的抽象危险犯的反证空间。

我国学者靳宁认为，间接型抽象危险犯设立的初衷就是为了防止出现在正犯不存在或者不成立的情况下，出现无法处罚预备行为或者共犯行为等间接危险行为可能出现的处罚漏洞。换句话说，正是出于严厉打击此类刑事犯罪行为等刑事政策考虑，才设置独立于原实行行为的间接型抽象危险犯以达到严密刑事法网，加大打击力度的目的。所以这类犯罪一般也多集中在特殊严厉的领域，如打击恐怖主义犯罪、黑社会性质犯罪、毒品犯罪以及网络犯罪等领域，体现了鲜明的刑事政策色彩。正是因为间接型抽象危险犯距离个人法益的侵犯更为遥远，而且其对法益的危险仅仅是间接性的，因此真正符合抽象危险规范定义的归责障碍也就更多，被告人的出罪空间其实应该更大；反

---

① ［德］汉斯·海因里希·耶塞克、托马斯·魏根特：《德国刑法教科书》，徐久生译，中国法制出版社 2001 年版，第 322 页。

② ［德］罗克辛：《德国刑法学》（总论）第 1 卷，王世洲译，法律出版社 2005 年版，第 278 页。

③ 单丽玟：《抽象危险犯的必要性审查》，《月旦法学杂志》2015 年第 3 期。

之，根据靳宁对抽象危险犯的四种分类法，距离个人法益侵害越近，立法拟制的抽象危险实现可能性就越大，采用反证方式出罪的空间就越小。[①] 但同时间接型抽象危险犯的刑事政策初衷就是为了严厉打击此类特定的刑事犯罪，如果允许反证的出罪空间过大，也难以达到间接型抽象危险犯的立法目的。因此，主张严格限制反证的使用，几乎不需要具体判断的余地[②]。笔者当然同意靳宁提出的间接型抽象危险犯由于其间接型的特点，距离法益侵害更为遥远，因此抽象危险的归责障碍也就更多，出罪反证空间更大的观点。对于其认为出于刑事政策的观点应当严格限制反证出罪的观点也基本同意，但是需要澄清的是，这里的反证固然要结合客观具体情况来判断抽象危险的规范意义，但并不意味着就采取了具体危险量化的做法，判断的不是具体危险的程度，而是抽象危险的规范意义。下面将对抽象危险规范意义的分析提出更为具体的判断方法。

间接型抽象危险犯是否成立犯罪的判断，需要具体分析关联犯罪之间是否存在犯罪意义关联，是对此类犯罪规范意义的分析。这种规范意义是根据刑罚规范的目的，分析刑罚处罚的必要性与可罚性等得出。因此笔者认为，说抽象危险犯是结果犯或者行为犯等都不是最准确的，分析间接类抽象危险犯主要看与后续犯罪之间的危险关系，所谓的抽象危险或间接危险是对犯罪性质的一种概括，即使允许反证该类犯罪是否具有危险性，也是为了证明此类犯罪是否具有规范保护的意义，而不是就意味着需要具体危险结果的出现。它体现的是积极一般预防论的刑罚思想。对于间接危险犯来说，体现的是关联犯罪的规范意义，在日常性、中立性等表面特征之下，又内含着与后续犯罪之间的一种无形的意义控制或支配关系。而且所谓的帮助为本身也具有各种不同的类型形式，所以是否具有立法者所言的与后续犯罪之间的规范意义，需要在经验归纳的基础上进一步分析是否具有规范的关联犯罪意义，要根据帮助行为的形式、当时的时间、场合等综合分析，应当允许反证。而且从立法理念

---

① 靳宁：《论抽象危险犯的刑事可罚性判断——以立法和司法的二元立场为视角》，《西南政法大学学报》2015 年第 1 期。

② 靳宁：《抽象危险犯的刑事可罚性探析——以立法和司法的二元互动为立场》，《华北电力大学学报》2015 年第 3 期。

来看，间接型抽象危险犯的立法动向，传递了立法者高度关注特殊领域安全的立法意图，在拟制或推定危险犯罪的立法中，要根据客观事实进行实质性审查，如果具体案件确实并不会发生也不存在相应的危险，就应当采取反证举措予以出罪。① 也有学者认为，只要坚持法益保护原则的实质化理解，就应当允许根据具体实际判断危险是否存在，也就必然允许对抽象危险犯进行反证。②

本章小结

间接型抽象危险犯即预备行为实行化、共犯行为正犯化等刑法立法的强前置化现象引发了学界广泛的质疑，甚至被有的学者认为是不具合理性的前置化模式。本章主要从不法论、归责论、与传统共犯、预备论等的关系以及证明原则等角度梳理了间接型抽象危险犯面临的主要问题。包括在不法论角度，存在间接危险行为的非定型性、行为边界的模糊性等，具有间接指向、引起后续犯罪行为的关联意义特征等，容易导致立法的随意性和司法认定的困难；在法益论角度，间接型抽象危险犯并不直接侵害法益，只是具有对后续犯罪法益的间接危险性，这种间接危险结构导致法益关联性更加薄弱；责任论角度，间接抽象危险行为具有日常性、中立性并没有直接造成侵害法益或危险，让这类中立性行为为后续侵犯法益或危险的犯罪行为承担责任，给人以违背“自我答责”原则的印象，合理解释间接型抽象危险犯的归责问题无疑需要另外的“特别理由”；从共犯论角度，分析了与传统共犯理论、预备行为理论是否矛盾，如何区分一般共犯或预备行为以及是否存在此类犯罪的间接帮助或预备进一步扩大处罚范围的问题等。通过对这些质疑问题的回应，全面概括了间接型抽象危险犯的不法、归责等基本犯罪构成以及与传统共犯、预备理论的关系等，从另一个角度证立了间接型抽象危险犯的正当性。

该章与论文第三章一起证立了间接型抽象危险犯的正当性语境，为第五章在间接型抽象危险犯正当性根据的基础上进一步限定间接型

---

① 付立庆：《应否允许抽象危险犯反证问题研究》，《法商研究》2013 年第 6 期。

② 董泽史：《抽象危险犯理论的对立、反思与重构》，《现代法治研究》2018 年第 1 期。

抽象危险犯的范围以及第六章更进一步提出间接型抽象危险犯的具体归责模式建构等奠定基础。论文整体遵循了从正当性—范围限定—归责模式建构的逻辑进路逐层展开分析论证，更进一步阐释间接型抽象危险犯的根本特征，回应此类犯罪的立法和司法适用质疑等并提供参考借鉴。

第五章

间接型抽象危险犯的范围限定

间接型抽象危险犯虽然具有处罚的正当性根据，但是也并不是所有的“预备行为”或“帮助行为”都可以上升为刑法分则罪名。该类犯罪的成立还需要满足相应的条件，既要严格限制此类犯罪的成立范围，也要对此类犯罪的归责进行规范建构。陈兴良教授认为，单纯强调刑法的预防功能就有扩张罪责的风险。① 简单从社会预防需要出发，认为只要进行风险分配就是对注意义务的分配，是对目的理性下积极一般预防论的误解，② 积极一般预防虽然强调预防必要性，但预防责任仍然要以规范论为基础和限制。③ 什么样的行为具有预防的必要性，需要满足哪些条件还需要实质性的罪责概念予以解答。④ 需要进一步解释或明确预防必要性的依据或根据。⑤ 间接型抽象危险犯需要满足哪些条件才具有预防必要性，本章从以下几个角度予以限制。

为了明确其正当性存在的范围界限，防止间接型抽象危险犯的扩张，本章在论述间接型抽象危险犯处罚根据的基础上，进一步明确间接型抽象危险犯的范围界限，从学理限定、立法限定和司法限定等三个角度进一步限制间接型抽象危险犯的扩张。首先，在学理限定层面，论述了间接型抽象危险犯的规范属性应当是行为危险说而不是结果危险说，

---

① 陈兴良：《风险刑法理论的法教义学批判》，《中外法学》2014 年第 1 期。

② 陈晓明：《风险社会之刑法应对》，《法学研究》2009 年第 6 期。

③ 李琳：《风险刑法的反思与批判》，法律出版社 2018 年版，第 102 页。

④ ［德］克劳斯·罗克辛：《德国刑法学总论》（第 1 卷），王世洲译，法律出版社 2005 年版，第 562 页。

⑤ 李琳：《风险刑法的反思与批判》，法律出版社 2018 年版，第 103 页。

并对风险刑法的扩张倾向采用民主商谈论、社群主义等社会学理论予以合理限制。其次，进一步提出立法限定的具体方法，包括要针对重大法益类型的保护、要具有关联后续犯罪的参与性、支配性以及坚持比例原则等方法。最后，提出司法限定的方法，包括限定解释、目的解释以及利益平衡解释等方法。

第一节　间接型抽象危险犯的学理限定

要克服间接型抽象危险犯过度扩张的危险，首先看客观危险行为和主观目的是否有明确指向后续犯罪的特征，是否符合间接型抽象危险犯的两个基本特征：即是否具有犯罪意义关联支配性、是否具有危险控制义务等。这两个基本特征体现了间接型抽象危险犯的立法目的和需罚性的要求，也是限制其扩张的关键要素。即使某种风险大增而需要设置预防性的注意规范，也未必就代表一定非要用刑法或者间接型抽象危险犯。一味地扩展刑法保护范围将意味着刑法的严苛与重刑化，带来刑法的不确定性与恐惧性等“顺从成本”问题，所以要予以严格限定。

一　间接型抽象危险犯的性质限定

（一）间接型抽象危险犯的规范属性

有关抽象危险犯性质的学说主要有两种观点，即：行为危险说和结果危险说。行为危险说认为，抽象危险属于一种行为危险，是行为发生可能性的危险；相对地，具体危险犯的危险属于一种结果危险，需要根据客观具体情况判断是否有具体危险的产生。

间接型抽象危险犯是一种关联后续犯罪行为的高风险行为，如帮助信息网络犯罪活动罪，要求造成情节严重后果的才构成犯罪，它是以对后续犯罪的特定法益保护需求为根据建立的，与具体危险性犯如危险驾驶罪等需要具体判断抽象危险到底是行为危险还是结果危险不同，间接型抽象危险的关键是审查与后续犯罪之间有无犯罪意义关联，关注的是间接危险行为与后续犯罪行为之间的规范意义，这不能说是一种危险结果，只能说是一种行为危险，从这个角度讲，笔者更愿意选择行为危险说。

根据行为危险说，即通过行为规范保护目的予以筛查和反证与保护目的法益之间有无关联的行为，而不是勉强用模糊的所谓“外界变动”作为危害结果予以筛查是否构成犯罪；即使间接型抽象危险犯规定要求造成情节严重的，也是对间接危险是否与后续犯罪之间存在关联意义的阐释，所以笔者不赞成结果危险说，也不赞成对抽象危险犯进行危险程度的划分等经验逻辑的做法，而真正应该从法益保护的需要来决定是否要设立间接型抽象危险犯，是否构成抽象危险犯还需要判断行为与法益的关联指向性。这种规范意义上的间接型抽象危险犯既承认行为危险说，同时也允许反证，排除不具有关联后续犯罪法益侵害的行为。是否具有犯罪意义上的关联性，需要结合实际情况来辨明，根据其自身具有的主体间性和规范意义来判断，但并不意味着结合实际具体情况来判断就属于对具体危险性的判断，这种错误观点被很多学者接受。对规范意义的判断并不意味着对危险犯具体危险程度的判断，二者有根本的区别。

间接型抽象危险犯的规范意义在于，行为自身存在着不能由自身或者他人控制的危险源，根据社会一般人标准，这种行为存在着引发后续犯罪的高概率风险。一般来说只要相应的客体处于行为人的管辖领域范围就可能引发后续犯罪危险或结果发生的高度不可控性。从此种意义上而言，间接型抽象危险犯的判断必然离不开行为无价值论的判断射程，这类危险行为对后续犯罪的犯罪关联关系可以视为行为的规范意义。

这种行为的规范意义不能理解为某种危险结果，或者客观的外界变动以取代所谓的“法益侵害危险性”，上述观点仍然把抽象危险看作了某种构成要件结果，仍然是危险结果说的变体。因此，与其分析间接抽象危险属于哪种外界变动，不如具体考察把什么样的外界变动视为构成要件标识，如何建立起构成要件和法益保护的充分关联性才是重要的。而法益保护关联性的判断，需要具体判断行为的主体、行为样态、行为的发生时间和地点等各种因素。这些对具体要素的考察主要为了分析行为的规范意义或者危险性是否存在，不能简单地理解为就是对行为具体危险情况的判断。

所以，抽象危险的判断也需要以危险现象为基础予以考察，分析可能造成的危害结果。通过危险行为与可能发生的危害结果的分析，综合考察行为的主观层面和客观层面，作为认定危险性的判断标准。[①] 日本学者江藤隆之也主张结合客观具体情况，综合危险的主客观方面，深入分析行为的主体间性，他认为自我世界中的主观与具有相同语言环境的客观之间需要通过语言统一起来。[②] 野村稔认为，应当根据事前判断的方法，以抽象危险犯的行为危险性为判断对象。[③] 即使把抽象危险犯当成是一种所谓的结果的观点，其实也是形式的结果，仍可以视为一种实质的行为。

（二）间接型抽象危险犯的规范判断

对间接型抽象危险犯的规范判断是根据法益保护的目的来判断行为的典型危险性，采用实质解释方法还原规范保护目的的一种客观过程。不能把规范的实质意义理解为一种危险结果，规范只是一种实质解释。间接型抽象危险犯是相对于后续犯罪的一种风险预防，间接危险行为本身可以是某种行为，也可以是某种情节严重的“结果”，但所谓的间接型抽象危险只是相对于后续犯罪要保护的法益距离更为遥远。如帮助信息网络犯罪活动罪，就要求帮助行为造成情节严重的情况才能对法益形成间接型抽象危险。这种情节严重的规定可以说就是一种具体的结果，但这种具体结果本身是用来量定间接危险行为的规范意义的。达到情节严重的间接危险行为才构成了对后续犯罪的风险，这种风险才是关联犯罪意义的规范行为。与其说它是一种结果，不如说它是一种风险的规范分配。而间接型抽象危险犯就是一种根据事前预防或危险控制的要求进行的风险分配管理，面向全体社会成员，把某种根据经验法则认为高风险的行为强制规定为刑事犯罪，以直接的义务分配达到高效率规制社会成员行动的效果，无须再考虑实际损害或具体危险结果是否发生。

间接危险的判断方法，可以根据经验法则首先确定判断的材料，把“行为”、行为时的状态、行为和行为客体之间的相互关系以及行为后的外界变动状态（结果）等都予以充分考虑，而不是孤立地只看行为自身危险性，需要全面判断与行为相关的各个要素，以法条规定的行为

① ［日］江藤隆之：《实行着手中的主观与客观：基于刑法教义学超越论的检讨》，李立丰、骆程译，《刑法论丛》2017 年第 4 卷总第 52 卷。

② ［日］江藤隆之：《实行着手中的主观与客观：基于刑法教义学超越论的检讨》，李立丰、骆程译，《刑法论丛》2017 年第 4 卷总第 52 卷。

③ 王荣圣：《刑法上危险概念之研究》，博士学位论文，台湾辅仁大学，2007 年。

类型为基础，结合一般人的认识标准，进行实质判断是否真正存在规范意义上的危险。如“烟花爆竹”虽然也可以爆炸，但其直接破坏力较小，因而与法益保护的目的完全没有关联等，一般也不可能把“烟花爆竹”视为刑法上的“爆炸物”。

二 间接型抽象危险犯的理论基础限定

（一）风险刑法的质疑与回应

风险刑法理论虽然为间接型抽象危险犯等刑事立法前置化模式提供了理论基础，但是风险刑法自身具有的扩张属性，加之不同学者对风险刑法理解的不同也会带来不同角度的扩张问题。正如有的学者所说，当代社会风险并没有现实地增多或减少，而是人们主动意识或感受到的风险增多和加剧了。这主要源于我们自己对世界的认识更加深入，相应的担心与忧虑也就更多。[①]“而且人们会更主动关注新出现的风险，而自动屏蔽其实已经成为生活一部分的传统风险，即使二者在发生概率上相等。”[②] 因此，所谓的风险更多地成为一种现实对风险的认识和处理方式，并且由管理个人风险的需求逐渐扩大到国家进行风险管理和安全管理的目标，[③] 因此，如有的学者所言，风险社会下刑法的任务已经由保护法益转向保护国民的安全感。[④] 并且主张在保护公民个人基本自由权利的基础上，通过增设抽象危险犯来保护这种国民安全感。如果认为风险刑法保护的只是国民的安全感，而安全感作为人的主观感受，应当从客观角度衡量，作为法益保护的附随出现[⑤]，而不应该完全从心理学层面判断，否则就失去了刑法立法意义。[⑥] 而且为了适应保护民众不安感的需求，就导致刑法不断朝向“管理、监控、隔离的趋势而行”，导致

① ［美］段义孚：《无边的恐惧》，徐文宁译，北京大学出版社2011年版，第4页。

② ［美］凯斯·R. 桑斯坦：《恐惧的规则——超越预防规则》，王爱民译，北京大学出版社2011年版，第39—40页。

③ ［英］安东尼·吉登斯：《社会学》（第4版），赵旭东等译，北京大学出版社2003年版，第21页。

④ 齐文远：《刑法应对社会风险之有所为与有所不为》，《法商研究》2011年第4期。

⑤ 林东茂：《危险犯与经济刑法》，（台北）五南图书出版公司1996年版，第51页。

⑥ 周漾沂：《论“煽惑他人犯罪或违背法令”之处罚理由》，《台大法学论丛》2008年第4期。

刑法民粹主义。[①] 因此，有必要立足于客观利益的判断对风险刑法进行限制。

风险刑法的基本逻辑就是为了通过风险分配实现风险的预防和控制，但有学者提出不同意见，认为直接规定风险分配固然可以让义务规范更为明确，但同时在行为人主观罪过不明确的情况下就对所有的风险参与人进行处罚，[②] 规定过多的持有犯、行为犯甚至把帮助行为、预备行为等关联行为规定为犯罪，只是为了落实有人负责的结果主义，有侵犯和压缩公民自由的嫌疑。[③] 只有经过立法者利益权衡，根据行为人主观方面一般具有过错经验而进行的风险分配才具有正当性。[④] 因此，风险刑法理论也需要进一步规制，才能更为科学地为刑法理论提供给养。

（二）风险刑法的规制

1. 交互式民主商谈理论

风险社会理论强调风险的分配与控制，适应了社会结构复杂化、社会统合能力更加弱化以及危险的难以防控等社会现实，但是一味强调风险的分配也会导致风险的扩张与滥用，产生风险分配的独断式极权主义。在知识日益分化和风险难以防控的背景下，人们更容易相信专家的判断与风险分配，这种风险分配通过对刑罚目的、罪责的客观化判断等管道直接影响刑事责任的判断。抽象危险犯尤其是间接型抽象危险犯等犯罪类型事实过于稀薄，看起来完全属于日常中立的行为如果被定为犯罪，更加违背了一般公民的理性判断和行为选择。这种通过行为风险的分配以及规范化的客观归责模式塑造的全面规范化的风险刑法，特别容易走向单纯预防危险的极权主义。

那么如何实现风险分配的合理控制，贝克和吉登斯等在对风险刑法进行分析之后，又分别提出了克服预防风险的扩张化构建模式。贝克认为应当在风险分配的决定上吸纳进非正式的个人参与，绕开政党议会等

---

① 许福生：《风险社会与犯罪治理》，（台北）元照出版公司 2010 年版，第 12 页。

② 王立志：《风险社会中刑法范式之转换——以隐私权刑法保护切入》，《政法论坛》2010 年第 2 期。

③ 张明楷：《“风险社会”若干刑法理论问题反思》，《法商研究》2011 年第 5 期。

④ Laurie L. Levenson, “Good Faith Defenses: Reshaping Strict Liablity Crimes”, *Cornell Law Review*, Vol. 78, March, 1993, pp. 401 – 468. 转引自刘仁文《刑法中的严格责任研究》，《比较法研究》2001 年第 1 期。

代表意见制度，通过自下而上的“亚政治”来形塑社会。吉登斯也同时强调相互的积极信任和“对话民主”。通过构建相互的信任，由小家庭推广至社会和国际，出于共同的“自愿交往而产生的信任”等展开平等多元的对话和协商。打破专家精英式的垄断，回归生活的场景，通过个人自主理性的判断以及相互间利益的博弈整合，对风险分配进行在场商谈达成共识。通过这种回归生活政治的理论，强调平等对话民主，获得对风险分配的合理限制。

民主商谈理论来源于目的主义，认为人与人的交往通过平等、交互的对话来实现。马丁·布伯认为在人与人、人与自然、人与精神实体的三种境界中，与人的关联最为突出。在与人的关系中“观与被观、知与被知、爱与被爱的相互性有不可丧失的实在”①。哈贝马斯进一步把这种对话思想应用到法律领域，主张将规范的有效性和秩序性建立在开放性的对话基础上，只有通过真诚的交流、协商与谈判等才能克服独白式的主体哲学，强调实质主体间性和商谈理性，通过构建法律的普遍性和一致性来实现对社会的整合功能。我国学者贾健也主张通过构建立法以及司法两种维度的沟通平台，筛选出能被民众合理接受的可以验证的标准，选择哪些道德规范应当纳入刑法保护的范围以及应当采用哪种方式进行合理保护等。通过多元开放的立法程序商谈以及司法控辩双方的交锋，从而破除法官的一元化逻辑，合理构建刑法风险分配的平衡机制等。② 民主商谈理性或者主体间性理论等为风险刑法的扩张提供基础理论限制，也成为判断间接型抽象危险犯规范意义的理论基础，避免间接型抽象危险犯的过度扩张与机械化认定。

2. 社群主义基本理论

除了交互式商谈理论可以平衡风险刑法的扩张倾向之外，针对社会共同体的“社群主义”理论既为风险社会理论的扩张提供了边界，同时也提供了风险分配的依据或根据。社群主义和商谈理性作为目的刑法观的两种内涵，本来就存在相互之间的促进关联关系，通过对是否入罪

---

① ［德］马丁·布伯：《我与你》，陈维钢译，生活·读书·新知三联书店2002年版，第127页。

② 贾健：《风险社会更应该强调刑法的商谈维度》，《检察日报》2014年9月1日第3版。

的商谈，自动形成对社会共识的辨识和民众社会性的习得，形成社群主义。不管是主张开放平等的共同商谈，还是反对隔阂的社群主义，都使刑法具有了克服单纯的法益论或规范论等过于抽象的个体或社会概念，沟通个体与超个体，为防止间接型抽象危险犯的扩张提供合理限制与义务论基础。

（1）义务与责任基本要求

社群主义来源于20世纪80年代对罗尔斯为代表的新自由主义的批判，强调社群价值的重要性，以亚里士多德城邦论中所认为的社群建立的目的都是为了某种共同的善，以及黑格尔强调的人的自由是以遵循社会共同体内涵的伦理价值准则或标准的伦理善等为基础。这两种思想渊源都共同承认“社群共同的善”以及社群对个体生存和发展的前在性等。桑德尔作为社群主义的代表人物认为，具体个人的人格、个性等都是在与其他人的交往和区分之中形成的，只有通过与他人的沟通和区分，才能形成个体的自我选择与独特性等。因此，个人的意义决定并依存于共同体，社群经过历史发展和运作形成的文化传统等形成了社群的“内在善”，这种内在善进一步衍生为社群的共同价值和目标，吸纳并凝聚社群成员之间共同配合，实行共同善的价值和生活方式。

社群主义“共同善”的维护需要义务和责任两种基本美德。“共同善”的目标要求社群成员之间的互相配合与协作，需要社群成员各自履行相应的义务才能达到互相的平衡。只有履行了社群要求的特定义务，才具有了归属于特定社群的成员资格，也才能被作为真正具有社群共同体意义的人格体。另一方面，履行责任也是实现社群成员角色，构成社群成员资格的基础。

（2）行为的主体间性意义

社群主义和沟通主义理论都强调社会共同体环境，那么作为社会共同体成员的行为必然具有主体间性下的规范意义。即使风险社会根据风险分配原则直接规定某种行为或者危险构成犯罪，看似没有因果关系的可罚性限制，但其实每一种行为或者抽象危险的背后都有其所处环境下的规范意义，而不能孤立地只分析某种举动。美国学者弗莱彻提出的行为概念具有沟通性的观点也是从人与人沟通和表达的意义上而言的。美国刑法学家契尔萨和西班牙刑法学家孔德也都赞同行为的主体间性，但同时又强调，如果仅仅表达了人的目的性但是并没有引起外界任何作为或不作为的规范意义的不能称之为行为，行为必须根据具体环境被主体间理解为某种规范意义的情况或者取得意义的重要性行为。

也就是说，刑法中的行为要结合具体情境去理解，通过对行为人自我意识的投射、推动，产生与其他行为的类比进而得出行为是否具有刑法上的规范意义。弗莱彻认为人自身就已经被生活环境训练出一种灵敏的感知能力，能够通过他人的意图，发觉并判断他人要实施行为的意义。根据不同情况判断某人是故意的伤害，还是无意的接触，这正是基于行为带给人的意识投射的绵延性来判断的。因此，在对抽象危险犯处罚根据的讨论中，不能把根据具体情境对行为规范意义的判断当成是对行为具体危险的判断，或者强行把抽象危险犯又按照具体量化的思路区分为不同程度的危险，这都是形式逻辑的错误。根据行为主体间性的意义，这本身就是行为在所处环境下的规范意义，而不是某种具体的危险或者结果。

第二节 间接型抽象危险犯的立法及司法限定

间接型抽象危险犯突破犯罪实行行为进行扩张，属于最强前置化的犯罪扩张类型，如何合理限制其处罚范围，保证立法的必要性和正当性以及司法的规范适用，需要进行立法和司法的多重过滤与合理限制等。

一 间接型抽象危险犯的立法限定

（一）罪名设置要坚持比例原则

比例原则来源于德国公法，后来被各国承认而上升为一项宪法原则，主要是为了解决公私法益之间矛盾而进行的实质正义的思考方式。强调立法手段与目的之间的合理、公平的比例关系。既要保障人民权利，又要把国家权力行使限定在一定的限度内。近年来比例原则也被用于刑法，成为法益原则基础的一种灵活性补充。比例原则包括适当性原则、必要性原则和相当性原则三个方面。适当性原则强调手段的适当性，国家机关采用哪种手段必须与目的之间具有合理关联性才是正当合理的。必要性原则要求公权力机关选择对权利损害最小的方法，能用其他方法就不用刑罚手段。相当性原则要求不能超过其目的价值侵害。[①]所以比例原则的基本理念就是国家权力对公民的干预要适度与均衡，同时也是一种实质化地衡量公平与正义、指导法规范适用的原则。[②]

判断一个具体的刑法规范是否符合比例原则，一般要经过三个层面的检验：（1）适当性。即要使用规范性手段，要求所使用的手段对于即将实现的目的是适当的。以行为所使用的目的来限制合适手段的使用，因此，又被称为合目的性原则。只有穷尽了法律颁布时所有的认知可能性，确定手段明显不能达到目的时，才能确定它不具有适当性。[③]（2）必要性，即是否存在其他能同样达到功效却更为宽缓的手段，当存在多种可以达到目的的方法或手段时，要从中选择对公民自由损害最少的那个。（3）相当性，又称均衡性原则，要求在所使用的手段可能对公民自由造成的自由限制与所要保护的法益之间进行利益衡量。当然也不能简单根据某种立法具有重要的社会功能就不顾立法的规范性。但是其功能性并不意味着正当性的当然证成，过于强调功能就会有过量干预“内部空间”的可能。因此相当性原则也要以宪法为上限，不能为了保护社会重大法益而过度干预公民私人生活空间。根据比例原则，首先需要我们对是否适用刑法手段进行比较，能用其他法律手段的就不用刑法，其次要对采用抽象危险犯还是结果犯等进行立法模式的选择，具体分析如下。

第一，能用其他法律手段解决的就尽量不要用刑法手段。间接型抽象危险犯距离后续基本法益比较遥远，从表面看来往往是中立的日常行为，作为为风险分配而拟制设立的间接型抽象危险犯来说，如果能用其他行政法命令或者民法规制手段来替代，就没有刑事可罚性的需要，也就不需要再前置设立间接危险犯来分配风险。根据比例原则，刑法下的刑罚手段与行政法下的管制手段并不相同。刑法上要求的刑事不法内涵要比行政犯更加密接损害结果的发生。[④] 为了区别行政管制，刑法上介入风险活动的时点需要满足以下条件：犯罪越严重，时间紧迫性越强；

---

① 谢世宪：《论公法上之比例原则》，载城仲模主编《行政法之一般法律原则》，（台北）三民书局 1999 年版，第 123 页。

② 于改之、吕小红：《比例原则的刑法适用及其展开》，《现代法学》2018 年第 4 期。

③ Vgl. *BVerfGE*39，210，230.

④ 蔡蕙芳：《从危险理论论不能安全驾驶罪》，博士学位论文，台湾大学，2000 年。

损害法益越严重，保护的需求越强烈，刑罚前置化就越正当。能用行政法解决的问题就不要采用刑法问题。如，我国设置的危险驾驶罪，采用监禁或者罚金刑等效果都不好，而日本采用行政法规定，修改道路交通处罚条例第 35 条与第 35 条质疑等条文，增列没收驾驶车辆的规定等达到的效果或许更好。[①] 也有学者强调刑法罪名的设置一定要保证经过行政处理以后才能设置罪名的二元化犯罪模式等。[②]

第二，能用其他犯罪类型解决的就不要用间接型抽象危险犯。间接型抽象危险犯，不仅属于抽象危险犯具有直接赋予风险分配的特征，而且属于间接型行为控制结构，具有前置处罚与预防的特点和过于限制公民权利的危险。即使为了保护重大法益，塑造良好社会管理秩序，经营网络安全环境、引导网络安全行为规范等有必要对相关预备行为或者中立帮助行为等进行外围的刑事规制，但是如果处罚故意实害犯的未遂、中止和预备等可以实现风险的有效预防的，也没必要创设独立的间接危险犯。

而且根据比例原则，选择轻重不同的抽象危险犯类型也是进行规范限制的方法。如，除了间接型抽象危险犯，同样具有对注意规范确立塑造的立法模式的还有过失犯。过失犯是因为违背相关注意义务而造成严重后果的才构成过失犯罪，只选择惩罚造成严重后果的行为。相比之下，间接型抽象危险犯则是直接设置相关的注意规范，只需要能关联到后续犯罪的危险，显然不需要造成后续犯罪的严重后果即可构成，是比过失犯更加严密周延的防范，[③] 正因为如此，在对间接型抽象危险犯的正当性分析中才有类比过失未遂的学说观点，证明了二者之间的紧密关系和相似性。同样的道理，如果能用间接危险犯预防风险，就没有必要再设立过失危险犯，[④] 过失危险犯虽然也是确证注意规范和风险分配的手段，但是因为过失造成的危险要进行刑事归责更加凸显了刑法责任的严苛。所以，即使风险社会要进行风险的分配而出现扩张的需要，但是也不能不顾刑法自身的过滤机制盲目扩张。

---

① 蔡蕙芳：《从危险理论论不能安全驾驶罪》，博士学位论文，台湾大学，2000 年。

② 姜涛：《比例原则与刑罚积极主义的克制》，《学术界》2016 年第 8 期。

③ 林东茂：《危险犯的法律性质》，《台大法学论丛》1994 年第 24 卷第 1 期。

④ 李川：《危险犯的扩张逻辑与正当性思考》，《法学评论》2017 年第 3 期。

第三，具体到间接型抽象危险犯的设立模式而言，间接型抽象危险犯作为一种风险分配的方式，需要通过对行为人管理控制的关联犯罪风险进行分配，确证行为规范，需要针对重大法益进行保护、采取尽量明确的行为方式等此类更为明确的要素予以规制。

（二）保护法益要限定在重大紧迫类型

间接型抽象危险犯只是为了弥补共犯理论或者预备理论处罚的漏洞，在已经存在对实行行为处罚以及相应的共犯理论、预备理论等制度的情况下，对于不存在正犯的共犯或者预备行为予以例外保护。这种例外保护根据机能主义刑法观的要求，只能针对有需罚性或者处罚必要性的重大法益。间接型抽象危险犯采用拟制实行行为的做法体现了机能主义刑法观，是利用国家资源对风险和注意规范的直接分配。国家进行的这种风险分配都要耗费大量的社会立法、司法资源，如新设的恐怖主义犯罪、网络安全犯罪等，而且每种风险分配的背后都意味着个人权利的限制和个人义务的增加。因此对于以刑法手段直接分配法益，必然要求着眼于重大法益的威胁危害而非某个人的法益，是对将来可能会造成社会事件或巨大骚乱的行为予以“典型化”，通过对“典型危险”的侧面预防达到保护重大法益的目的，从而合理构建整体社会秩序，引导个人行为规范。诚如梁根林教授所言，立法者要秉持审慎的态度，平衡好刑法干预的必要性与谦抑性，根据实际情况分析是否要控制重大法益的间接抽象风险，斟酌决定是否对重大法益的实质预备行为例外地拟制为独立的实行行为。① 美国学者胡萨克也认为，国家选择哪种行为予以犯罪化，必须是出于阻止重大危害的目的，这也是限制犯罪化的重要原则。②

因此，间接型抽象危险犯作为更遥远地、更周密地预防重大法益的类型，能提前介入对公共安全领域的保护，但为了防止对这种社会风险的过度干预，需要以公民个人对社会造成的不合理危险为基础。重大法益的衡量需要以个人危险行为带来的不可控的危害结果等两个方面来衡

① 梁根林：《预备犯普遍处罚的困境与突围——刑法第 22 条的解读与重构》，《中国法学》2011 年第 2 期。

② 转引自姜敏《间接危害行为犯罪化一般限制原则研究》，《政治与法律》2019 年第 5 期。

量。既要强调这种个人危险行为本身可能造成严重社会危害的程度，如果不及时控制将会给不特定人人身或财产安全带来无法弥补的损失；又要强调这种具有高度发生概率的社会公认的危险行为与最终法益侵害之间的关联性。[①] 从积极一般预防的理论逻辑出发，把高度危险行为规定为刑事犯罪需要具有与后续犯罪行为以及结果的高度盖然性，给社会公民带来安全感的缺失或恐慌时才具有类型性的危险关联性，具备需罚性的要求而上升为刑事犯罪。对重大法益的保护和对极其严重危害结果的防范是间接型抽象危险犯需罚性的要求。

国外如德国和日本的做法都是选择其自认为重大的法益才设立更为周延的保护，设立一定数量的预备行为正犯化或者共犯行为正犯化等保护侧防法益的罪名。我国目前对于预备行为实行行为化的设置基本上也体现了这个特点。对危害国家安全法益、社会公共安全法益的保护设立了一定的预备罪。如恐怖主义类犯罪、黑社会性质组织类犯罪等都设置了组织、领导等预备行为防控模式，《刑法修正案（九）》还设置了有关恐怖主义物品、书籍的持有、宣传等中间环节行为的犯罪化等，另外涉枪支、弹药、爆炸物类的犯罪等设立了“持有、非法运输、买卖”等中间环节，因为这些预备行为一旦失去控制将会造成非常严重的后续犯罪危害后果，所以有必要提前预防控制。从某种意义上来说，这也是现代刑法立法者为了更加有效地保护法益而不得不作的某种妥协与平衡。在只能以着手实施犯罪行为为原则的情况下，对于还未着手的预备行为等处罚只能是例外。只有针对重大法益形成的抽象侵害危险，才能对该犯罪的预备犯予以处罚。

（三）行为结构要具有对后续犯罪的关联性与事实支配性

间接型抽象危险犯的设置原本就是为了防范后续犯罪的风险，对间接抽象危险行为的处罚其实是建立在对后续关联犯罪行为的支配性上的，即使没有后续犯罪的现实存在，只要间接危险行为是以后续犯罪为指向，那么这种支配性的风险就是现实存在的，这就要求间接危险行为对后续关联犯罪具有客观上的“影响力”或“参与性”。

首先，这种事实支配性必须表现为现实的客观不法行为。根据雅科

① 李婕：《抽象危险犯研究》，博士学位论文，武汉大学，2013 年。

布斯的观点，如果预备行为仅仅具有对后续犯罪的态度是不能被犯罪化的，还需要这种态度外显为参与外围规范的客观不法行为才可以被犯罪化。雅科布斯创造出外围规范和部分不法的概念来论证这种间接型抽象危险犯的前置化处罚，他认为对后续犯罪法益的保护是由很多行为组成的，如果这些行为中关键的部分已经可以支配后续行为或者部分行为得到实现就可以确证刑事可罚性，就没有必要等到全部行为或结果都实现才发动处罚。这部分不法违反的并不是侵害后续犯罪法益的主要规范，而是违反了为确保或预防主要法益的外围规范或者保证条件等。

其次，这种事实支配性要体现对后续犯罪的关联指向性和控制主导性。雅科布斯认为对要保护的核心法益进行前置化立法或者设定外围规范需要保证与后续犯罪的关联性。目前由于日益复杂的社会系统造成人们对风险的预测或对他人行为的预期变得更加难以确定，为了营造更加稳定的社会秩序或社会规范环境，保证社会系统的正常运作，增加人们交往的预期可能性等，有必要通过直接设置强制性的社会规范保证人们对规范的信赖或者确证，强化人们的法律规范意识培养和训练。因此围绕核心法益设置外围规范就成为间接保护的必要措施，采用间接型抽象危险犯设置可以有效回应人们多样化的反应可能性，更好地保护规范妥当认知的效果。

再次，根据雅科布斯要求间接危险犯对后续犯罪的关联性、参与性特点，所以在设置间接型抽象危险犯时，一方面要求以有后续犯罪罪名为前提，这也是证明其间接危害性的重要方面。另一方面，即使后续行为不构成罪，如卖淫行为、吸毒行为，但这些行为也是国家社会秩序和国民一般伦理道德所摒弃的特殊领域，也要惩罚对这些特殊领域进行助力的行为，而且设置对违法行为的外围规范罪名也从反面佐证了这些间接型抽象危险犯的拟制实行行为具有独立的危害性。此外，也要求这种参与性表现为一种外部扰乱性的特征。如果这种反复出现的行为不断累积危险，导致社会生活上危险增加，如可能会引起社会的动荡、社会秩序的破坏等，除了要分析这种行为是否具有犯罪化的“适格性”之外，还需要判断它是否具有外部扰乱社会秩序的要素。即通过时间、地点、方法、手段等要素体现与后续实行行为的紧密关联性，凸显其显著的、不得不阻截的危险性，就具有了间接危险行为对后续犯罪行为发生的独立事实支配性。另外，在客观行为事实支配性的基础之上，此类间接性抽象危险犯与后续犯罪主观上的规范联系也是证明其客观关联性的重要因素，可以更进一步证明这种间接危险的不法性，表明这种规范性联系包括“明知”或“目的”等具有明确指向性的要素，如威廉姆斯甚至强调“特定目的”[①]，要求在客观危险行为对后续犯罪事实支配性的基础上，也要有指向后续犯罪的目的指向性等规范联系，进一步限制间接危险行为的“犯罪事实支配性”范围。

最后，对后续关联犯罪的事实支配性强调客观危险行为对后续犯罪能否发生的主导和关键作用，突出的是此危险行为本身的“干扰性”“扰乱性”特征，具有类型化地引起后续犯罪的关键作用。因此，为了防止主观主义和只重视行为规范性而忽视客观危险性的过度扩张危险，首先要强调客观危险行为对后续犯罪的事实支配性，在此基础上再进一步明确“明知”或“目的”等主观方面的规范联系，限制间接型抽象危险犯的成立范围。

（四）行为方式要求具体明确

一般来说犯罪的预备行为或者中立帮助行为都具有中立性、日常化的特点，跟现实生活的一般行为比较难区分，所以立法选择哪些预备行为或者中立帮助行为进行正犯化处理更加需要周密谨慎的综合考量。对于一般的、风险较小的行为进行正犯化会带来刑事归责的难题，模糊了构成要件的界限。设置不具有定型性与边界性的拟制正犯，很容易导致预备行为或中立帮助行为的认定无限延长，违背罪刑法定原则，也完全失去拟制实行行为或间接型抽象危险犯设置的意义。因此，一般来说，要设立间接型抽象危险犯，需要具有客观方面的高度危险、紧密关联后续其他犯罪法益等特征，如美国法上要求的“明白而立即危险原则”[②]；刑法介入的时间点越早，越接近单纯的自我形塑领域；越晚介入，通常涉及第三人以及公共领域较深的领域。[③] 越是密接法益实害的危险行为，对于法益侵害的危害程度越高。只有在法益紧迫或者难以恢复的情

---

① 姜敏：《间接危害行为犯罪化一般限制原则研究》，《政治与法律》2019 年第 5 期。

② 单丽玟：《抽象危险犯的必要性审查》，《月旦法学杂志》2015 年第 3 期。

③ 单丽玟：《抽象危险犯的必要性审查》，《月旦法学杂志》2015 年第 3 期。

况下，事前预防才会比事后禁止更为有效。[①]

如沃勒斯就把预备犯分为更加具体、明确的行为方式加以说明，包括：第一，煽动、唆使类型。通过使他人产生后续犯罪行为的决意的方式影响他人实施犯罪。如我国的煽动分裂国家罪等。这种煽动类型的先行行为明显使犯罪人产生了犯罪决意，促进后续犯罪行为的发生，所以对比我国法律在刑法总则中甚至也明确规定教唆之人没有犯被教唆之罪的，可以从轻或者减轻处罚，即使被教唆人没有实施被教唆的罪也具有刑事处罚的必要性。这种共犯的规定也体现出煽动行为的危险性，同样规定为煽动类型的犯罪当然更具有刑事可罚性。第二，传授犯罪方法或技能的犯罪类型。例如非法制造爆炸物、毒品等的行为，这些违法行为必然关联、伴随着后续犯罪，以支援后续犯罪行为为目的，设置此类犯罪行为可以更有效地拦截后续犯罪的发生，具有立法的正当性。第三，非法持有禁用品的类型。例如非法持有枪支、弹药、爆炸物罪，行为人并没有合法使用枪支、爆炸物等的权限而非法持有枪支、爆炸物品的，其非法持有违反了对危险物品的合理管理义务，具有造成后续犯罪或威胁的潜在危险，因此具有明确的间接危险性。第四，恶意示范的行为并不能成为预备犯立法的正当性行为方式。沃勒斯举例说成人间相互同意的性虐待行为或许也会造成他人潜在的模仿行为，但对于成人市民自身来说也应该具有独立的判断能力而不受其影响，因此这种恶意示范行为不能成为被一般市民所期待要进行刑事规制的行为，也就不能上升为刑事犯罪行为。沃勒斯列举的这些犯罪行为类型都是具有相对明确的内涵，可以满足一般人规范的预期，具有了相对明确的类型化特征。

同样，根据我国已有的预备犯立法模式或者共犯正犯化的立法模式，也可以总结出一些相对明确的行为方式。如论文第一部分所归纳的，我国预备犯立法主要有组织类型、持有类型、证件类型，以及有关毒品、枪支、弹药等违禁品的系列犯罪的禁止行为类型等。这些行为方式相对比较明确、针对违禁品的规定也涵盖全面。有关共犯正犯化的罪名一般也集中为几种相对明确的行为方式，如资助类、运输类、提供工具、资金类以及关联犯罪类型等。根据经验法则，这些类型化的行为要

---

① 单丽玫：《抽象危险犯的必要性审查》，《月旦法学杂志》2015 年第 3 期。

达到内涵基本明确、边界不能过于模糊的要求，如果使国民失去了预测可能性，就不再具有类型化的特征。[①] 正如有的学者所说，所有犯罪行为的确定都应当具有明确的行为界定、公正的警告和标识，要让民众具有对行为违法的预测可能性。[②] 如在有关网络犯罪类型中，《刑法修正案（九）》新增了“非法利用信息网络犯罪”，既没有明确的违禁品对象，也没有明确的行为方式，所谓的“非法利用”把所有为了非法目的进行的网络利用行为都囊括进来，具有无限扩张导致边界模糊的嫌疑，因此，对于此类犯罪的规定也引起了一些学者的批判和司法认定的质疑，根据行为的明确性原则，需要进行进一步的规范性限缩。

二 间接型抽象危险犯的司法限定

对间接型抽象危险犯进行限定解释，使得表面无害的行为属于符合刑法规范意义的与后续犯罪有关联意义的行为，间接型抽象危险犯的认定不是只要符合法条规定就构成犯罪，而是要根据罪责原则要求，符合自我答责原则等，才是间接型抽象危险犯认定的关键。学界大部分学说争论的关键也是如何对各种抽象危险犯进行限制，防止处罚范围过大，如何实现与罪责原则相符合的实质意义等。[③]

（一）限制解释方法

第一，可以采用目的限制解释方法。一般来说刑法解释要在文义规定的范围之内即文义解释范围之内，根据刑法法律条文明确规定即可作出判断。但是对于抽象危险犯来讲，因为法条仅规定了某种抽象行为，而这种行为是否具有刑法上的危险性还要在文义判断之外进行目的性限缩解释。不管哪种刑法解释最终都要符合刑法规范保护目的，因为“目的是全部法律的缔造者”[④]，目的论解释需要以法益为核心，提供寻求实质正义的解释工具。并不是只要符合了抽象危险犯的法条规定，就

① 梁根林：《预备犯普遍处罚的困境与突围——刑法第 22 条的解读与重构》，《中国法学》2011 年第 2 期。

② Andrew Ashworth and Lucia Zedner, “Prevention and Criminalization: Justification and Limits”, *New Criminal Law Review*, Vol. 15, Issue 4 (Fall 2012), pp. 559 – 560.

③ 蔡惠芳：《从危险理论论不能安全驾驶罪》，博士学位论文，台湾大学，2000 年。

④ 高丽丽：《准备实施恐怖活动罪——以预备行为实行行为化为视角的宏观解构》，《法学论坛》2018 年第 2 期。

一定存在现实的抽象危险，要区分行政不法和刑事不法的界限，允许反证。[①] 如准备实施恐怖主义犯罪活动罪中有规定“其他准备”的法律条文[②]，就要对这个兜底性条款进行目的解释，一般来说，其他类的手段也要达到与策划恐怖活动相类似的、危害大小相当的手段，根据立法为了禁止恐怖活动的目的，一般与策划活动相关的其他准备活动才能构成。所以，目的解释是对此类犯罪进行限制解释的重要方法。

第二，可以采用“两级限制解释方法”。有学者提出对抽象危险犯的“两级限制解释方法”。首先，根据抽象危险犯的法条规定对构成要件作出类型化的解释，构成要件的类型化意义是限制抽象危险犯的第一级解释方法，也符合立法者的原意。其次，还强调对抽象危险犯再作第二级解释，有学者认为就是符合刑法条文的规定，有学者认为是需要结合个案进行具体的司法解释。强调要在类型化解释的基础上才能对具体个案进行第二级解释，因为不符合刑法类型化的标准就无法获得抽象危险犯的正当性。[③] 而且之所以强调两级解释，主要是因为实践中可能存在行为人的特别认知，如果只根据类型化解释就无法充分考虑个案的特殊情况。所以两级解释也是对抽象危险犯进行充分判断的办法，防止个案不正义情况的出现。[④] 也是对抽象危险犯进行限制的解释方法。

另一种对此类抽象危险犯的两级限制解释角度为构成要件和违法性两种层次的限制。首先要看是否符合抽象危险犯的构成要件，即使形式上符合，但如果没有侵害法益的实质可能性也不符合犯罪构成；其次，从违法性限缩的角度看，即使行为符合不法要求，也还要具有实质上的抽象危险性才可罚。[⑤]

通过限制解释论可以更好地限定抽象危险犯的规范意义范围。首先，要在刑法文本的范围内进行解释，这也是司法权活动解释的空间。即使是目的解释也不能突破法条的规制。其次，限制解释的目的在于对

---

① 陈兴良：《风险刑法理论的法教义学批判》，《中外法学》2014 年第 1 期。

② 《刑法》第 120 条规定“为实施恐怖活动进行策划或其他准备的”。

③ Vgl. Wohlers, *Deliktstypen*, S. 315, Fn. 187.

④ 根据客观归责的风险创设原则，行为人是否创设了不被允许的风险，除了要判断一般人的认知之外，还要判断特殊认知对案件的影响。特殊认知的判断是对一般人认知的限制，可以起到反面排除危险性的作用，因此具有限制解释的作用。

⑤ 苏彩霞：《风险社会下抽象危险犯的扩张和限缩》，《法商研究》2011 年第 4 期。

那些表面符合犯罪构成要件，实质不具有抽象危险规范含义的行为予以排除。这其实也是通过行为主体间性的规范含义对抽象危险作出的解释，是抽象危险行为规范属性的体现。最后，限制解释也是有效纠正、控制个案不正义的检测方法。具体来讲，抽象危险行为，尤其是间接危险结构下的抽象危险行为，其正当性判断的基础在于间接抽象危险行为是否处于不受刑罚干预的“私人内部领域”。如在预备型抽象危险犯中，判断的标准是起到犯罪预备作用的事物是否具有典型的犯罪意义关联，以及针对这些典型的犯罪工具，行为人是否履行了相关的组织和安全义务。如果某一具体的抽象危险犯符合针对其所属风险类型的规范性标准，就说明该抽象危险犯所规制的行为已经不再处于“私人内部领域”，那么这一被检验的抽象危险行为的规定也就不具有正当性。

（二）允许反证方法

阿瑟·考夫曼认为，如果现实并不存在具体危险，单纯地对一般危险态度科处刑罚必然违背刑法责任主义，所以，应当允许对抽象危险行为进行反证，如果不允许行为人反证危险不存在的情况，就等于推定危险在任何情况下都存在，必然与刑法罪责原则不相符合。从司法诉讼程序来看，控方可以根据推定证明是否存在抽象危险，那么相应地，也应当赋予犯罪嫌疑人反证的权利。如果不允许反证，就可能出现某种特殊情况下不具有风险的行为也被形式化地认定为犯罪，不符合刑法罪责原则的规定。因此，从刑法责任主义原则的立场也不能采用司法实践机械适用法条判定抽象危险犯成立的做法。即使是抽象危险犯，尤其是这种距离法益更为遥远的间接类型，需要规范判断行为人主观上是否存在对后续犯罪的关联，意识到自我行为产生的危险性，具体考察行为是否具有对人生命的危险等规范含义，这也是设立抽象危险犯的不法价值所在。

我国很多学者也都支持对抽象危险犯，尤其是预备犯等反证空间更大的间接型抽象危险犯予以反证。如黎宏教授认为，即便是抽象危险犯也具有违法性的含义，而违法性的实质内涵就是对法益的侵害或危险，所以在完全没有危险性的场合也应当允许否定抽象危险犯的成立。[①] 张

① 黎宏：《刑法学》，法律出版社 2012 年版，第 92 页。

明楷教授也认为在具体案件中根本不存在任何危险的，也无法认定抽象危险犯。[①] 付立庆认为，抽象危险犯尤其是预备犯等间接型抽象危险犯，本身就属于对刑法的提前保护，存在着侵犯人权的危险，虽然它具有积极的预防功能，但也要予以严格限制，允许特殊情况下的反证与出罪。[②] 任何抽象危险犯都不是简单的法条规定，背后都含有“实质危险性”的不成文的构成要件要素，欠缺危险性的行为就不符合犯罪构成要件，抽象危险是否客观存在具有限缩抽象危险犯合理处罚范围的意义。

对于间接型抽象危险犯来说，要证明它的规范意义更加困难，它的规范性不在于符合法条规定的犯罪危险性，而在于与后续犯罪的犯罪意义关联性，只有当这个看似日常的间接型危险行为根据当时的具体环境、发生时点、地点场合等判断它具有刑法上规定的典型犯罪意义关联性，才能认定为有罪，否则就不符合刑法规范意义上的不法论。也就是从间接型行为结构的主体间性意义出发，综合判断该行为是否具有诱致或者惹起后续犯罪的高风险性，从客观方面出发判断间接型抽象危险行为对后续犯罪的支配关系以及控制义务，而不能仅仅依据刑法条文规定就构成刑事犯罪。同时结合行为人自身是否“明知”等特殊认知情况，切忌只从主观要素出发，陷入主观归罪的误区。根据客观实际情况对后续犯罪没有关联性的，应当允许反证出罪，不构成间接型抽象危险犯。

（三）利益平衡解释方法

利益分析、利益衡量等是从法实证研究中演绎而来的方法，经过德国利益法学派、美国社会法学派等法学流派的发展，形成更为成熟的利益法学理论体系。利益法学，又称目的法学，克服了概念法学或形式逻辑可能对案件造成的僵化处理，基于法规范保护目的和价值考量保证实质正义，合理权衡利益冲突等。[③] 自美国社会法学派创始人庞德，将利益进行了“门捷列夫元素周期表式”的分类研究，将利益主要分为个人利益、社会利益和公共利益等三大类，并且认为“利益是社会关系

---

① 张明楷：《刑法学》，法律出版社 2011 年版，第 168 页。

② 付立庆：《应否允许抽象危险犯反证问题研究》，《法商研究》2013 年第 6 期。

③ 王海桥、马渊杰：《我国刑法解释理论变迁中的利益衡量思考》，《中国刑事法杂志》2012 年第 5 期。

和社会需求在一定条件下的具体转化，体现的是社会主体对客体的一种主动关系，构成人们行为的内在动力”。[①] 利益法学由私法方法论逐步被引入进刑法学，并转化为目的解释、利益衡量解释等刑法解释方法和原则。根据利益衡量原则，将立法者基于立法目的创设的法益称之为“原生利益理论”，而司法者根据实际情况进行的独立价值判断称之为“创设利益理论”。[②] 利益法学允许法官从法规范中寻找弥补法律处罚的漏洞，批判19世纪中后期概念法学过于僵化的思潮，认为制定法都会存在漏洞，需要法律解释加以弥补，需要法官透过字面规定意义，对法条背后所蕴含的立法者目的和利益衡量等结合社会实际情况进行分析，尽管制定法可以限定法律处罚范围，但是利益法学与自由法学派一样都非常重视法的妥当性价值。[③]

利益法学鼓励法官在基本事实的基础上，对所涉各种利益关系按照立法者的利益价值取向进行分析和评判，这被著名法学家拉伦茨称之为法律适用方法论上的革命。要求法官在审理案件时不能机械地适用法律条文，而应该努力探索法条背后的立法原意以及各种利益的平衡。这就是利益衡量解释方法，不仅可以适用于法律解释，而且对科学立法也有很大帮助。

采用利益衡量解释方法，具体操作标准虽然比较模糊，但是可以作为其他方法的一个补充。而且通过利益衡量方法的发展历史我们可以看出，它是随着实证法学的发展演变而来，有其科学性和实证价值。随着机能主义刑法的发展，刑事政策更多地渗透、指导刑法立法，强调风险分配与目的刑法是规范刑法发展的机制，而决定刑事政策和刑法风险分配的往往是背后的利益衡量关系。所以，采用利益衡量机制是贯彻刑事立法精神的根本方法，也是其他方法的有效补充。间接型抽象危险犯作为制约后续犯罪的预防型犯罪，涉及对重大法益的侧防保护和限制公民自由权利的矛盾，平衡重大法益保护与公民个人自由是间接型抽象危险犯面临的主要问题，因此，合理使用利益平衡方法，只有在保护重大法

---

① 李翔：《刑法解释的利益平衡问题研究》，北京大学出版社2015年版，第279页。

② 转引自高金桂《利益衡量与刑法之犯罪判断》，台湾元照出版公司2003年版，第36页。

③ 杨仁寿：《法学方法论》，中国政法大学出版社1999年版，第70页。

益，以及涉及法益保护范围广泛、关涉基本社会秩序和行为规范的重大场合，远远比某个公民的个人利益更为宏大、更需要保护时，才能考虑设置间接型抽象危险犯。

（四）诉讼程序限缩方法

为了防范社会风险和严密法网，我国刑法已经出现了刑法前置化立法和抽象危险犯增多的现象，这些不断增加的轻微不法可以通过司法诉讼程序等予以限缩处理。因为间接型的抽象危险犯多是为了弥补法律漏洞，一般处罚并不严重，同时也出于实现社会预防功能的目的，所以即使构成犯罪，一般处罚也并不严重，大部分属于轻罪范围。可以根据犯罪规范保护目的判断“危险”是否需要处罚时，灵活通过多种诉讼机制予以处理。

本章小结

本章在讨论间接型抽象危险犯正当性的基础上，进一步提出间接型抽象危险犯的范围限定问题。因为间接型抽象危险犯属于对刑法立法的最强前置化扩张模式，虽然满足一定的条件能够成立正当性，但是如何设置这些条件、限定间接型抽象危险犯的成立范围、防止扩大解释等就成为立法和司法关注的核心问题。本章通过两节内容分别讨论了间接型抽象危险犯的学理限定、立法和司法限定等方法。第一节首先对间接型抽象危险犯的性质进行限定，分析间接型抽象危险犯应当属于“行为危险说”的规范属性，需要考察与后续犯罪的间接关联关系等，然后对间接型抽象危险犯的风险刑法理论进行限定，提出采用民主商谈论等规制风险刑法的扩张，并根据社群主义的义务责任要求、行为主体间性等特征对间接危险行为提供义务论基础和行为规范分析基础等，与“行为危险说”的规范属性相吻合。第二节对立法和司法限定的两个方面予以介绍。立法限定提出了四种限定处罚的思路，包括符合比例原则、针对重大法益的保护、要具有对后续关联犯罪的参与性和支配性、行为方式要更为具体和明确等。司法限定角度提出了合乎罪责原则要求的实质解释法、限定解释法以及利益平衡解释法等不同司法解释方法，防止其无限扩张，将其界定在合理范围内。

第六章

间接型抽象危险犯的归责

预备型抽象危险犯和共犯型抽象危险犯都具有中立性、间接性的客观行为特征，根据间接型抽象危险犯的处罚根据，既需要满足不法条件，即预备或共犯行为对后续犯罪行为存在“唯一的”“支配性的”“决定性”的犯罪关联意义关系，也要满足责任条件，通过客观情况判断行为人是否具有自我组织管辖领域内的控制义务等。但是，如何具体认定间接型抽象危险犯？间接型抽象危险犯的认定问题就是对其处罚根据的具体化，即判断间接型抽象危险犯是否符合犯罪构成的问题。如在网络帮助行为中，哪些帮助行为构成帮助信息网络犯罪活动罪？以快播案为例，其争议的焦点就在于快播公司的行为是否构成帮助信息网络犯罪活动罪。本章在已有认定标准的基础上进一步讨论如何规范间接型抽象危险犯的认定模式。

第一节　间接型抽象危险犯的归责标准

一　归责标准的理论争议

有关间接型抽象危险犯的归责问题其实是其处罚根据问题的具体化，根据前文对此类犯罪处罚根据的讨论，可以得出：单纯采用某一种判断学说，不管是主观说还是客观说都有片面之处，而应该采取折衷说，结合主客观两个方面进行判断。本节先梳理分析间接型抽象危险犯认定标准的相关理论争议，代表性的主要有以下两种折衷说：即罗克辛的“二元故意区分说”和美国学者贝克提出的归责三步法（Three-step Imputation Standard）等。如何准确判断这些表面中立、看似不具有危害性的行为是否构成间接型抽象危险犯，需要综合主客观两方面因素进行分析。

1. 罗克辛的二元故意区分说

折衷说以罗克辛为代表，他虽然主张客观归责理论，但同时对中立帮助行为的归责又过于强调主观方面，根据主观故意的不同，区分为“确定的故意”或“未必的故意”两种心态，犯罪心态不同，对中立性帮助行为的判断也不同，该学说因此被称为“二元故意区分说”，存在被主观方面钳制的诟病。他认为对于日常行为等造成的原因性风险提高是否具有可罚性，以前学术界很少注意到，司法判决也只是偶然地处理。而现在，随着风险社会背景下中立性行为的拟制正犯立法不断增加，现实中潜在的风险也更加复杂，才让这类中性帮助问题的讨论变得更为流行，也日益对司法判决形成挑战。虽然目前众多学说林立，但是还没有相对统一的答案。①

罗克辛认为“中立的日常行为”并不是真正的中立，而是借助合法形式掩盖非法目的的行为，其主要内容是指一般人在同样的情况下都会采取的行为，但是又被帮助者利用来实现不依赖于构成行为实行人的、为法所不容许的真正目的。② 根据帮助者的心态分为以下两种情况。

（1）帮助行为人认识到实行人的犯罪决定

如果中立帮助行为人对实行人的犯罪行为确切知道，同时行为人客观上的行为贡献也表明了一种“犯罪意义上的关联”时就可以确定可罚性。③ 这种贡献性的行为本身虽然具有合法性，但其实施的唯一目的就是让后续犯罪行为成为可能或者更加容易时，就存在犯罪意义关联。否则，当这个贡献性的帮助行为主要对行为人自身有意义，而同时又存在其他独立决定后续犯罪条件的，则不再具有犯罪意义关联。而且他认为犯罪意义的关联性判断需要根据行为人持有物品的性质、行为指向性

---

① ［德］克劳斯·罗克辛：《德国刑法学总论》（第2卷），王世洲等译，法律出版社2013年5月第1版，第156页。

② ［德］克劳斯·罗克辛：《德国刑法学总论》（第2卷），王世洲等译，法律出版社2013年5月第1版，第156页。

③ 转引自［德］克劳斯·罗克辛《德国刑法学总论》（第2卷），王世洲等译，法律出版社2013年5月第1版，第156页。

以及通过这种行为表现出的“唯一”的行为目的来确定。他举例肯定了沃勒斯判断犯罪关联意义的三种情况[①]：是否违反了确定的谨慎规范（如是否违反了枪支、危险药品或银行法的规定），是否负有保管或者帮助义务（德国刑法第13条，甚至还有第138条、第323c条）以及那种举止行为仅仅能够作为支持犯罪目的解释的案件（在一种合法的连接行为在实际上被排除的时候）。经过这三种不同程度的筛查就可以进一步限制帮助行为的可罚性。

（2）帮助行为人仅仅估计到实行人的犯罪行为

罗克辛认为，如果中立帮助行为人根据一般常识猜测自己的行为可能被用于犯罪，但并没有确切理由证明时，一般情况下，就需要根据信赖原则进行否定限制。为了规避这种根据主观心态内容而否定帮助行为可罚性的做法被认为是主观主义，他解释说，根据客观归责理论中的信赖原则判断这种未必的故意，已经可以排除被容许的风险，而不需要在判断“故意”时再分析这个问题，也就是说这个问题是根据客观归责而不是根据故意内容来判断的。此外，他也承认在特殊情况下，如果能提供更加详细的证据，能够说明犯罪适用目的的极大可能性时，帮助行为人也应该承担刑事责任。

蔡蕙芳认为罗克辛借助帮助“故意”的不同类型来解释犯罪内涵，目的其实是为了确认某个职业行为是否具有客观可归责性。如行为人如果没有犯罪的明显意图，职业人就可以信赖其不会利用职业行为犯罪。[②] 即使有促进犯罪的效果，也属于法所容许的风险，而不具有客观可归责性。她举例说明，对于网络下载服务的广告营销行为等，除非帮助者有促进正犯实现犯罪的意思，否则都不能过度认定属于可罚的帮助行为而认为有罪。[③] 但是这种见解忽视了客观归责主要用于正犯领域的

---

① Wohlers, *SchwZStr*117（1999）, 436; ders. *NStZ* 2000, 173. 转引自［德］克劳斯·罗克辛《德国刑法学总论》（第2卷），王世洲等译，法律出版社2013年版，第160页。

② 古承宗：《犯罪支配与客观归责》，（台北）元照出版公司2017年版，第149页。

③ 相关理论见蔡蕙芳《P2P网站经营者之作为帮助犯责任与中性业务行为理论之适用》，《著作权侵权与其刑事责任》，2008年版，第349页以下；反对意见见萧宏宜《P2P业者的刑事责任问题——ezPeer与Kuro案判决评析》，《法令月刊》第9期。

客观不法行为[①]，忽略了正犯对于犯罪实现是否或者如何具有可支配性，导致过于强调主观主义的弊端。

总之，罗克辛的主要观点如下：①日常行为属于经验论层次的讨论不能作为是否可罚的违法性问题来讨论，日常行为的性质要根据行为的目的来判断，否则形式化的讨论是没有意义的。②可罚性的判断也不能离开行为人的主观层面。他根据行为人认识的程度分为确定的故意和未必的故意。如果行为人明确认识到行为人的犯罪意图时就成立帮助犯，如果只是意识到自己的行为可能被犯罪利用时，仅仅属于未必的故意，根据信赖原则，原则上不处罚。③在确定的故意心态下，行为人对于自己实施的行为属于帮助犯条件的性质很清楚，即可承认其可罚性；但同时认为对正犯有意义而自身也合法的行为也可能不罚。④在未必故意心态下，对可能的犯罪不处罚。但是，如果被帮助人犯罪倾向明显，有确实证据可以证明他犯罪目的的高度可能性的，也能肯定可罚性。

罗克辛学说的主要特点在于强调主观心态是否确定，并以此作为判断中立帮助行为是否可罚的标准，具有心情刑法观的嫌疑，而且区分确定的故意和未必的故意也违背了刑法典中把二者共同作为故意的内容且具有相同法律效果的做法；而且该学说也存在着自我矛盾之处。这表现在罗克辛既然认为未必的故意不应该产生可罚性，但又认为当犯罪倾向明显时又应当肯定帮助犯的成立，其实最根本的原因在于，罗克辛的学说过度强调了主观心态的判定，但主观心态主要用来说明行为人是否具有危险控制的义务，完全可以作为客观化的不法要素来理解。按照这个理论逻辑，罗克辛就应该先判断中立帮助等间接危险行为等是否客观存在，然后再分析主观上是否有责任和义务。

2. 贝克的“先客观、后主观等”归责三步法

英美学者也针对此类犯罪的特殊性——间接危害行为具有过于宽泛性、范围模糊性等特征，提出了具体的归责步骤，即先判断客观行为是否具有支配性、决定性，然后再判断主观方面是否具有“明知”，最后以利益衡量说进行综合判断，这种归责模式遵循“先客观、后主观、

---

① Kindhäuser, *ZumBegriff der Beihilfe*, FS fürHarro Otto, 2007, S. 360. 转引自古承宗《犯罪支配与客观归责》，（台北）元照出版公司2017年版，第150页。

再综合判断”的方法，具有典型的意义。下面以贝克提出的三步法为例[①]进行说明：

第一步：事实伤害。间接危害行为要有造成危害结果的关联性，如果没有经验上常态的必然联系，就无法定罪，除非它是后续犯罪的“唯一”原因。

第二步：判断间接危害是否在某种程度上规范地参与了后续主要犯罪。也就是冯·赫希（Von Hirsch）所说的“行为人的行为在某种意义上肯定或承认了主犯的后续犯罪选择”的情况。这就意味着间接危害者的行为必须承保最终的伤害可能会发生，我们也可以理解为具有对后续犯罪的“惹起或支配”作用。西姆斯特（Simester）和沙利文（Sullivan）指出，“如果从犯打算采取协助或鼓励的行为，并且预见到主犯将继续犯罪行为，那么犯罪嫌疑人会感到满意”[②]。从犯的这种意图（或知识）及可预见性，规范地将他与主要伤害联系起来，因为影响（或鼓励）后续犯罪而承担刑事责任，如提供谋杀武器参与规范的方式，间接地帮助后续犯罪者实现这种伤害。[③]

行为人的主观心态成为判断间接危害与主要犯罪行为之间关系的关键。贝克把它分为两类，一类是“意图和宽松的知识概念”，主要因为客观行为之间的关系密切，仅一般知识就足够。在“库克诉Stockwel”[④]和“Cafferata v. Wilson”[⑤]中，酒店老板或枪支批发商将产品转售给无牌经销商。法院认为批发商也有罪，因为他知道无牌经销商没有合法执照仍然转售给其枪支。大卫·奥默罗德总结：“在这两种情况下，双方都有自愿进行的援助行为并有足够的知识，而且陪审团也应该发现他们旨在提供协助。”[⑥]从犯与后续主犯计划实施的犯罪之间存在密接关系，

---

① Dennis J. Baker, “The Moral Limits of Criminalizing Remote Harms”, *In New Crim. L. Rev.*, Vol. 10, 370, 2007, pp. 376 - 390.

② Jonathan Herring, *Criminal Law: Text Cases and Materials*, 2005, p. 828.

③ Glanville Williams argues that a person may be guilty as accessory simply by knowingly helping. See Glanville L. Williams, “Complicity, Purpose and the Draft Code - 2”, *In Crim. L. R.*, 1990, p. 98.

④ (1915) 113 L. T 246. 60.

⑤ (1936) 3 All E. R. 149.

⑥ David Ormerod, Smith & Hogan, *Criminal Law* 182 (2005). See also R. v. Bryce, (2004) EWCA (Crim) 1z31.

他们应当知道主犯的意图，而且选择了帮助，对他们归责是符合道德判断和要求的。第二类是通过鼓励或影响他人犯罪而进行规范性参与，[①] 当间接危害与后续犯罪关联关系较远，一般性知识不足以证明它对犯罪的影响或鼓励等规范性联系时，就要进一步判断间接危害行为者的目的是否影响后续犯罪。这种责任是基于“目的”的规范概念。正如威廉姆斯所指出的那样，因果关系的一般学说无须证明行为是否鼓励或影响了犯罪。但是，影响犯罪者的行为必须是间接危险犯正想达到的目的。

第三步：如果存在强大的经验连接，根据利益衡量原则允许调用优势（Override）参数。当间接危害与主犯间难以确定规范性联系，又有必要将其定罪以防止主要伤害时，德沃金认为，只能在国家战争、公共紧急等特殊情况下，社会成本超出原始权利所花费的成本足以支持基本权利时，对任何可能涉及尊严或平等的攻击都是正当的。[②] 这种压倒一切公平的理由最容易适用于为了避免灾难性后果而减损权利的情况。[③] 如携带“禽流感”病毒的人构成的威胁将允许覆盖公平约束，以便在合理必要的时间内隔离人群，以防止造成严重伤害的后果。

通过分析间接危险行为与后续主要伤害之间的规范性联系，我们能够规范地将刑事定罪限制在涉及相当可归责的范围内，排除无意中影响他人从事犯罪但不足以证明规范参与性的行为。

二　归责标准的理论评析

综合上述两种观点，从主观和客观的综合角度具体分析了间接型抽象危险犯的认定办法。虽然也存在一定的弊端和局限性，但是也给间接型抽象危险犯的认定提供了借鉴思路。

罗克辛的“二元故意区分说”能够从主观、客观两个角度分别考察是否存在犯罪意义关联性等，符合主客观相一致的犯罪认定原则。但该观点区分并过于强调确定的故意或未必故意两种不同的心态，并根据

① Glanville L. Williams, “Complicity, Purpose and the Draft Code - I”, *In Crim. L. R.* 4, 1990.

② Ronald Dworkin, *Taking Rights Seriously*, 1977, p. 200.

③ Andrew von Hirsch & Andrew Ashworth, *Proportionate Sentencing: Exploring the Principles*, 2005, pp. 53 - 54.

故意方式的不同决定要不要进行客观行为的归责，反而容易转入主观说的逻辑，成为主观说的变体，陷入完全根据主观心态的不同具体判断刑事责任是否存在的误区。因此，既要总结罗克辛学说兼顾主观与客观的科学性，又要进一步改造他以主观为主的“二元故意区分说”，合理安排主观要件的判断位序，采用先客观后主观的判断方法。

相反，贝克的间接危害归责三步法，强调了客观优先于主观的判断位序，首先以客观方面的促进行为是否具有对后续犯罪行为的“唯一”决定性作用，在此基础上考察主观方面的心态是否具有“宽松的知识”或者具有明确的后续犯罪“规范目的”。通过对客观证据进行考察来推定行为人是否具有明知，或者是否确实知道后续犯罪行为等，进而判断或推定“明知”是否存在，是否具有行为人自我管辖领域内的危险控制义务。最后，对于特别重大、紧急的情形可以根据利益衡量法比较判断。相对于罗克辛的折衷说，贝克的三步法立足于先客观、后主观，然后再进行利益衡量的方法，更具有科学、规范的指导意义。

该章第二节在借鉴上述两种学说的基础上，基于主客观相一致的原则，建构从不法和责任两种规范层面认定间接型抽象危险犯的归责模式。

第二节 间接型抽象危险犯的归责模式

间接抽象危险行为具有边界不明确性、范围过于宽泛的特点，是否属于不法范围很难认定。日本学者泷川幸辰也认为，预备犯行为本身就不具有定型性的特点，行为的起点和终点都不明确，主观目的也存在难以证明的问题。因此，建构规范的归责模式是明确此类间接危险行为不法性判断的重要步骤。

通过上述两种归责认定学说的分析，本书借鉴贝克的三步法归责模式，采用先判断客观后判断主观，最后综合各种因素进行利益衡量的规范分析思路，主张在机能主义刑法观的理念下，依据主客观相一致的原则，客观方面的判断可以借鉴犯罪事实支配论的实质分析方法，主观“明知”的判断需要结合行为人是否具有注意义务等，最后再进行综合利益衡量等分层次逐步展开，以此构建规范的归责模式。

同样，我国也有学者赞同此类犯罪的认定需要分别从客观的犯罪关联意义性、主观明知等两个角度对参与行为进行正犯化定位。[①] 另外有学者提出“中立帮助行为性”[②] 来说明间接型抽象危险犯的主要特征，也说明了帮助行为的相对独立性和相对于后续犯罪的关联犯罪意义特征，并进一步提出具体判断方法应考虑是否制造了不被法允许的危险，是否存在优越的利益需要保护，是否存在注意义务违反等进行综合判断。同时强调“帮助行为性”是对行为客观危险性的判断，而无须如罗克辛一样过度区分行为人的主观故意心态是否确定，不掺杂主观归责的因素。

根据间接型抽象危险犯的间接行为结构特征，客观方面要求其危险行为具有非定型性的特点，需要采取犯罪事实支配说实质化地分析与后续犯罪的关联意义；主观方面，需要具备指向后续犯罪的意志结构，即明知等。总之，在不法层面判断是否存在对后续犯罪的“行为支配性”关联，责任层面判断是否存在间接危险行为的控制义务等。在“归责领域”，根据义务来源性质的不同划分为“组织管辖”领域与“制度管辖”领域两种不同类型，分别作为不真正不作为犯和真正不作为犯的两种义务来源方式。

一　对后续犯罪“事实支配性”的判断

（一）犯罪事实支配理论

罗克辛的犯罪事实支配理论在刑法教科书上一直被作为从实质上区分狭义共犯与正犯的理论，通过分析哪个行为具有对整个犯罪进程的决定性、支配性的控制作用，从而判断哪个行为属于正犯。[③] 而这种对犯罪进程的控制、支配作用正是对犯罪构成要件的实质解读，必然具有指向犯罪构成要件的实质意义。罗克辛根据犯罪支配具体类型的不同，区分为直接正犯的行为支配、间接正犯的意思支配、共同正犯的功能性犯罪支配等，不管哪一种支配，体现的都是关联、指向犯罪构成的实质性意义，正是因为对犯罪构成实质意义的指向性、支配

① 于志刚：《网络犯罪与中国刑法应对》，《中国社会科学》2010 年第 3 期。

② 陈洪兵：《中立的帮助行为论》，《中外法学》2008 年第 6 期。

③ 许玉秀：《当代刑法思潮》，中国民主法制出版社 2005 年版，第 574 页。

性，周光权认为“积极作为”的行为方式和积极的犯罪事实支配之间其实是相通的。他认为既然可以用犯罪事实支配论来判断正犯是否成立，那么同样在单独犯的场合，对正犯的判断其实就是对直接正犯实行行为性的判断。所以犯罪事实支配说可以用来判断构成要件实行行为性，“属于由故意包含的对构成要件符合性的过程把握”，[①] 把构成要件的主观和客观方面共同发展成了行为支配的概念，并用以指导正犯与参与犯之间区分的准则，是因果共犯论和行为无价值论在共犯论中的表现。总之，犯罪事实支配说也当然适用于犯罪构成要件和实行行为的判断。

1. 作为犯类型：犯罪事实支配说

犯罪事实支配说同样可以用来解释实行行为论，因为犯罪事实支配说其实是通过分析原因对结果实现的作用力大小来判断的，是否具有“支配性”也是从规范意义上判断的，而不是单纯事实的判断。对犯罪事实的支配要从规范意义上来理解，是否具有正犯性的问题就是关涉到是否该当构成要件的问题，也就是类型违法的问题。一般来讲，犯罪事实支配是故意的规范支配，从实行行为论的角度来讲，就是由故意主导的对是否符合犯罪构成要件的判断。所以犯罪事实支配说以客观事实的因果性为基础，结合主观故意内容的不同，对照是否属于符合分则犯罪构成要件规定的行为，属于主客观相结合的行为无价值二元论观点，这也与通说共犯从属性说的观点相一致。

间接型抽象危险犯的客观要件以及行为结构需要进行实质规范化的判断。犯罪事实支配论如日本的重要作用说一样，都是作为实质解读行为论的学说，适应了风险社会发展带来的抽象危险犯、行为犯以及间接型抽象危险犯等复杂罪名判断的要求。间接型抽象危险犯的行为结构本来就是通过行为人的某种危险行为指向或关联后续犯罪的间接控制结构，往往表现为日常、中立的行为，单从形式上是难以判断其是否符合实行行为的，需要结合危险行为对后续犯罪的指向性和关联性等进行综合把握，结合行为的具体情境和行为的主体间性意义，根据一般人判断标准，进行事前危险的判断和推定，客观分析该行为

---

① ［德］约翰内斯·韦塞尔斯：《德国刑法总论》，李昌珂译，法律出版社 2008 年版，第 288—289 页。

是否存在对后续犯罪的实质支配性。不管是预备行为实行化，还是共犯行为正犯化或者持有行为等，都属于拟制化的实行行为，其危害性并不在于其本身，而是与后续关联犯罪的紧密关系。之所以把这些原属于周边或者外围的行为犯罪化，就是因为这些行为具有强大的经验连接，是为后续犯罪作准备或提供条件等，一旦这些条件准备完成，后续犯罪将不可控制，这些间接危险行为一旦具有了对后续犯罪或违法行为的关键支配作用，也就具备了上升为拟制实行行为的条件。因此，从根本上把握是否具有对后续犯罪的事实支配性是判断犯罪关联意义的关键。

从另一个角度看，也正是由于对正犯与共犯进行区分，才出现了根据刑事政策需要把个别非正犯行为予以独立犯罪化、出现了共犯行为正犯化等“拟制正犯”现象，如国外大量存在的自杀关联犯罪的规定，即文章第二章所提到的关联性犯罪，作为拟制正犯，其实行行为性就在于对后续关联犯罪的“事实支配性”与“后续关联性”，其实属于一种实质的区分正犯与共犯的理论学说、是以客观事实为基础的功能性判断方法。在“拟制正犯”或者“间接型抽象危险犯”的情况下，能够客观上支配后续犯罪行为，同时又具有意思操纵、实现对构成要件的支配的，就具有了间接型抽象危险犯的“犯罪事实支配性”特征，区别于形式的构成要件论或实行行为论，借助对后续犯罪行为的支配间接实现了使法益受损的关键力量，正是这种具有操纵性的力量实现了法所反对的风险。

2. 不作为犯类型：规范支配说与义务犯

除了把犯罪事实支配说运用于“作为方式”的实行行为论，许乃曼教授还想用它来解释不作为犯。他认为犯罪事实支配理论就是从因果进路分析原因对于结果的重要作用的，所以，不管是作为犯还是不作为犯都存在对结果的支配关系，只不过不作为是一种消极方式的支配。这样就实现了犯罪事实支配说对作为和不作为两种行为方式的适用，如果用犯罪事实支配说来解释不作为，其所谓的支配性需要通过不作为行为人的保证人地位是否对犯罪进程具有关键性的现实支配力，如果对犯罪事实具有同样的支配力也可以理解为一种规范性支配。虽然规范性支配并没有通过现实事实予以实现，但是具有与犯罪事实支配同样的效果，最后都对结果具有原因支配。[①] 通过这种规范化的解释，许乃曼试图把犯罪事实支配作为作为犯和不作为犯的共同上位概念。[②] 并根据作为义务来源的不同，具体分为具有保证人的监管义务、对危险源的控制义务、对危险共同体等陷入困境的共同法益的支配义务等。

其实，许乃曼用犯罪事实支配说来解释不作为犯是没有必要的。因为一般所谓的“支配”概念是从正向积极判断的，如果非要把不作为当作“支配”，只是属于假定的对法益无助性的支配，只能与作为支配共同统辖在“对结果的原因有支配”的上位概念之下。要判断是否具有“支配力”最终还要看行为人是否控制危险源、是否具有危险管理的义务，只能属于规范归属，用“支配”来统摄也不过是给义务犯强加了一个外衣。因此，不作为犯的支配其实是判断行为人是否违背了其特定社会地位或者被赋予社会期待的职责义务要求，保证人的特殊社会地位等成为塑造或者判断行为人特别义务的基础。所以，对于真正不作为犯来说，具有支配性的是行为人的作为义务违反，而不是存在论上的犯罪事实支配。[③]

所以，罗克辛对犯罪类型作出支配犯和义务犯的二元区分还是比较科学的。他从事实存在论的视角把作为犯归为支配犯，从功能性的规范视角把不作为犯归类为义务犯。支配犯的判断要从指向犯罪构成要件意义的行为的作用力上判断，对于间接型抽象危险犯来说，因为其实行行为的拟制性、对后续犯罪行为而不是犯罪结果能否发生的间接控制特征，决定了在判断其客观要件的关联犯罪意义时必须采用实质的犯罪支配分析，可以根据犯罪事实支配说来判断。而不作为的义务犯是对社会角色或规范义务的违反，一般表现为对义务的不积极履行。那么判断是否违反特定义务以及义务违反人是否具有支配和控制作用等成为义务犯

① ［德］许乃曼：《在莱比锡和维也纳刑法注释书中所呈现出来刑法修正后的德语区刑法学》，载许玉秀、陈志辉合编《不移不惑献身法与正义——许乃曼教授刑事法论文选辑》，（台北）新学林出版股份有限公司2006年版，第342页；廖北海：《德国刑法学中的犯罪事实支配理论研究》，博士学位论文，武汉大学，2009年。

② 许乃曼因此将罗克辛的义务犯归类成“保证人身份犯”，其支配力来自行为人事实上接近于相关法益而拥有了保护性支配地位。参见许玉秀、陈志辉合编《不移不惑献身法与正义——许乃曼教授刑事法论文选辑》，（台北）新学林出版股份有限公司2006年版，第590页。

③ 何庆仁：《义务犯研究》，中国人民大学出版社2010年版，第67页。

的核心。由此分析，犯罪事实支配论源于事实存在论的判断，义务违反属于规范的不法评价。前者事关不应该出现的事实支配，后者事关不履行义务的行为人态度。罗克辛区分的义务犯应属于真正不作为犯，根据相关法律明文规定或者具有特殊领域管理的义务，类似于后文雅科布斯的制度管辖义务，属于真正的不作为犯范围。除了制度管辖义务外，雅科布斯还提出了组织管辖义务，一般针对不真正不作为犯。所以，对于真正的不作为犯只要根据法律条文的明确规定判断行为人是否存在制度管辖义务即可判断是否构成犯罪，不再需要也无从分析客观行为的支配作用；而对于不真正不作为犯，既要分析客观行为是否具有支配性，同时也要分析是否存在对应的不作为义务责任。而本书中的间接型抽象危险犯，一般都属于不真正不作为犯，一方面要求客观方面的行为具有与后续犯罪的关联性、能支配或控制后续犯罪行为事实，另一方面又要求行为人对于这种危险行为具有控制能力和控制义务。这种意义上的控制义务即属于雅科布斯所说的组织管辖义务，后文中再作详细介绍。

（二）事实支配性的判断方法

间接危险行为对后续犯罪的发生具有不可替代的关键作用。某种情况下，间接危害行为可能是造成最终损害的“唯一”原因。从规范意义上来看，间接危险行为与后续犯罪行为有着紧密的逻辑关联。所以，判断间接型抽象危险犯成立与否的首要条件是分析其客观方面是否造成了对后续犯罪行为的关键风险，这种风险是否体现出与后续犯罪的意义关联。是否具有犯罪意义关联性需要通过是否存在客观事实进行判断。

间接抽象危险行为本身具有中立性的特征，很难与日常生活行为进行区分，如预备行为实行化、共犯行为正犯化等行为距离后续犯罪实行行为都过于遥远，如何判断这种与后续犯罪的关联作用，不能仅仅依靠主观方面是否知情，这样容易陷入主观主义误区，而是要立足客观方面判断是否存在实际上支配、控制后续犯罪的行为。这种行为的支配性需要对后续犯罪有关键作用，甚至是“唯一”作用。客观上存在的风险可能性对后续犯罪的决定性作用才是间接型抽象危险犯的“间接”危险性所在。所以达不到决定作用的中立、日常行为等都不具有可罚性。如为要犯罪的人提供饮食等，虽然也有关联关系，但是对于后续犯罪没有规范上重要的犯罪意义关联，当然不能归责处罚。再如帮助信息网络犯罪活动罪中，制作虚假网站、伪基站等行为本身就是后续犯罪的核心技术，就具有对后续犯罪行为的关键作用。

下面以帮助信息网络犯罪活动罪为例，依据中国裁判文书网提供的司法案例归纳出不同的网络帮助行为类型，分析在不同的行为类型下，如何根据犯罪事实支配性说具体判断与后续犯罪的关联意义。

1. 根据犯罪事实支配理论判断犯罪关联意义

（1）作为类型：采用犯罪事实支配说

间接危险行为本身具有其日常性、反复性、业务性等诸多特征，一方面具有日常合理性，另一方面具有行为边界的模糊性。以网络帮助行为为例，帮助行为的种类有很多，包括了网络接入行为、租号服务行为、改号软件行为等，这些行为是否具有与后续犯罪的关联性意义往往变得难以认定，需要具体分析判断。

犯罪事实支配说是主要基于间接危险行为对后续犯罪行为的因果关系是否具有支配性进行判断的。通过考察谁对犯罪发生的因果进程具有实质的事实支配作用从而判断得出，重视行为的因果支配力。这与前文第三章中提到的各种判断间接型抽象危险犯的理论学说，如“假定因果关系说”“相当因果关系说”等从因果关系角度来论述的逻辑有相同之处。如根据“假定因果关系说”，通过有帮助行为与没有帮助行为等的不同效果进行比对，从而判断该帮助行为对后续犯罪行为的作用大小或因果力大小，如果有关键性影响，即可得出帮助行为对后续犯罪行为具有犯罪关联意义。反之，则没有。具有同样判断逻辑的是“风险升高”“相当因果关系说”等，判断的核心也是看帮助行为在对后续犯罪的“促进力”，判断预备行为或者帮助行为是否对后续犯罪行为的法益侵害结果具有“支持性贡献”，是否创设了让后续犯罪变得更为容易的关键条件。也就是说，从事后角度观察，预备行为或者帮助行为的根本目的就是为了让后续犯罪变得更为容易或者变成现实而存在的。但是上述学说通过“假定”关系、“相当程度”或者“支持性贡献”的判断等，都存在着无法具体判断危险程度的问题。“相当程度”或者“支持性贡献”具体到哪种程度才构成犯罪，还是没有清晰的标准；而“假定因果关系说”所使用的假定逻辑也不够科学。相反，“犯罪事实支配说”以后续犯罪构成要件为指向，要求达到能支配后续犯罪事实发生的关键作用，提供了比较清晰的判断标准。

举例判断如下：如把刀卖给正在商店外打架斗殴的人，这种售卖行为对后续的伤害致死行为有着核心关键作用。相反，如果只是提供食物等给犯罪嫌疑人，这种帮助并不足以产生对后续犯罪的意义关联，只是属于生活帮助行为。再如，帮助信息网络犯罪活动罪的成立，一般要求为后续犯罪行为提供互联网接入、服务器托管等核心技术支持行为。如果这些核心技术不存在，将会导致后续犯罪难以进行。正因为这些核心技术具有决定后续犯罪能否发生的关键作用，所以此类犯罪一般允许对是否存在“明知”进行推定，即：只要有这些不法提供核心技术的行为，必然可以推定其对后续犯罪的关联性，这些犯罪技术对后续犯罪的发生具有关键支配性作用。网络帮助行为中的核心技术行为如提供特殊犯罪技术型（如提供钓鱼网站、改号软件等）、中立技术不作为类型（如租号服务等）已经具有了独立的实行行为性，即使不存在正犯，这些犯罪也具有影响范围大、波及面极广以及惹起后续犯罪的高风险性。所以，立法把这类具有犯罪事实支配作用的核心技术规定为帮助信息网络犯罪活动罪，也是充分考虑了这类行为对后续犯罪行为能否发生（不是对行为的危害结果）的独立支配作用的。

所以，根据犯罪事实支配说，独立支配作用才是判断这些间接抽象危险行为与后续犯罪之间关联意义的关键，如某些特定类型的信息网络犯罪技术本身就具有被犯罪活动利用的固有风险，这些犯罪技术就是为了犯罪目的而存在的。以“假定因果关系说”为例，即使行为人可以从其他人处获得犯罪技术也并不意味着否定了犯罪意义关联性，简单地判断因果关系能否被替代并不足以判断与后续犯罪的关联性，这种固有的被犯罪所利用的风险依然存在。而且，中立性的帮助行为本身就具有反复性、日常性等所谓“可替代性”的特征，“假定因果关系说”的逻辑也无从谈起。如同样是网络帮助行为，甲教会乙学会使用软件、乙用该软件去实施犯罪活动，相对于乙的犯罪活动而言，甲和软件服务商都对乙的行为具有帮助作用，但甲的帮助行为并没有对乙的犯罪起到决定性的作用，而是网络运营商的软件才是乙实施犯罪的核心技术，具有决定乙犯罪的关键支配作用。

（2）不作为类型：采用规范支配说

当然，犯罪事实支配说主要是判断作为犯或不真正不作为犯的，对于真正不作为犯，无从判断行为的支配性，最多属于“规范支配”的含义，只能根据“制度管辖”义务论，按照法律明文规定判断有无法律义务。如拒不履行的信息网络犯罪活动罪，它的行为方式主要表现为“不履行安全监管”的不作为方式，这类犯罪的责任认定主要是判断进行信息安全管理的网络服务平台商有没有履行安全监管义务并切实进行监督，这种监督义务的来源主要是法律条文明确规定的义务形式，也就是根据雅科布斯的“制度管辖”论进行归责的义务来源，主要包括“亲子关系、收养及监护关系、夫妻间特别信赖关系以及国家的强制关系，例如教育和服兵役义务”等，在我国现阶段主要是根据法律条文明确规定的义务，对于拒不履行网络安全管理义务罪来说，网络服务商的义务主要来源于相关法律条文的明确规定等，经监管部门责令改正而拒不履行义务的就成立犯罪。

2. 帮助信息网络犯罪行为的“事实支配性”

帮助信息网络犯罪行为提供特殊的基础支持对后续正犯具有明确指向性，明显体现出帮助行为对后续犯罪行为的事实支配性和紧密关联性。笔者根据中国裁判文书网的司法判决数据，主要归纳总结出以下三类。

（1）特殊犯罪技术支持类型。如彩票案。[①] 行为人制造虚假彩票网站软件，后有人购买进行诈骗。这种行为本身就属于提供犯罪技术类型，即使没有犯罪人介入使用软件也已经构成犯罪。还有提供改号软件等技术，这些犯罪技术类型体现了最强的犯罪支配性特征，一旦出现这类特殊的犯罪技术就必然以后续犯罪行为为指向，完全支配了后续犯罪能否发生。

（2）中立技术不作为类型。一些“中立技术”往往为后续犯罪起到了核心助力作用，如快播案，可以说没有这种技术就没有后续淫秽物品的传播，这种所谓的“中立技术”支配了后续犯罪行为的产生。快播的中立技术本身既可以上传分享合法内容，也可能上传淫秽视频等。

---

① 河南省三门峡市中级人民法院（2018）豫12刑终144号××林、××地诈骗二审刑事裁定书。

问题的关键在于，当各种证据证明快播服务平台应当知道长期有淫秽视频而放纵不监管时，就等于指向了对后续犯罪的放纵和间接支持。所以，快播案中的缓存技术，既是提供淫秽视频的来源与传播者，又是对这种淫秽视频危险源不予控制的不作为。不过这种支配性的中立技术行为是否要承担责任，一方面需要判断中立技术提供方是否对危险具有完全的控制支配作用，另一方面，还要分析行为人对这种支配行为是否有义务进行控制。对这种技术中立类型，判断行为人是否存在义务就变得尤其关键。而是否存在相关义务，要根据我国相关法律是否具有明文规定，是否符合雅科布斯的组织管辖义务论来判断。在我国，快播案中的服务平台商因为不积极配合行政审查、删除上传的淫秽视频录像，违反了监管审查的义务，构成了不作为类型的帮助信息网络犯罪活动罪，而对比日本“Winny”案最后之所以被判无罪，主要因为日本并没有相关P2P软件研发和服务提供行为处罚的规定，没有明确相关义务也就不具有可归责性而宣告无罪。

（3）服务对象放任型。这种行为的支配性体现在对服务对象的选择上。在既有合法服务对象又有非法犯罪对象时，如果行为人明知对方无资质、不合法或者存在非法犯罪的行为仍然提供服务时，就具有了对此类违法犯罪行为的支配性、决定性。如张某、刘某开设赌场案①中，温某提供技术支持的行为本身是中立的，但是在有可能知道对方是犯罪时仍选择继续提供服务，就属于对后续犯罪的放任行为，为开设赌场提供了非常关键的技术支持，这种对服务对象不加选择并存在放任故意的类型也构成帮助信息网络犯罪活动罪。这类似于英美学者讨论间接型抽象危险犯时提到的批发商售酒或者枪支给无牌经销商的行为，当选择指向非法时，将会导致后续犯罪的自然达成。

3. 帮助信息网络犯罪活动罪的“不法性”特征

（1）行为的相对独立性特征

第一种，特殊犯罪技术支持型。该行为独立性最强，虽然它有待于后续犯罪行为的实施才能对后续犯罪法益造成直接危害结果，但是这种技术本身已经起到了诱使后续犯罪发生的作用，具有针对不特定

---

① 广东省潮州市中级人民法院（2016）粤51刑终154号刑事判决书。

对象的独立犯罪技术特征，离开这类核心技术，后续犯罪也不可能完成，从此意义上说间接危害犯罪技术有着关键甚至是“唯一”的作用。此类网络犯罪技术主要有以下几种，如制作改号软件、外挂木马程序、外挂虚假彩票网站等，后续的诈骗犯罪行为离开这个关键技术就无法开展。

第二种，提供中立技术不作为类型。虽然作为中立的技术平台，如深圳快播案中，网络平台管理方在众所周知该网站已经存在大量的淫秽视频时，作为网络平台方放任不管，继续提供核心的缓冲帮助技术，为后续犯罪起到了核心助力作用，成为后续淫秽视频大量传播的关键。可以说没有这种技术就没有后续淫秽视频的传播，这种所谓的“中立技术”支配了后续犯罪行为的产生。

第三种，服务对象放任类型。如果批发商没有尽到谨慎义务，把国家管制类的特殊禁用品，如枪支、弹药等，故意或过失销售给无牌照经销商，而无牌经销商只要销售这种禁用品，就构成犯罪。类似的还有租号服务，既有合法服务的对象，但同时也会被网络电信诈骗行为所利用，如果明知对方是犯罪仍然继续维持网络服务不中止帮助行为的，就构成帮助信息网络犯罪活动罪；如果后续积极维持服务并扩大业务或者参与犯罪分配的，则构成后续犯罪的共犯。这种类型的中立帮助行为也不同于传统的共犯行为，具有相对独立性的特征。

（2）行为具有面向不特定多数人的特征

首先，间接危险行为的独立性还在于它“一对多”、面向不特定多数人的行为特征，一种外挂虚假彩票网站的行为，可以对应多起利用外挂虚假彩票网站的诈骗行为或诈骗罪，所以当后续犯罪因为“违法量”不足不构成犯罪时，间接抽象危险行为可能因为引发多起后续犯罪行为不断累加从而达到帮助信息网络犯罪活动罪要求的“情节严重”的程度。[①] 其次，帮助信息网络犯罪活动罪并不要求帮助的一定是信息网络“犯罪”，而只要是“犯罪活动”或违法活动即可。而且在我国刑法条文上“犯罪”的使用也包含了构成犯罪和符合犯罪构成要件但是不可罚等两种情况。因此，司法实务部门大多是在发现更

---

① 闫二鹏：《共犯行为正犯化及其反思》，《国家检察官学院学报》2013 年第 3 期。

为严重的后续犯罪行为时，才对帮助信息网络犯罪活动行为进行处理，但其实这种做法还是过于被动。因为实际情况可能是某个外挂虚假彩票网站或改号软件的网上传播使用特别广、危害性也非常大，如果后续犯罪不成立或者没有被发现，就导致我们对这种传播很广的危害行为无法进行处罚，不利于对公民合法权益的保护。帮助信息网络犯罪行为固然需要借助后续犯罪，但是它本身也具有独立性、类型化、间接性的客观特征，这对后续犯罪来说也是诱因，具有引起后续犯罪的“复合型结构”特征。因此，间接危险行为有单独成罪的必要，它与共同犯罪并不相同。

（3）间接危险行为“借助于”而不是“从属于”正犯行为

对共犯正犯化类型来说，真正危险或危害结果只有等到后续犯罪行为发生才得以实现，但并不影响共犯行为正犯化的独立性，它只是具有相对于后续犯罪的间接支配与惹起的意义。正犯化的实质含义，根据罗克辛的犯罪事实支配论，具有支配力的行为才是正犯；据日本观点，则是重要作用说，即起到重要作用的行为为正犯。根据我国共犯最小从属性说，即共犯的成立只要正犯符合构成要件特征即可，不需要违法性和可责性都同时成立。而共犯最小从属性说与中立帮助行为成立的帮助信息网络犯罪活动罪之间的不同在于，根据共犯最小从属性说，共犯的成立仍“依赖于”正犯的成立；而帮助信息网络犯罪中的帮助行为则是后续犯罪的先发诱因，所以，这类行为就是以广大网络媒体为对象，提供犯罪“产品”或者放任犯罪“产品”，有典型的“一对多”的独立特征，并不依赖于后续犯罪的成立，“借助”并不等于“从属”。可以说帮助信息网络犯罪并不是以某一个犯罪行为为帮助对象的，而是网络上所有可能犯罪的行为。所以，帮助信息网络犯罪具有独立性，与共犯论的最小从属性说也不相同。也就是说，在共同犯罪区分制下，我国的间接型抽象危险犯应当根据犯罪事实支配说判断自身的独立危险性，后续犯罪行为则变成间接危险行为因果发展过程的表现。

总之，帮助信息网络犯罪活动行为表现出独立性、“一对多”的不特定性、非从属于正犯性等特征，这些行为特征都是基于网络帮助行为对后续犯罪的支配性作用，反过来说，正是间接抽象危险行为的这种支配性特征才让其本身不具有定型性、直接侵害法益或危险的“预备、帮助”等间接危险行为可以上升为独立的实行行为，从而具有了拟制实行行为的独立性、非从属性和间接危险性等特征。

二 对“明知”的规范判断

除了从事实经验层面判断看似中立的间接危险行为是“唯一”“支配”“诱发”后续犯罪的关键原因之外，还需要对二者之间的关联意义进行规范性的判断。可以制定规范性参与的办法，来解释什么时候将责任归咎于间接伤害行为者是公平的。在那些无法建立规范性参与的情况，除非能够证明压倒公平约束的理由，否则就不能将间接危险行为定为刑事犯罪。

随着风险社会背景下罪责判断不断客观化的趋势，如何对间接型抽象危险犯进行规范化归责，成为认定此类犯罪的又一难题。因为间接型抽象危险犯的间接指向性也包括主观方面的目的指向性，这种目的指向性往往表现为此类犯罪的“明知”+“规定”模式。因此，如何规范理解“明知”的含义也是规范认定此类犯罪的重要内容。对于“明知”的含义，学者们意见各有不同。一种认为“明知”就是确切地知道，另一种认为“明知”包括确切知道和应当知道。笔者赞同第二种意见。因为“明知”除了作为判断行为人注意规范的依据，同时也表示对后续犯罪的关联，属于不法判断的基本要素。

1. 明知作为不法判断要素

学界往往有一种误解，把“明知”当成是本罪的明知，当成间接型抽象危险犯的主观构成要件。但其实这个明知只是对后续犯罪的一种认识，相对来说，本罪的主观方面则是在这种认识下的一种放任，是对自身危险控制义务不作为的“放任”。这种不作为表现为对后续危害结果的间接故意，对于本罪的主观构成要件则是直接故意。如对积极制作伪基站、挂售虚假网站的行为，行为人是直接故意。但是对于后续要发生的诈骗犯罪等而言行为人则是间接故意。对于间接型抽象危险犯而言，因为具有关联后续犯罪的行为结构，除了要求客观方面的行为支配性以外，还需要主观方面对后续行为具有目的指向性，这种目的指向性可以通过犯罪事实心态上的认知直接查证，也可以通过客观事实情况推定判断。

这种根据客观事实情况并结合一般人判断标准对是否存在“明知”进行推定的做法体现了风险社会下罪责判断的客观化。根据目的行为主义的观点，目的就是行为的本质要素，故意也与行为一起被视为违法要素。在风险社会下基于风险的难以预测和难以支配性，直接进行风险分配与风险预防的前置化立法不断增加，例如预备型、共犯型等间接型抽象危险犯都属于此种类型。主观要素证明被进一步弱化，主观心态更不明确，行为人危害社会的故意更加难以确定，出现了罪责判断客观化的趋势，出现了更多通过客观构成要件或者客观条件等来推定主观责任的做法。如德国学者弗里施（Wolfgang Frisch）提出“风险说”，只要有风险认知行为就满足了故意行为要件。[①] 不需要认识危害行为与因果关系，即使对行为类型的客观构成要件有认识也只不过是对结构与性质已经发生改变的行为类型的认识。[②] 只要行为人对其行为可能制造的法所不允许的危险有明知，即使对具体危害结果事实上并不能明确地知道，该危险所实现的客观危害结果也应当属于故意的主观责任范围。[③] 间接型抽象危险犯一般都要求对后续犯罪行为的“明知”，其实反映的是行为人对事实情况的把握，也是判断行为人对相应义务是否履行以及能否履行的实际情况，反映的是行为人的认识和控制危险的能力。

需要做出区分的是，在特殊认知情况下，行为人的“明知”材料是判断他是否违背义务的事实材料。要根据行为人是否存在认识和控制危险的能力，这些能力是判断行为人是否遵守法律义务的前提。如果行为人没有“明知”，就不能对其科处超出其能力范围的义务。如果行为人有“明知”，就应该按照明知情况下的一般人标准，控制自己的危险行为不导向后续侵害后果。所以，“明知”的特殊情况，应当纳入犯罪事实判断的范围，也是判断是否属于行为人个人组织管辖内义务的根据，如毒蘑菇案例，如果服务员大学生没有“明知”，根据其作为服务员的社会角色他并不具有对毒蘑菇致人死亡的刑事责任。但实际情况

① 转引自周铭川《风险刑法理论研究》，上海人民出版社 2017 年版，第 98 页。

② 董泽史：《风险刑法行为错位论》，《国家检察官学院学报》2011 年第 6 期。

③ Wolfgang Frisch，Vorsatz und Risiko，*Carl Heymanns Verlag*，1983，S. 74.

中，大学生对此是“明知”的，仍然继续端给顾客吃就属于间接故意的杀人行为，当然违反了在自己组织领域内不得侵害他人的义务，需要为自己行为承担刑事责任。在此意义上，“明知”也是判断行为人是否具有组织管辖领域内危险控制义务的根据。“罪责概念的发展不得不取决于针对人的内心世界的义务的概念与本质，也只有如此，罪责所特有的规范性特征才能被理解。”①

2. 明知的内容

(1) 明知包括“应知”

从立法规定来看，我国《刑法》第 14 条对故意犯罪的规定似乎并不排斥“应知”。但《刑法》第 219 条第 2 款又出现“明知”与“应知”并列规定的情况，这两个法条规定的精神并不一致。根据我国有关的司法解释可以得出，“明知”就是对行为人是否认识具体事实的司法推定，属于证据法上的含义。② 而且我国司法实务中也存在通过司法推定从而判断“明知”中包括“应知”的典型案例。③ 所以，从立法规定和司法实务认定来看，“明知”是应该包括“应知”的。

但是也有否定说的观点认为，如果把“明知”理解为“应知”，就是把过失犯罪也包括进来，这与刑法总则要求过失犯罪要有法律明文规定才处罚的原则相违背。但这种理解是片面的，只有把“应知”理解为“根据事实推定行为人具有明知”才具有合理性。但是“肯定说”的观点则认为这里的“应知”应当理解为“推测的知道”或者“明知的可能性”，当然也还有学者主张用“可反驳的推定”来代替“应知”的含义。④“应知”与“明确地知道”一起共同构成“明知”内涵。

① ［德］弗兰茨·冯·李斯特：《德国刑法教科书》，徐久生译，法律出版社 2000 年版，第 253 页。

② 李冠煌、吕明利：《帮助信息网络犯罪活动罪司法适用问题研究——以客观归责方法论为视角》，《河南财经政法大学学报》2017 年第 2 期。

③ 李冠煜、吕明利：《帮助信息网络犯罪活动罪司法适用问题研究——以客观归责方法论为视角》，《河南财经政法大学学报》2017 年第 2 期。

④ 王新：《我国刑法中明知的含义和认定——基于刑事立法和司法解释的分析》，《法制与社会发展》2013 年第 1 期。

例如，在“杨某帮助信息网络犯罪活动案”[①] 中，杨某明知林某等实施犯罪，仍然为其犯罪制作非法网站并进行网络维护，提供核心技术服务与支持并达到情节严重的，法院认为，杨某为犯罪诈骗团伙进行网站维护，并非其业务行为，根据杨某的能力和实际情况，应当推定为明知。在本案中，法院在判断杨某的主观心态时，直接使用了根据杨某个人的认知能力，应当推定为明知的处理，其实就是对“明知”包括“应知”的一种肯定态度，尽管杨某对于主犯的诈骗行为可能仅仅是一种猜测，但是这种猜测其实已经包含了杨某对自己的网站维护行为并没有进行谨慎的审查，放任了可能犯罪情况的发生。根据案件客观实际情况和杨某的个人认知能力完全可以推定为明知的，当然构成帮助信息网络犯罪活动罪。

又如“何某等帮助信息网络犯罪活动罪”[②] 中，法院对何某等人的主观心理也进行了推定，虽然公诉机关是以诈骗罪为由进行起诉，但何某等人并未参与分红、事先也无共谋，何某等人主要对游戏进行分包、分级设计，虽然知道涉案游戏被用于犯罪却仍然提供技术支持，存在间接故意的放任态度，推定成立“明知”，构成帮助信息网络犯罪活动罪。

（2）应知的判断

间接型抽象危险犯中“明知”的含义应当包含“确切知道”和“应知”，对于“应当知道”的判断，为了防止司法机关过于扩大刑罚处罚圈，建议设立一系列的审查条件，可以通过以下步骤展开：首先，查明行为人有没有判断的能力和义务。这是对行为人自身认识和控制能力条件的审视。其次，确定行为人是否具有违法性认识的可能性是判断其守法义务的基础。最后，在行为人有能力、有义务认识，也具有违法性认识可能性的情况下，就需要确定行为人有没有积极查明自己的行为可能会被后续犯罪行为所利用。具体判断的方法主要有如下几种观点。

第一，综合判断说。有学者提出应当综合案件的实际情况，综合考察行为人是否存在异常的表现以及是否存在逃避侦查等行为，但是也不

---

① （2017）苏0412刑初437号刑事判决书。

② （2018）粤1972刑初932号刑事判决书。

表 6－1　　杨某帮助信息网络犯罪活动案

案号	案由	判决结果	涉案金额	依附于主犯事实	主观是否明知	行为方式	定罪原因（是因为共犯还是想象竞合）
（2017）苏0412 刑初437 号	诈骗罪	杨某帮助信息网络犯罪活动罪	154.84 万元	参与犯罪诈骗团伙的网站维护，非业务行为，根据能力应当明知	根据认知能力，应当明知	制作非法网站并维护，提供技术支持	与主罪诈骗罪相区分。杨某明知林某等犯罪，仍为其犯罪提供网站维持技术服务并帮助支付结算情节严重的

表 6－2　　何某、姚某、刘某等帮助信息网络犯罪活动案

案号	案由	判决结果	涉案金额	依附于主犯事实	主观是否明知	行为方式	定罪原因（是因为共犯还是想象竞合）
（2018）粤1972 刑初932 号	诈骗罪	帮助信息网络犯罪活动罪，何某有期徒刑 1.3 年＋1 万元/姚某、刘某有期徒刑 1 年＋0.3 万元	5862.34 万元	主犯涉嫌诈骗另案处理，检察院以共犯起诉	推定间接故意，放任	游戏分包、分级设计	未分红，知道涉案游戏被用于犯罪却依然提供技术支持，但事先无共谋

能仅仅根据异常情况就简单降低证明标准等，而应当通过这些异常行为按照一般人标准推定行为人可能知道从而认定“故意”的存在。[①]

第二，“不反对”的宽松意图。英美法上主张，“一般的知识和宽松的意图”就是以一般人的客观判断为标准出发认为后续犯罪有可能发生，这种判断是以客观行为与后续犯罪的紧密关联为基础，行为本人并不反对，采取的是积极或消极认可的态度。这种情况要求处在行为人能认识并控制后续犯罪发生的范围内。如果造成的后果范围过于宽泛，超出了一般人认识和控制的标准，那么司法认定也很难进行，该类犯罪就属于过度立法行为，不具有妥当性。

第三，“过半数原则”。如果行为人存在推测的知道，根据客观情况可以推定行为人明知的，仍然要追究刑事责任。日本学者松原芳博认为中立帮助行为人对于后续犯罪只具有“推测的知道”。一般来说，中立帮助行为人对他人犯罪只存在间接故意的放任心态，可以根据事实情况进行推定，按照行为人的认识程度是否超过“过半数原则”判断行为人是否具有主观“明知”。[②]“过半数原则”主要是司法机关为了更加科学地判断中立职业行为是否具有过多参与违反犯罪活动的证明办法，通过比较中性职业行为提供的是合法服务还是违法犯罪服务的客观比例分配，如果为违法犯罪提供的服务超出了其职业行为的过半数以上，就可以推定行为人对后续违法犯罪具有业务上“明知”，可以认定刑事犯罪。

第四，可以从正反两个角度进行推理说明[③]。对于认识错误，有证据认为对方并不知道是否存在后续违法犯罪行为而为其提供技术帮助的，即使他人真的实施了网络犯罪活动，也因为不存在主观方面的规范认识，不能从客观上合理推定行为人应当知道，那么此帮助行为可以不受到刑法规制。我国有学者认为，要根据具体的情况来判定，如果行为人一开始就明确知道自己在为后续违法犯罪行为提供帮助的，包括网站维护、广告支持、技术服务或广告结算等，尽管行为人后来才参与，也

---

① 刘志伟:《主观明知的内容、程度及证明》,《人民检察》2007 年第 21 期。

② 张春:《法条和罪名下的犯罪若干问题研究——基于〈刑法修正案（九）〉第 29 条》,《网络犯罪研究》2016 年第 2 期。

③ 李冠煌、吕明利:《帮助信息网络犯罪活动罪司法适用问题研究——以客观归责方法论为视角》,《河南财经政法大学学报》2017 年第 2 期。

不影响其行为构成“明知”的情形。

（3）间接型抽象危险犯的“明知”

间接型抽象危险犯“明知”的判断，就是判断行为人是否对后续关联犯罪的发生具有相应的认识和控制能力。首先，就判断的标准而言，对行为人认识和控制能力的判断要基于一般人的认识和控制能力为标准，同时参考行为人自身的特殊认知或者特殊情况等进行综合性分析。① 其次，就明知的对象来说，间接抽象危险行为人要对后续可能发生的违法犯罪行为具有预见可能性，这种预见主要是针对后续犯罪行为的发生可能性进行的判断，不需要对后续犯罪结果的发生一定有认识，只要认识到后续犯罪行为具有侵犯法益的危害或危险即可。即使能预见到“他人利用信息网络实施犯罪”等行为，也并不需要后续犯罪行为一定现实发生，只要是为这些犯罪发生提供帮助条件即可。因为间接型抽象危险犯本身就具有独立性，不存在对正犯的依附性或从属性，更不要求后续正犯成立，不要求具备后续犯罪成立的全部要件，只要对后续犯罪有“明知”即可成立帮助信息网络犯罪活动罪。

一般来说，根据间接型抽象危险行为的独立性危险就可以推定出行为人对后续犯罪行为是否具有认识和控制能力，反映出行为人是否具有明确目的。反之，如果后续犯罪行为的范围过于广泛，超出了一般人的理解和预测范畴，无法根据客观间接型抽象危险行为推定，“间接型抽象危险犯的设立就值得质疑”②。该学者举例说明，如《刑法》第120条之二规定的“准备实施恐怖活动罪”，规定了几种不同种类的预备行为，如“准备凶器、危险物品或者其他工具”等，从这个预备行为可以明确推定存在对后续犯罪行为的预见和认知，具有明确的目的指向性，也可以判断该罪名规定具有合理的认定范围。但是，如果预备犯的规定过于宽泛超出了一般人理解和预测范畴，该罪名规定的合理性就值得商榷。如《刑法》第287条之一的“非法利用信息网络罪”虽然列举了不同类型的违法犯罪行为，但是存在过于宽泛的特点，如把设立通讯群组发布违法、淫秽信息等都包括在该罪的处罚范围之内，甚至包括了一般的违法活动等，这种规定或许会给行为人带来过重的注意义务，

---

① 李川：《危险犯的扩张逻辑与正当性思考》，《法学评论》2017年第3期。

② 李川：《危险犯的扩张逻辑与正当性思考》，《法学评论》2017年第3期。

超出了一般行为人的认识和控制可能性范围，不符合间接型抽象危险犯主观认识和控制可能性的要求，无从判断“明知”的注意范围，其合理性值得商榷。

三　行为人危险控制义务的判断

（一）雅科布斯的义务论

有关犯罪事实支配论的观点主要分析的是行为的不法性，对这种间接危险结构如何归责，则需要参考雅科布斯的义务论。犯罪事实支配论分析了间接危险行为对后续犯罪行为的惹起或支配作用，但对这种并没有直接侵害后续犯罪法益的“间接危险”行为进行归责是否违背了“自我答责原则”？如何对看似“中立的”预备行为或帮助行为进行归责，就需要分析是否存在对这种“中立行为”的危险控制义务。

雅科布斯的义务论应该说是机能主义刑法理论的极致，如果说罗克辛的规范论是建立在事实存在论基础之上的折衷体系，那么雅科布斯的理论则是将罗克辛刑法理论中的存在论倾向再予以规范化，完全以目的设定和价值评判为导向，从社会规范所期待的层面对违反规范管辖的意义进行重新理解。[①] 雅科布斯通过引入卢曼的法社会学思维范式，构建了独特的机能主义刑法观，完全从社会规范的层面反观个人的体系地位和社会规范意义，区分了自然层面的个体概念与社会层面的人格体的概念，形成了从个体—人格体—规范—刑罚的刑事责任逻辑体系。社会共同体的存续需要依赖个体相互之间共同尊重与信赖的联系即规范，社会就是规范性相互理解的世界。现实社会都是根据规范期待的人格体相互沟通维系的世界，而不能简单地看作自然意义的个体组合。只有基于人与人之间相互期待的“人格体”交往才具有现实社会意义，每个人格体也对他人存在相同的规范期待。作为考察原点的个体只有借助“规范”才能上升为社会的人格体，从刑法意义上来说才具有构建机能主义犯罪论体系的基础。那么如何确定规范的含义就成为维持社会秩序的前提。在这一体系中，所有概念都不过是规范性地确定管辖的层级概

---

① 何庆仁：《义务犯研究》，中国人民大学出版社 2010 年版，第 23 页。

念。管辖也就成为“谁如何对什么负责”的归责基础。[①] 与规范概念对应的“管辖”概念因其“义务内容”成为逻辑构建的原点，即根据不同的规范期待产生不同的义务。

雅科布斯义务论也与积极的一般预防论有关，他认为责任范围的确定主要不是来源于“他行为的可能性”，而是来源于对规范信赖的必要性。他认为行为概念的理解不是从自然意义甚至韦尔泽尔的主观目的意义上理解，而是要从社会的客观关联意义层面理解。同样，对行为人的责任判断既不在于对所作行为的“报应”或者“预防、矫正”，而是为了满足社会需要和规范期待，根据社会需要的外部赋予来确定，行为人的责任归属属于“积极一般预防的衍生物”。[②] 因此，他认为刑事归责的主体主要不在于直接引起或支配行为的人，更关键的是对支配这种关联犯罪行为负责的人。因此，雅科布斯在罗克辛犯罪事实支配说的存在论基础上，更进一步提出了犯罪事实支配行为应当承担责任的依据。支配犯需要根据组织管辖领域范围内的行为具有控制义务来归责；义务犯则需要根据制度管辖内相关法律明文规定的义务等判断责任归属。对于间接型抽象危险犯来说，因为其间接型的危险行为，如预备行为实行化、共犯行为正犯化等都不具有完整的因果结构，属于拟制化实行行为，其行为结构类型是否具有犯罪意义关联性的判断难度更大，需要结合犯罪事实支配论进行实质化解读，一般来说，间接型抽象危险犯都需要有积极的支配行为。而处罚这种中立性关联行为的根本原因在于，该支配行为违反了自我组织管辖领域内的危险控制义务，也就是雅科布斯组织管辖义务。雅科布斯的组织管辖相对于制度管辖，二者都属于个体管辖领域的两种不同类型，分别对应着刑法上消极义务与积极义务两种义务类型。

1. 组织管辖领域义务

根据组织管辖义务论，社会个体有意识地组织自己的行为并在这一组织内部对行为引发的后果承担责任。根据法规范要求，其不能支配自

---

① 何庆仁：《德国刑法学中的义务犯理论》，陈兴良主编《刑事法评论》第 24 卷，北京大学出版社 2009 年版，第 254 页。

② ［德］雅科布斯：《行为 · 责任 · 刑法》，冯军译，中国政法大学出版社 1997 年版，第 1 页以下。

己的行为去侵害他人的法益。反映在规范内容上即是“尊敬他人为人格体并避免破坏他人组织范围”的消极义务。[①] 即行为人不得实施有损他人法益状态之行为。由此得出，行为人在自己组织领域内的活动受其支配，在组织管辖内部如果行为人自己决定侵害他人之法益就违反了消极义务。这种消极义务赋予了行为可罚性的前提。如果考察整体案件事实可以认定行为人对法益侵害流程具有现实支配，但行为人却违反了消极义务对组织领域内的行为不予管理控制时，就应当以正犯归责。组织管辖内部的作为义务根据来源不同可以划分为不同类型，包括先行行为产生的义务、危险源监督义务、自愿接受行为产生的义务、因组织管辖而应防止他人自残的保证人义务等。因此当行为人违反上述义务实施中立帮助行为时，就应当对此危险行为进行归责。

以快播案为例。在专家分析快播案的行为方式时，认为它既是作为又是不作为。之所以认为是“作为”，是因为它确实利用了缓存的中立性技术为淫秽视频的存储和传播起到了实质性作用，正是这种缓存技术实际支配了淫秽视频的存储和传播，属于作为的方式；说它又属于“不作为”，是因为其对自己网络平台的中立技术不进行筛查和管理。中立缓存技术看似属于它自己的业务行为，根据雅科布斯匿名交往的社会规范要求，这种中立的技术服务属于职业行为，规范上不具有违法性，行为人也就不应当为其中立行为负责。但是快播公司对于自己网站存在大量淫秽视频并且广泛传播的事实是明知的，对淫秽视频的禁止性、违法性也是明知的，这种明知已经打破原有的中立职业行为性，快播网站应当对这种危险行为承担管理责任。快播网站对危险行为是明知的，很清楚对于后续犯罪的关联危险意义就是造成淫秽视频的大量传播。根据雅科布斯观点，对于行为人在自己组织管辖领域内能够控制而不控制的行为，就违反了不能侵犯他人法益的组织管辖义务，应当承担对危险行为不予控制的管理义务，构成“拒不履行网络安全监管义务罪”，又因为其缓冲技术可以视为一种传播，又构成了传播淫秽物品牟利罪，构成两罪的想象竞合，从一重罪处理，即按照传播淫秽物品牟利罪定罪处罚。

---

① 何庆仁：《义务犯研究》，中国人民大学出版社2010年版，第26页。

根据雅科布斯的组织管辖义务论，间接型抽象危险犯归责的根本原因在于行为人没有对自己输出的犯罪关联危险进行控制，对于自己管辖领域内的活动应当妥善管理而不予以管理的，就要承当危险控制义务的责任。以帮助信息网络犯罪活动罪为例，如果帮助者对于自己输出的风险有可能会带来后续犯罪的危险具有明知，对于自己管辖领域的风险活动应当及时删除或者控制而没有做到应尽义务的，就要承担不作为的刑事责任。在"帮助信息网络犯罪活动罪"中，如行为人建立钓鱼网站、制作改号软件或者为网络犯罪行为提供租号服务等行为，即使行为人不知情，但是根据客观情况可以推定行为人具有支持后续犯罪发生的故意的，行为人就违反了对自己危险行为的管理控制义务，属于对自己组织管辖领域的危险行为不予控制，违反了雅科布斯义务论要求的"不得侵害他人法益的义务"，应当追究其帮助信息网络犯罪的刑事责任。

2. 制度管辖领域义务

根据制度管辖义务论，基于特定的社会制度或社会关系，要求社会中的个人都要承担法规范赋予的固定社会角色。社会成员为了整体共同的社会秩序或者相互信赖就必须承担起制度对其赋予的义务。"体制赋予了一部分市民以自己的行为增进体制内其他成员福利的积极义务。"①每个个体按照社会制度的要求共建良好社会秩序，履行积极的作为义务——团结义务。当然，国家为了社会秩序的良好运行，同时也要保障公民自由，也不能随意强制过多的制度义务，防止泛道德化义务的过度干预。一个制度性的体系或社会关系总是被先行确立的。因此，行为人如果怠于履行这种角色背后的义务内容就应当承担责任，"决定正犯性的管辖是通过违反一个制度上被确保的义务而确立"。② 由制度管辖要求的积极义务旨在行为人能与他人去创建一个共同的世界，去维护一种良性的社会关系。这种社会关系既可能来自于受国家强力设置的体制，也可能生成于特定的人际关系，包括家庭与生活共同体。可以看出积极义务比消极义务更具有干涉他人生活安排自由性的潜在倾向，因此积极义务的范围必须最大限度地予以缩限，仅应保持在必要的基于社会共同

① 耿佳宁：《不作为参与的评价与作为论根基的改变》，《当代法学》2015 年第 2 期。

② 何庆仁：《德国刑法学中的义务犯理论》，载陈兴良主编《刑事法评论》第 24 卷，北京大学出版社 2009 年版，第 254 页。

体维系必须的制度之内或社会关系之内。基于此，制度管辖的内部义务仅包括“亲子关系、收养及监护关系、夫妻间特别信赖关系以及国家的强制关系，例如教育和服兵役义务”等。

违反制度管辖义务的行为一般属于真正不作为犯，根据法律条文明确规定的义务不积极履行的可以直接构成犯罪。一般来说，间接型抽象危险犯直接以不作为方式构成犯罪的并不多，网络犯罪领域主要有“拒不履行网络安全管理义务罪”，要求网络服务提供者这种特殊主体，根据行政法规等明确规定要求积极进行网络管理行为，如果不作为就构成拒不履行网络安全管理义务罪，此种制度管辖的义务来源需要基于法律明文规定进行判断。

总之，组织管辖义务论重在消极义务的范围廓限，行为正犯性的判定有赖于行为人组织活动的支配性评价。制度管辖义务论重在积极义务的范围廓限，行为正犯性的判定有赖于社会角色安排的义务性赋予。因此当间接型抽象危险行为处在组织管辖领域或者制度管辖领域时，就必须依据对应管辖领域的责任机制进行判断。

（二）行为人管辖义务的判断方法

1. 组织管辖义务的判断

根据雅科布斯的组织管辖义务论，间接型抽象危险犯在自己组织管辖领域内实施了危险行为，对后续犯罪行为的惹起具有犯罪支配关联作用，根据犯罪事实支配说，行为人已经实施了关联后续犯罪的危险支配行为，而对于在行为人自己组织管辖范围内的行为，行为人应当进行管理，遵循不得危害其他人的义务。那么如何判断行为人对自己管辖领域范围内的行为具有控制义务？还需要进一步展开论述。

根据雅科布斯的组织管辖义务论要求，首先判断行为是否属于行为人自我管辖的范围，关键看行为人能否分辨与控制危险，是否具有完全的控制能力，如果不能完全控制，也就不属于行为人自我管辖的范围，当然也就没有组织、管理义务。根据风险社会危险分配的原则，刑法也不应该把危险分配给这类行为人。如网络空间的危险应分配给上传或者提供信息的人，而不应当分配给网络平台提供者。网络接入服务商只是提供信息传输工具，提供给用户基本的网络接入服务等。而对于用户如何使用这些网络平台和信息，当然只能由用户自己负责。不过，对于网络内容服务商来说，就需要根据不同的情况承担相应的监督管理义务。如快播案的缓冲技术平台，就要承担审慎审查排除个别淫秽不法内容的义务，如果不履行这种作为义务，就要承担刑事责任。其次，对于网络义务规定不明的，则可以通过比较互联网技术所带来的利益与可能造成的法益侵害，进行利益衡量，从而判断是否阻却该网络技术帮助行为的违法性。

2. 帮助信息网络犯罪活动罪的注意义务

为了规制网络犯罪行为，《刑法修正案（九）》又增设了“拒不履行信息网络安全管理义务罪”（不作为方式的帮助行为正犯化罪名）、“帮助信息网络犯罪活动罪”（作为方式的帮助行为正犯化罪名）以及“非法利用信息网络罪”（预备行为实行化罪名）等，对这些间接型抽象危险犯的规定，扩大了对各种网络犯罪行为的打击范围，同时也意味着增加了网络服务提供者对这些间接型抽象危险行为的控制义务。这三个罪名的规定也引发学理上“网络服务提供者负担过重，阻碍网络服务提供者的经营自由，束缚其发展”等质疑。

以帮助信息网络犯罪活动罪为例，其间接危险帮助行为是否要承担责任就需要判断行为人对该行为有没有违反注意义务，是否存在对这种危险行为予以控制的义务。如为后续违法犯罪行为等提供网络技术支持或者服务，最初是基于中立的服务态度，但后来通过技术手段推测或者被行政机关告知为犯罪行为后仍然继续支持的行为，就属于不履行注意义务的“不作为”。

帮助信息网络犯罪活动罪的义务类型一般分为两类，一类是为用户提供网络连接服务等“单纯通道”或技术保障服务的行为，如前文提到的“服务对象放任型”，如国家电信网络运营商提供网络接入服务的行为；另一类则是关系网络信息内容制作与传递的行为，如前文提到的“技术中立不作为类型”，典型的如“快播案”中行为人通过缓存技术向用户提供缓存服务行为，这种中立缓冲技术无可厚非，关键是在发现自己管控的网络服务平台中出现大量淫秽视频后却“没有停止提供系统服务或是没有过滤、删除信息”等不作为行为违反了危险控制义务。

如何进一步确定网络服务商是否具有危险控制义务？上文所述雅科布斯的自我管辖义务论也同样适用于网络领域，如果网络空间的管理者对网络进行组织管理并从中获益，那么其控制下的网络平台也当然应当承担相应的管理义务。如果过于迁就网络服务提供者的不作为，将会使得网络行为失范、公众信赖缺失，最终使整个互联网陷入恶性发展。当然，让网络内容服务平台商承担义务也并非要求对网络信息内容进行逐一鉴别、审查，而只是限于对明知非法的内容要及时删除或断开、屏蔽非法网络用户链接等。根据世界通行的对网络服务商的“通知—取下”等“避风港”规则，结合我国互联网相关法律法规的明确规定，当发现存在有违法犯罪行为需要及时停止网络服务，并积极努力消除影响。对于网络内容服务平台商是否存在“明知”，就需要具体根据是否存在执法部门的通知或行政处罚记录或者网络用户提供举报信息等来判断，特殊情况下也可以根据客观实践情况进行综合推定，如按照现在网络领域判断违法犯罪行为的“红旗标准原则”，如果在一般人看来相关的违法犯罪事实已经如红旗飘扬，一般公众或网络平台都能随时发现，那么网络服务商已经无法逃避对相关违法犯罪行为的管理，此种情况就可以认定网络服务商存在“明知”。

除了网络内容服务平台提供者，还有提供传输工具的网络接入服务商，他们为社会服务并提供信息网络传输工具，谁都可以使用这些信息网络，而在巨大的网络信息量的现实背景下，如果强求网络接入服务商进行筛查基本不具有可操作性，也会影响网络服务的正常发展。[①] 所以不能对网络接入服务商提出过多的义务要求，一般情况下不应当认定为犯罪，除非故意与违法犯罪活动者通谋，严重违背相关注意义务等才有可能作为犯罪处理。因此，一般情况下，除非有相关法律明文规定具有相关管理义务或者有关行政部门责令其更正时，才可能承担帮助犯的相关责任。[②] 对比美国和欧洲的网络立法也是如此。如德国《远程服务法》对接入服务提供者明确其不具有对网络利用者所传输信息的一般性的监视、调查义务；日本也有学者认为，无法充分证明网络接入服务行为就必然带来网络淫秽电子信息以及其他非法利用网络的违法犯罪行

---

① 彭文华：《网络服务商之刑事责任探讨》，《佛山科学技术学院学报》（社会科学版）2004 年第 3 期。

② 陈洪兵：《中立行为的帮助》，法律出版社 2010 年版，第 233 页。此外，陈洪兵还认为，网络平台提供服务商和 P2P 服务商原则上也不应当受罚。

为，二者之间并没有必然的因果关系，网络接入服务商也不需要承担监控管理的义务。同样，我国也不再特别考察接入服务提供者成立预备犯、帮助行为正犯化等间接型抽象危险犯的情形。

四 特殊情况根据利益衡量原则判断

利益衡量原则不受一般规范性判断规则的束缚，在间接危险行为可能导致极其严重的社会危害后果时候，可以不必求证间接危险行为与正犯之间的规范标准要求，直接根据利益衡量原则认定犯罪。利益衡量原则只适用于国家、社会利益遭受重大威胁的紧急处理，不具有一般规范推广性，主要作为对规范性判断的补充。

如网络内容服务平台商提供网络服务平台给用户，实现信息交流及时化等，即使也存在被非法犯罪行为利用的可能，但这种提供信息服务平台的中性职业行为并不能够给他人犯罪起到关键的促进作用，因为网络平台提供者主要提供的是“传输工具”，即使有违法行为也难以控制，不能为了个别违法行为而把合法网络空间给封闭，因此存在着违法责任阻却事由，不足以评价为犯罪行为。

总之，对于间接型抽象危险犯的归责认定需要遵循先客观、后主观，然后再综合利益衡量的原则。具体来说，首先根据犯罪事实支配说判断客观行为是否存在支配后续犯罪行为发生的关联意义特征，其次再根据客观情况和行为人的特殊认知等具体情况，判断行为人对后续犯罪的发生是否存在或推定“明知”，再次要根据雅科布斯的组织管辖领域义务论，判断行为人对于自我组织管辖领域内的危险行为是否具有危险控制义务，如果满足上述三种条件即可判断构成间接型抽象危险犯，如果没有危险控制义务，则不构成犯罪。最后，在紧急的或者极为特殊的情况下，也可以根据具体情况，按照利益衡量原则进行判断。

本章小结

本章在前文讨论间接型抽象危险犯的正当性根据、范围限定的基础上，进一步提出更为具体的归责模式，明确此类犯罪的认定步骤，也是对处罚根据和处罚界限讨论的进一步深化。本章先对间接型抽象危险犯已有的归责观点进行讨论，从中借鉴贝克的归责“三步法”模式，从对后续犯罪的事实关联关系、对后续犯罪是否“明知”、是否具有危险控制义务以及特殊情况下根据利益衡量原则进行认定等四个步骤，建构间接型抽象危险犯的规范归责模式。

本章第一节讨论了间接型抽象危险犯的归责标准学说，单一的主观说或客观说等都失之片面，只有能够兼顾主客观相一致原则的折衷说观点具有相对的合理性。其中代表性的有罗克辛的二元故意区分说，和美国学者贝克提出的先客观、后主观、最后再进行法益综合衡量的观点等。经过分析，笔者认为贝克的三步法以客观分析为主，克服了罗克辛二元故意区分说的主观误区，更具科学合理性。

第二节提出归责模式的建构。首先介绍了罗克辛的犯罪事实支配理论用以判断间接型抽象危险行为对后续犯罪行为的间接支配指向性，并介绍了雅科布斯的“组织管辖义务论”和“制度管辖义务论”等理论作为间接型抽象危险犯“危险控制义务”判断的基础。其次，提出四步法来建构此类犯罪的归责模式，即：第一步，根据犯罪事实支配说判断是否存在与后续犯罪的意义关联；第二步，明确“明知”的规范认定方法；第三步，根据雅科布斯的组织管辖义务论来判断行为人是否具有对间接危险进行控制的义务；第四步，特殊情况下要采取利益衡量的综合判断原则等。

第七章

间接型抽象危险犯的个罪考察

——以帮助信息网络犯罪活动罪为例

第一节 帮助信息网络犯罪活动罪的司法适用现状

一 司法案例研究样本①

鉴于“快播案”引起的罪名认定问题，为了更加准确地把握司法实务中此类案件定罪处罚的实际情况，笔者以帮助信息网络犯罪活动罪为例，以“帮助信息网络犯罪活动罪”为关键词从中国裁判文书网上进行全文搜索，截至 2019 年 5 月 1 日，共有 186 件案例涉及此罪的应用，其中刑事案由 97 例，涉及的罪名包括了“破坏市场经济秩序类罪”“侵犯财产类罪”“妨害社会管理秩序类罪”等；根据裁判年份，其中 2015 年 2 例、2016 年 15 例、2017 年 64 例、2018 年 88 例、2019 年 1—5 月份共 17 例。本书从中选取 16 个（其中包括一个上诉案例）相对典型的案例作为研究样本，代表了十多种相对典型的行为方式。具体如下表所示。

① 本书主要对帮助信息网络犯罪活动罪这种共犯正犯化的类型展开详细的案例统计分析，对于间接型抽象危险犯的另一种重要类型即预备行为实行化并没有详细展开。原因在于笔者在对帮助信息网络犯罪活动罪的数据分析时也对比了预备行为实行化的罪名如“非法利用信息网络犯罪活动罪”的基本情况，文中有简单的介绍，限于篇幅等原因就没有再对“非法利用信息网络犯罪活动罪”的统计数据予以详细展开。

表 7－1　　中国裁判文书网帮助信息网络犯罪活动罪典型案例分析

案号	案由	判决结果	涉案金额	依附于主犯事实	主观是否明知	行为方式	定罪原因（是因为共犯还是想象竞合）
1.（2016）粤 0306 刑初 350 号	盗窃罪	侯某盗窃罪，有期 8 年 + 10 万元；高某盗窃罪，有期 8 年 +8 万元	230 万元 + 140 万元	按主犯盗窃罪处理，专业提供钓鱼软件服务，并收取网络服务费	明知，行为就属于犯罪技术	钓鱼网站；银行卡积分换现金，盗窃银行密码转账	首先建钓鱼网站出售，再发伪基站短信实施网络犯罪。其次被告行为对后续犯罪行为具有重要的引导、肇生的决定性作用；且按流量收费，与后罪形成密不可分的共生关系。构成盗窃罪共犯
2.（2016）冀 1102 刑初 202 号	诈骗罪	杨某诈骗罪，有期 1.4 年 + 4 万元，缓刑 2 年	3.37 万元	主犯事发被一起指控诈骗罪，杨某搭建虚假银行网站	明知主犯诈骗，为其提供假网站和域名	搭建虚假银行网站、网络域名	“帮助信息网络犯罪活动罪”与其提供技术支持以诈骗罪的共犯论处并不矛盾。最后以主犯诈骗罪论处
3.（2016）浙 01 刑终 1084 号	上诉改判“帮助信息网络犯罪活动罪”	维持原判，诈骗罪，胡某有期 11.6 年 + 5 万元；曾某有期 11 年 +4 万元	254.8432 万元；98.8944 万元	胡某提供诈骗用的支付宝分润平台账号和跳转软件等技术支持	伙同他人共同进行，自身负责技术支持	冒充客服，淘宝钓鱼网站	胡某后来明知他人实施“淘宝钓鱼”诈骗，为牟利而积极为其提供网络技术支持等帮助，形成共犯罪。想象竞合，从一重罪

续表

案号	案由	判决结果	涉案金额	依附于主犯事实	主观是否明知	行为方式	定罪原因（是因为共犯还是想象竞合）
4.（2016）渝 0106 刑初 1393 号	非法获取计算机信息系统数据罪	陈某犯非法获取计算机信息系统数据罪，有期徒刑 5 年 + 10 万元；王某有期 4.6 年 + 8 万元；谢某有期 4.6 年 + 8 万元	250 万元 + 107 万元	共同预谋、分担、获利，其中王某等人只提供技术支持，但因共谋与获利，构成共犯	分工合作，明知违法，不过对违法程度知晓不清而已	通过非法获取信息和数据，进行广告推广等	王某等明知他人实施非法获取计算机信息系统数据等非法行为，仍为其提供服务器托管等帮助
5.（2017）浙 0781 刑初 164 号	妨害信用卡管理罪	李某诈骗罪，有期 5.6 年 + 15 万元；刘某诈骗罪，有期 2.3 年 + 4 万元；余某某妨害信用卡管理罪，有期 1.5 年 + 1 万元	208.7203 万元 + 342450 元（另案）	多对多的关系，业务就是伪造信用卡并提取被害人的信息，业务本身非法	明知，制作网站或取现是诈骗的必然过程	制作申请假银行信用卡类的诈骗网站，并以 300 到 500 元不等的价格卖给诈骗团伙	李某等为诈骗团伙（人）制作诈骗所用网站、进行网络推广等；被告人刘某事先明知他人实施信用卡诈骗，仍提供信用卡并取现
6.（2018）豫 0883 刑初 129 号	诈骗罪	李某诈骗罪，有期 2.5 年 + 0.3 万元，缓刑 3 年；张某诈骗罪，有期 2.7 年 + 0.5 万元，缓刑 3 年	不明确	由消极中立到积极参与刑事案件，提供虚假网站并积极维护	明知他人诈骗，仍卖给其网站，并积极维护	提供虚假网站给他人诈骗，并积极维护	李某等明知他人购买张某制作的虚假游戏交易网站用于实施诈骗，仍将网站卖给他人，并为其维护已售假网站、寻找客户诈骗

续表

案号	案由	判决结果	涉案金额	依附于主犯事实	主观是否明知	行为方式	定罪原因（是因为共犯还是想象竞合）
7.（2016）浙0702刑初654号	非法经营罪、诈骗罪	李某犯帮助信息网络犯罪活动罪，有期2.6年+10万元	下游诈骗金额230万元	正常业务，被下游犯罪利用。放任犯罪发生。独立性强	由不知情到明知而不严格审查，放任	出租电信线路、租号业务	明知客户的租号服务从境外主叫修改政府号码呼入的情况下，为了谋取经济利益，没有核实情况，放任其继续使用，提供通讯传输
8.（2017）浙07刑终864号	无罪	驳回上诉，维持原判，帮助信息网络犯罪活动罪	下游诈骗金额230万元	经营网络流量的中间服务商，不可能明知	没进一步核实，放任继续使用	租号服务	本院认为，被告人李某某明知后续有信息网络犯罪，仍为相关犯罪提供通讯传输等技术支持，情节严重
9.（2018）鲁04刑终45号	上诉，不服原审	驳回上诉，维持原判。张某犯帮助网络犯罪活动罪，有期1.5年+3万元	70多万元	通过QQ销售虚假彩票网站	明知可能诈骗，仍提供网站服务	售卖虚假彩票网站，并后续维护	主罪已构成诈骗罪。张某明知林某诈骗，仍为林某提供网络平台服务，进行网站技术维护、服务器托管、域名更改等技术支持
10.（2017）苏0412刑初437号	诈骗罪	杨某帮助信息网络犯罪活动罪	154.84万元	参与犯罪诈骗团伙的网站维护，非业务行为，根据能力应当明知	根据认知能力，应当明知	制作非法网站并维护，提供技术支持	与主罪诈骗罪相区分。杨某明知林某等犯罪，仍为其犯罪提供网站维护和技术支持等帮助，情节严重

续表

案号	案由	判决结果	涉案金额	依附于主犯事实	主观是否明知	行为方式	定罪原因（是因为共犯还是想象竞合）
11. （2018）粤 1972 刑初 932 号	诈骗罪	帮助信息网络犯罪活动罪，何某有期徒刑 1.3 年 +1 万元；姚某、刘某有期徒刑 1 年 +0.3 万元	5862.34 万元	主犯涉嫌诈骗另案处理，检察院以共犯起诉	推定间接故意，放任	游戏分包、分级设计	未分红，知道涉案游戏被用于犯罪却依然提供技术支持，但事先无共谋
12. （2018）闽 0212 刑初 204 号	帮助信息网络犯罪活动罪	李某某犯帮助信息网络犯罪活动罪，判处有期徒刑 1 年，并处罚金人民币 2 万元	非法所得 19.8598 万元	一对多的关系，专门为六合彩、赌博网站等进行广告推广等非法业务，是下游犯罪的中间助力行为	明知他人犯罪，为其进行广告推广	为他人实施六合彩特码诈骗、开设赌博网站等犯罪活动提供广告推广并收取费用	李某明知他人实施网络犯罪，仍帮助其进行广告推广，情节严重
13. （2016）苏 0311 刑初 509 号	帮助信息网络犯罪活动罪	黎某帮助信息网络犯罪活动罪，有期 2 年 +3 万元	37.6908 万元	主犯安排、有依赖性。提供实名认证支付宝账户，代收资金并转至指定账户	后来明知他人犯罪，仍提供支付结算帮助	约定为对方网络诈骗帮助收取赃款	黎某向“陈某”提供实名认证的支付宝账户，帮助收取资金并将所收资金转至指定账户内，“陈某”按比例支付报酬，后来明知陈某诈骗
14. （2016）浙 0604 刑初 1032 号	帮助信息网络犯罪活动罪	冷某犯帮助信息网络犯罪活动罪，有期 1 年 +0.5 万元，缓刑 1.6 年	1800 万元	黑灰产业，不针对特定人，淘宝直营号码出租等业务，放任犯罪等发生	业务经营，明知租号者诈骗，为牟利继续提供服务	经营淘宝业务，性质混杂合法和非法，放任非法案件发生	冷某明知他人可能租号诈骗，为了牟利，仍为租用者提供呼叫转接等通讯传输服务，放任危害结果发生，属于间接故意

续表

案号	案由	判决结果	涉案金额	依附于主犯事实	主观是否明知	行为方式	定罪原因（是因为共犯还是想象竞合）
15.（2017）皖 1523 刑初 124 号	诈骗罪	江某犯帮助信息网络犯罪活动罪，判处有期徒刑 2 年 + 2 万元	20 万元 + 98 万元，98 万元的另案处理	因诈骗罪案发查到江某已经提供多起技术支持。98 万的另案处理	明知他人电信诈骗	用手机号激活他人宽带账号，高价转卖给犯罪团伙	被告人江某明知他人利用电信网络技术骗财，为其犯罪提供互联网接入等技术支持，情节严重
16.（2017）赣 1127 刑初 284 号	帮助信息网络犯罪活动罪	李某犯帮助信息网络犯罪活动罪，有期 0.11 年 + 2 万元	违法所得 54 万元	由无知，转为知晓后仍然进行协助	中立帮助，后来知道对方诈骗，仍然帮助	语音平台的软件安装以及技术维护工作	李某明知他人犯罪，仍提供技术支持，情节严重
17.（2018）豫 1726 刑初 171 号	诈骗罪	被告人孔某犯帮助信息网络犯罪活动罪，判处有期徒刑 1 年，并处罚金人民币 1 万元	主犯 240 万元	并非单项对应关系，主犯只是其中一个案源，对主犯是否有资质存在审查不严的不作为	对主犯李某等资质不予审查，直接推送被害人信息	不作为方式的不审查资质，推送广告信息	李某为孔某在网络平台上办理小额贷款推广，明知李某没有资质仍然把从网站后台上搜集到的需要办理小额贷款的客户信息发送给李某

表7－1主要对2015年《刑法修正案（九）》设置“帮助信息网络犯罪活动罪”以来的数据进行筛查，相对来说，帮助信息网络犯罪活动罪的案例还比较少，总共186件相关案例，真正刑事案由的有97例。表7－1选取的16个案例中（其中有一个申诉案例），前6个案例都是以主罪的共同犯罪定罪的，帮助信息网络犯罪活动罪在司法实践中往往成为从轻、减轻犯罪的辩护理由。除了最后以共同犯罪定罪的案例之外，真正构成帮助信息网络犯罪活动罪的已经很少。而且除了帮助信息网络犯罪活动罪，还有非法利用信息网络罪、拒不履行信息网络安全管理义务罪这两个前置化类型的网络罪名在司法实践中适用也很少。拒不履行信息网络安全管理义务罪在中国裁判网上能搜索到的只有2例，非法利用信息网络罪有427例，其中刑事审判案由有234例。但案由也主要集中在传播淫秽物品信息等非法利用网络的内容上。此类间接型抽象危险犯罪名适用比较少的原因在于：一方面，作为帮助类、预防类罪名本来就可以通过共犯理论、预备理论进行处罚，帮助信息网络犯罪活动罪以及其他两种罪名的设置都是为了弥补共犯或预备理论无法处罚情况下的漏洞，所以相应的司法案例本身就更少；另一方面，司法实践一般都是等到严重危害结果发生或者追究后续犯罪时，才能侦查发现前期的一些技术帮助行为涉嫌犯罪。但如果危害结果已经出现，前期帮助行为基本已经构成后续犯罪的共犯，不需要再单独处理。如果没有严重危害结果的发生，实践中对没有达到情节严重的网络技术帮助行为一般也不处罚，所以司法实践单独处罚此类罪的情况并不多，该罪名最后反而沦为后续犯罪从轻辩护的罪名。从表7－1中可以发现，一般都是公诉机关提起诈骗罪共犯等更为严重的罪名，而犯罪嫌疑人或辩护人则主张只构成帮助信息网络犯罪活动罪等更轻的罪名，该罪名俨然成了轻罪的辩护罪名。一方面，这些间接型抽象危险犯的司法认定也存在难度，主要因为此类行为看起来都属于日常生活行为，在生活中很普遍、很常见，在没有后续犯罪结果出现之前，很难让人联想到刑事犯罪；另一方面，其犯罪成立要求“明知”的主观条件比较难认定，因为司法实践中嫌疑人一般都会说自己并不知情，这种司法认定的难题也同样导致了此类案件司法适用几率更少。

二 司法适用中的问题

（一）沦为轻罪辩护理由

以表7-1为例，在所采集的样本案例中，很大比例都是以“帮助信息网络犯罪活动罪”作为从轻辩护的理由。也就是说，在提起的财产诈骗案件或者其他类型的后续犯罪案件中，因为存在为诈骗提供网络服务的帮助行为，公诉机关一般以诈骗罪的共同犯罪提起诉讼，但是犯罪嫌疑人委托辩护经常使用的辩护理由却是：犯罪嫌疑人对诈骗情况不知情，只构成“帮助信息网络犯罪活动罪”。不管实际情况犯罪嫌疑人是否真正“明知”有后续犯罪，也不管有无参与后续犯罪，辩护人都尽量以此罪作为罪轻的辩护理由，以逃避共同犯罪等更为严重的刑事责任。

《刑法修正案（九）》设立此罪的真正目的在于从严治理网络帮助行为，但在司法实际中却往往成为了犯罪嫌疑人逃脱后续犯罪更严厉处罚的理由，这与国家立法的初衷相悖。造成这种现状的原因主要有二：一方面，因为帮助信息网络犯罪的成立要求明知，“明知”的判断比较模糊，到底是共犯还是单独构成帮助信息网络犯罪活动罪有时难以判断，也就给了犯罪嫌疑人以可乘之机，与其被起诉为重罪的共同犯罪，不如掩盖证据辩护为处罚更轻的帮助信息网络犯罪活动罪。另一方面，也是最为根本的原因是，帮助信息网络犯罪活动罪的法定最高刑为三年以下，相比后续犯罪如诈骗罪等更为严厉的处罚来说量刑更低，犯罪嫌疑人的辩护当然是首选帮助信息网络犯罪活动罪。所以，在司法实务中，一般都是在出现了后续犯罪如诈骗罪等严重危害后果的情况下，才根据犯罪线索查到上游的网络帮助行为，自从《刑法修正案（九）》设立“帮助信息网络犯罪活动罪”后，在后续正犯成立的情况下，“帮助信息网络犯罪活动罪”并没有起到应有的犯罪控制作用，反而成为了相关犯罪嫌疑人逃避重罪处罚的通道而沦为轻罪辩护理由，这与刑事立法者想要严厉防控网络信息犯罪的初衷有所背离，并未达到立法者想要的实际效果，正是基于这种司法现状，不少学者认为此罪的设置基本上属于多余。

（二）与后续犯罪共犯难以区分

通过分析样本案例的判决结果可以发现，案例虽然基本相同，但不同地区不同法院的罪名认定和具体量刑却不相同。罪名上的偏差主要是因为成立帮助信息网络犯罪活动罪还是成立后续犯罪的共犯等罪名选择问题。一方面，因为实践中对于“明知”很难证明，区分是否构成共同犯罪也就成为难题。当法院很难认定罪名时，就会出现司法实践中法院由危害结果倒推罪名以求相对合理的“以刑制罪”做法。法院判决在难以查清到底构成帮助信息网络犯罪活动罪还是后续犯罪的共犯时，就根据网络帮助行为在犯罪活动中发挥作用的大小来判断，如果情节较轻的，不需要判处重罪共犯的，就定帮助信息网络犯罪活动罪；否则，如果情节较为严重的，则按照后续重罪的共犯定罪处罚。

“以刑制罪”虽然也有其科学性，但是如果凡是难以查清的案件事实都用“以刑制罪”来处理，有违背罪刑法定原则之嫌疑，而且也让帮助信息网络犯罪活动罪演变为司法实务中的烫手山芋，有了这个罪名反而给司法实务带来更多的繁琐，而不能充分发挥此罪作为间接型抽象危险犯在实践中的威慑和预防作用，也与间接型抽象危险犯设立的规范目的不符。

另一方面，当帮助信息网络犯罪活动罪与后续犯罪的共犯存在想象竞合时，不同地区法院出于刑罚判定或轻或重的原因，最后选择哪个罪名处罚也不相同。两罪之间出现想象竞合，也是造成法院同案不同判的原因。所以，有必要对帮助信息网络犯罪活动罪与后续罪名的共犯进行区分，进一步明确二者的不同。

（三）法定刑幅度单一

表 7－2 **帮助信息网络犯罪活动罪典型案例量刑分析**

案号	案由	判决结果	涉案金额
10.（2017）苏 0412 刑初 437 号	诈骗罪	杨某帮助信息网络犯罪活动罪	154.84 万元
11.（2018）粤 1972 刑初 932 号	诈骗罪	帮助信息网络犯罪活动罪，何某有期徒刑 1.3 年 +1 万元；姚某、刘某有期徒刑 1 年 +0.3 万元	5862.34 万元

续表

案号	案由	判决结果	涉案金额
12. （2018）闽 0212 刑初 204 号	帮助信息网络犯罪活动罪	李某某犯帮助信息网络犯罪活动罪，判处有期徒刑 1 年，并处罚金人民币 2 万元	非法所得 19.8598 万元
13. （2016）苏 0311 刑初 509 号	帮助信息网络犯罪活动罪	黎某犯帮助帮助信息网络犯罪活动罪，有期 2 年 +3 万元	37.6908 万元
14. （2016）浙 0604 刑初 1032 号	帮助信息网络犯罪活动罪	冷某犯帮助信息网络犯罪活动罪，有期 1 年 + 0.5 万元，缓刑 1.6 年	1800 万元
15. （2017）皖 1523 刑初 124 号	诈骗罪	江某犯帮助信息网络犯罪活动罪，判处有期徒刑 2 年 +2 万元	20 万元 +98 万元，98 万元的另案处理
16. （2017）赣 1127 刑初 284 号	帮助信息网络犯罪活动罪	李某犯帮助信息网络犯罪活动罪，有期 0.11 年 +2 万元	违法所得 54 万元
17. （2018）豫 1726 刑初 171 号	诈骗罪	被告人孔某犯帮助信息网络犯罪活动罪，判处有期徒刑 1 年，并处罚金人民币 1 万元	主犯 240 万元

据表 7－2 所采集的样本分析，表中的 7 个案例涉案金额从 19 万元到 5800 万元不等，但是所处刑罚都在 11 个月以上 2 年以下有期徒刑。在同判决为帮助信息网络犯罪活动罪的案例中，其实各自涉及的犯罪数额相差巨大，严重的涉案近千万元，情节较轻的只有几千元，涉案数额悬殊，但是帮助信息网络犯罪活动罪的法定刑幅度却只有“三年以下有期徒刑”一个量刑幅度，根本不能拉开量刑档次。司法实践对于数额差距巨大的两个案例如 11 号案例和 13 号案例，最后给出的判决都是两年左右的有期徒刑，给人以严重违背罪责原则的不公平印象，违背了重罪重罚、轻罪轻罚等罪刑相适应原则的基本要求。

网络帮助行为具有“一对多”的特点，如果能查清有关后续犯罪的数额还能判处相对明确的刑罚，但是还有一些隐形的如后续正犯不成立的时候或者没有被侦查机关发现时其网络帮助行为的涉案数额更大，如果都根据一个法定刑幅度简单地处理，必然造成处罚的不公。极端的如“快播案”，虽然法院最后没有判决帮助信息网络犯罪活动罪，而是根据想象竞合择一重罪，只能按照传播淫秽物品牟利罪定罪处理，这也是因为帮助信息网络犯罪活动罪的处罚幅度有限，只规定了三年以下的轻罪量刑档次，而没有三年以上的法定刑幅度，如果构成其他重罪如传播淫秽物品牟利罪，则只能选择按照重罪定罪处罚。

（四）“情节严重”标准不清

司法实践中有不少案例同案不同判，根据表 7-2 样本可以分析得出，有的案件违法所得相差巨大，但是量刑却相差无几，除了法定刑量刑比较单一外，还因为司法实践并没有明确“情节严重”的具体认定标准，导致出现量刑标准不统一的实际情况。根据表 7-2 样本，我们可以对比分析得出以下信息。

案例 10 中江苏省杨某帮助信息网络犯罪活动罪涉案金额 154.84 万元，即被判处帮助信息网络犯罪活动罪，案例 11 中广东省何某帮助信息网络犯罪涉案金额高达 5862.34 万元，仅被判处有期徒刑 1 年 3 个月，并处罚金 1 万元，同案姚某、刘某各判处有期徒刑 1 年，并处 3000 元罚金。这两个案例涉案金额相差巨大，但是判处量刑仅仅相差 3 个月，后面广东省的案例虽然涉案金额更为巨大，但是罚金反而比江苏省的案例更低。案例 12 中，涉案金额 19 万多元，但是仍然判处有期徒刑 1 年，而案例 13 中，涉案金额 37 万元，则判处有期徒刑 2 年，比案例 11 中广东省涉案 5800 多万元的刑罚 1 年 3 个月还更高。案例 14 中，涉案金额高达 1800 万元，但处刑也只有 1 年有期徒刑，跟涉案金额 19 万元的案例 12 同样处以有期徒刑 1 年。案例 15 中，涉案金额 100 万元的案例则处有期徒刑 2 年。而案例 16 中，违法所得 54 万元的判处刑罚 11 个月，案例 17 中主犯涉案金额为 240 万元，孔某的判刑为 1 年有期徒刑，似乎跟案例 16 的处刑基本相同。从这些数据对比分析来看，我国对于帮助信息网络犯罪活动罪的量刑处罚相差幅度太大，涉案金额 5800 多万元的与涉案金额 19 万多元的处罚也相差无几，各地法院对“情节严重”都有自己的理解，判刑差距较大。因此，对于该罪的“情节严重”标准，还需要通过相关司法解释进一步明确规定或者完善判例指导制度等。

第二节　帮助信息网络犯罪活动罪的完善建议

一　立法完善

（一）完善罪名规定

首先，完善罪名规定。因为司法实践中对于“犯罪”的理解就是需要后续犯罪行为一定能够成立的情况下才会认定帮助信息网络犯罪活动罪，但立法的原意应该是：即使后续行为达不到犯罪构成所要求的“违法量”、达不到构成犯罪的处罚条件，也应该成立帮助信息网络犯罪活动罪。如帮助网络诈骗行为，即使后续诈骗数额较低无法定罪处理，但是因为帮助网络诈骗的行为可能因为面对不特定多数人，如果帮助行为覆盖面非常广泛，帮助行为造成的危害已经累积到需要处罚的“严重情节”程度，那么帮助行为造成的实际危害可能比单个后续诈骗罪行为更为严重，不能因为后续单个诈骗行为不构成罪就不作处理。因此，应当将条文中的“犯罪”修改调整为“违法犯罪”，与之相应的罪名也随之更新为“帮助信息网络违法犯罪活动罪”，从而改变司法实务只有在后续行为构成犯罪的情况下才对帮助信息网络行为进行定罪处罚的现状。

所以，帮助信息网络犯罪活动罪的后续“犯罪”也应当包括“违法行为”。尤其在网络犯罪领域中，因为“一对多”的行为特点，造成网络帮助的对象范围可能很广泛，出现共同犯罪“罪责倒挂”的现象，再加上网络产业链的意思联络更加薄弱，很难通过传统共犯理论予以入罪，所以设立帮助信息网络犯罪活动罪的作用就是为了弥补处罚漏洞、严密法网。在正犯的“违法量”不足以成立犯罪的情况下，也同样可以适用帮助信息网络犯罪活动罪，改变司法实务只有在后续正犯成立的情况下才会认定该罪的保守做法。

其次，限制本罪的适用主体范围。网络犯罪领域的平台服务商包括两大类：网络接入服务和网络平台服务商，这两种不同的网络服务平台所承担的义务和责任并不相同。在信息网络快速发展的时代，并不能赋予他们过多的监管义务，否则很容易造成行为萎缩，束缚网络科技的发展。所以，一般不追究网络接入服务商的责任，对平台服务商也可以先用行政手段加以规制，限制刑法手段的使用。除非这类网络中立帮助行为明显超出了正当业务范围，为后续犯罪起到主导作用时才有必要处理。

（二）设定不同量刑档次

从表 7－2 中可以看出帮助信息网络犯罪活动罪的量刑幅度过于单一，在犯罪数额差距巨大的情况下刑罚处罚基本类似，与犯罪危害性的大小不一致，与罪刑原则不相适应。如果按照有关学者的观点①，独立化罪名处罚程度至少应不低于原来依附的实行行为的罪名才能符合“主犯正犯化”的要求。但根据目前法律规定的现状，这类帮助信息网络犯罪活动罪的处罚还是偏低。因此，为了保证罪责刑相适应，需要根据危害后果严重程度的不同分别配置不同的量刑幅度，至少再为“帮助信息网络犯罪活动罪”增设第二档量刑幅度，参照“提供侵入、非法控制计算机信息系统程序、工具罪”的法定刑设置方法：“情节严重的，处三年以下有期徒刑或者拘役，并处或者单处罚金；情节特别严重的，处三年以上七年以下有期徒刑，并处罚金。”通过设置合理的有梯度的不同量刑等级，避免出现法定刑幅度过于单一造成的罪刑不相适应的问题，改变《刑法》第 287 条之二完全成为“兜底型条款”的现状。另一方面，也可以避免帮助信息网络犯罪活动罪因为处罚较轻，而沦为犯罪嫌疑人逃避处罚、从轻辩护的理由。

二 司法完善

（一）明确“情节严重”认定标准

帮助行为正犯化的定罪要求须相对于后续犯罪，一般来说，其帮助行为要达到情节严重才予以处理，但对于“情节严重”的认定各地并不统一，所以应当通过司法解释进一步明确“情节严重”的标准，如帮助行为人的数量多少、营业额或者违法所得大小、收取服务费的多少、参与广告的数量大小等定量标准，还包括传播量、用户损失数额、用户信息被泄露的重要程度、违法所得数额等不同方面的要素进行综合

① 根据“主犯正犯化”的观点，能上升为正犯的，应该是因果支配力更大的主犯。所以，如果主犯的因果力更大，那么其法定刑也应当更高才对，至少不能低于后续犯罪实行行为的法定刑。

判断。

因此，针对网络帮助行为的特点，判断帮助行为是否情节严重，可以参考以下因素进行限制：（1）整体违法所得。不管帮助对象是否具有责任能力，也不管被帮助的行为是否已经构成犯罪，只要帮助行为本身传播范围广，对社会公共秩序造成了严重的影响，本身就体现了严重的社会危害性，已经达到独立进行刑事处罚的程度。如研制的改号软件或者钓鱼网站等公开外挂授予 1 万人非法使用，即使每个非法使用人只获利 100 元也并不能达到盗窃或诈骗罪的入罪标准，无法定罪惩罚正犯。但是如果根据约定收取盗窃金额的 10%，那么提供非法软件的人可以获利 10 万元，完全达到了情节严重的程度，应该按照帮助信息网络犯罪活动罪定罪处罚。（2）违法行为影响传播范围。首先，明确违法信息的范围，一般是指法律法规明文规定禁止传播的信息或者被行政部门责令整改的信息，如淫秽图片、视频等。其次，传播数量可以从信息被用户点击数上判断，如点击量达到多少次（如 1 万次以上）等，也可以从违法信息传播的范围上判断，如接受或者被传播人群范围以及计算机系统参与数量等情节综合判断。

（二）明确区分后续犯罪共犯

要区分帮助信息网络犯罪活动罪与后续犯罪的共犯，可以通过判断帮助行为是否存在“明知”、帮助行为参与后续犯罪的程度以及与后续犯罪的共犯是否构成想象竞合等角度判断。

1. 是否存在“明知”

帮助行为是构成帮助信息网络犯罪活动罪还是构成后续犯罪的共犯，要根据后续正犯是否成立进行区分。如果后续正犯不成立，只需要成立帮助信息网络犯罪活动罪，充分发挥了共犯正犯化罪名对传统共同犯罪处罚漏洞的弥补功能；如果后续正犯存在，就需要判断帮助行为人对于后续犯罪是否“明知”，这里的“明知”当然也包括“应当知道”，根据客观实际情况判断行为人对于后续犯罪是否知道或者应当知道。如果“明知”而不及时删除或者中止服务的构成帮助信息网络犯罪活动罪，如果“明知”后继续为后续犯罪服务或者进一步参与后续犯罪的，就构成后续犯罪的共犯。实践中有案例也是根据是否参与后续犯罪的实际情况，对帮助行为进行分阶段处理然后数罪并罚。克服实践中难以准确认定到底是共犯还是帮助信息网络犯罪活动罪时，简单根据犯罪的实际危害大小或者处罚程度来选择罪名的弊端。

2. 对后续行为参与度

判断帮助行为是单独成立帮助信息网络犯罪活动罪还是构成后续犯罪的共犯，一方面根据后续正犯是否成立或存在，行为人对后续犯罪是否具有“明知”；另一方面，在后续正犯存在的情况下，判断帮助行为是否参与了后续犯罪就成为问题的关键。针对此种情况，除了分析帮助行为主观上是否明知后续正犯行为，还应当以客观行为是否超出业务范围或获取非法利益作为参考。从《刑法》第 287 条之二的规定来看，并不是要把所有的网络中立帮助行为都规定为犯罪，在对帮助行为进行入罪化考察时，应当审查其是否超出了业务范围或者获取了非法利益。[①] 如下两个案例中，法院判决就参考了行为人对后续犯罪的参与度。

如表 7 – 3 中李某、张某诈骗案，李某等制作虚假游戏网站等外挂售卖，在其知道他人为了实施诈骗行为购买虚假游戏网站时，仍然将网站卖给他人，并且积极地进行已售网站的维护和为其诈骗积极地帮助寻找客户。其实单独分析制售虚假网站的行为就已经构成了帮助信息网络犯罪活动罪，但是李某等人是在后来明知他人用虚假网站来进行诈骗的情况仍进行出售，不仅出售而且积极地为网站实施诈骗行为寻找客户。这种行为已经超出了所谓的业务行为，不再属于单独的帮助信息网络犯罪活动罪，而是完全参与了后续的诈骗帮助行为，构成了后续犯罪的共犯。

又如表 7 – 4 中黎某帮助信息网络犯罪活动罪案件中，黎某向陈某提供实名认证的支付宝账户代收资金并转至指定账户，陈某按比例支付报酬，后来明知陈某诈骗仍提供支付结算帮助。因为黎某得到了陈某的报酬支付，而且后来对陈某的犯罪行为也具有“明知”，应当构成陈某诈骗罪的共同犯罪。法院最后虽然认定的也是帮助信息网络犯罪活动罪，但是笔者认为获取报酬也是一种参与后续犯罪的行为，而且他对后续犯罪存在明知并仍然积极提供结算服务等，应该按照后续犯罪

① 邓竹明：《对传统共犯理论的突破以〈刑法修正案九〉第 29 条为例》，《哈尔滨师范大学社会科学学报》2016 年第 5 期。

表 7－3 李某诈骗罪案例

案号	案由	判决结果	涉案金额	依附于主犯事实	主观是否明知	行为方式	定罪原因（是因为共犯还是想象竞合）
（2018）豫0883 刑初129 号	诈骗罪	李某诈骗罪，有期2.5 年＋0.3 万元，缓刑 3 年；张某诈骗罪，有期 2.7 年＋0.5 万元，缓刑三年	不明确	由消极中立积极参与刑事案件，提供虚假网站并积极维护	明知他人诈骗，仍卖给其网站，并积极维护	提供虚假网站给他人诈骗，并积极维护	李某等明知他人购买张某制作的虚假游戏交易网站用于实施诈骗，仍将网站卖给他人，并为其维护已售假网站、寻找客户诈骗

表 7－4 黎某帮助信息网络犯罪活动罪

案号	案由	判决结果	涉案金额	依附于主犯事实	主观是否明知	行为方式	定罪原因（是因为共犯抑或想象竞合）
（2016）苏0311 刑初509 号	帮助信息网络犯罪活动罪	黎某帮助信息网络犯罪活动罪，有期2 年＋3 万元	37.6908 万元	主犯安排、有依赖性。黎某向陈某提供实名认证的支付宝账户，代收资金并转至指定账户	后来明知他人犯罪，仍提供支付结算帮助	约定为对方网络诈骗帮助收取赃款	黎某向陈某提供实名认证的支付宝账户，帮助收取资金并将所收资金转至指定账户内，陈某按比例支付报酬，后来明知陈某诈骗

的共同犯罪处理才对。因为行为人已经超越了自己中立业务经营的范围或者从后续犯罪中获取不法所得，这些证据完全可以证明其对后续犯罪的参与已经构成了共同犯罪，跨越了共犯正犯化罪名的范围，同时构成了后续犯罪的共犯，与帮助信息网络犯罪活动罪构成想象竞合，需要择一重罪处罚。

3. 是否构成想象竞合

按照《刑法》第 287 之二第 3 款“同时构成其他犯罪的”条款的适用，应当按照想象竞合从一重罪处理。如果按照后续罪名进行评价得出的处罚结果比帮助信息网络犯罪活动罪还更低，那么就成立帮助信息网络犯罪活动罪，虽然这种情况太少见，但也不是没有可能，如“虚假广告罪”最高刑为二年有期徒刑，法定刑比帮助信息网络犯罪活动罪更低，也就造成了较为尴尬的处罚困境。因为后续正犯不成立的情况下，网络服务商提供服务构成较为严重的帮助信息网络犯罪活动罪；如果进一步参与后续犯罪构成共犯，反而只能按照最高刑为两年的“虚假广告罪”定罪处罚，这就造成罪刑不相适应的弊端。

根据张明楷教授的观点，为了避免处罚的严厉化应当对此罪作限制解释，认为“同时构成其他犯罪”主要指的是法定刑比第 1 款更高而不包括比第 1 款更低的犯罪。① 如果法定刑低于本条第 1 款则按照较低的法定刑处理。这种解释方法被认为是以刑释罪的一种实质解释方法论，确实能解决部分案件罪刑失衡的现象②。但如果过度适用也有践踏罪刑法定原则的嫌疑。刑法解释方法应当在语义解释明显不合理时才能适当考虑体系解释与目的解释。但是笔者认为此种情况仍然可以适用想象竞合从一重罪处理。因为刑法分则规定帮助信息网络犯罪较低的法定刑，一般比后续正犯的罪名处罚都更低，此罪的立法初衷就是为了解决正犯不成立时共犯从属性论危机；而且帮助信息网络犯罪也具有“一帮多”的实际危害性，帮助信息网络犯罪的实际危害未必就比后续共同犯罪更低，如果根据其“一对多”的属性进行累加或许比后续正犯处罚更为严重。所以，笔者认为上述罪名涉及的困境并不存在，只需要按照实际处罚更为严重的罪名定罪处理即可，而且根据该罪的网络属性

① 张明楷：《论帮助信息网络犯罪活动罪》，《政治与法律》2016 年第 2 期。

② 徐松林：《以刑释罪：一种刑法实质解释方法》，法律出版社 2015 年版，第 193 页。

或许危害后果更为严重。因此，笔者建议在目前已有的基础量刑档次上，再增设法定刑更高的量刑档次，以更加周延地保护后续犯罪法益，实现罪刑相适应原则。由此得出，帮助信息网络犯罪活动罪的处罚未必一定要比后罪共犯更低，帮助信息网络犯罪活动罪有其自身的危害性，需要根据实际情况，选择法定刑更重的罪名处罚即可。

本章小结

本章主要在前文对间接型抽象危险犯的正当性根据、范围限定、归责模式等层层递进分析论证的基础上，以帮助信息网络犯罪活动罪为例对个罪的司法适用进行考察。该章通过中国裁判文书网的司法判决数据分析，找出此类犯罪的司法实践问题并提出相应的完善对策。首先，对帮助信息网络犯罪活动罪在司法适用中出现的问题进行梳理归纳：沦为从轻辩护的罪名与立法原意有偏差、与共犯犯罪难以区分、法定刑幅度单一以及“情节严重”的认定标准不清、各地量刑差别较大等问题。并针对这些问题提出相应的完善办法，包括提高法定刑量刑幅度、设置不同的量刑档次以及与共同犯罪进行合理区分等，为此类犯罪的司法适用提供参考借鉴。

其次，通过此类犯罪的司法适用现状也可以得出间接型抽象危险犯存在着主客观方面难以认定的问题，而且容易与传统共犯相混淆，因此，它的存在价值主要在于弥补传统共犯理论等的处罚漏洞，同时通过对这种间接危险行为的定罪处罚达到积极预防此类犯罪的效果。但是这种罪名的设立极易造成司法认定难题，与原有共犯行为、预备行为等造成混淆，如果不能予以科学规范，一方面容易带来司法认定的繁琐和司法操作的更大成本，另一方面也会使这类犯罪量刑过轻反而沦为原有罪名的轻罪辩护理由，失去了设立此类犯罪的立法目的。这就可以得出设立此罪会产生与原有罪名共犯的区别等成本问题，因此既要科学规范此类犯罪的归责问题，又要谨慎设立此类弥补处罚漏洞的罪名，只有为了保护特别重大法益，客观行为充分显示对后续罪名的事实主导、支配作用时才能设立此类罪名，司法认定时也要注意与原有罪名共犯的区分。

结　语

随着风险社会背景下抽象危险犯的增多，其中作为突破实行行为边界的间接型抽象危险犯成为了最强前置化的类型，也因此成为前置化立法中最受质疑的立法模式，给传统理论带来了一系列冲击，受到学界的广泛关注。鉴于国内外在对抽象危险犯的类型化研究中都有把此类预备型、共犯型抽象危险犯专门作为一类的新趋势，本书也根据其对后续犯罪行为的间接性犯罪结构将其总结为间接型抽象危险犯。对该类抽象危险犯的研究将成为解读刑法前置化立法模式质疑问题从而推进其类型化研究的重要方面。围绕此类犯罪的间接型犯罪结构，本书总结出该类抽象危险犯主要有不法行为的间接支配性和归责上的义务违法性等两大特征：即间接危险行为的日常性、中立性，这些特征看似并没有直接给后续犯罪的法益造成任何危险或侵害，但却存在构成要件范围过于宽泛、边界模糊等弊端以及间接危险行为人为后续犯罪承担责任看似违背了自我答责原则等归责质疑。针对这两个核心问题，本书主要得出以下两个结论：用犯罪事实支配论来分析间接危险行为对后续犯罪行为的支配性犯罪的关联意义；用自我管辖义务论分析间接危险行为人对自我管辖领域内的“危险控制义务”，符合“自我答责”原则。

首先，采用犯罪事实支配说这种实质化行为论来分析间接型抽象危险犯的客观行为特征。通过对间接型抽象危险犯的正当性论证、范围限定和归责模式等三个层次的递进式论证，得出间接型抽象危险行为属于拟制化的实行行为，具有不定型性、间接指向性等特征，对于这种构成要件并不具有清晰界限的类型主张采取罗克辛的犯罪事实支配论，进行实行行为的实质化分析。间接型抽象危险行为就是一种拟制化的实行行为，需要根据犯罪事实支配论来实质化地分析其客观构成要件。间接危险行为表达的并非对法益的直接危险，而是对后续犯罪行为的惹起性、诱发性，因此需要判断间接危险行为是否具有支配后续犯罪行为发生的关联性、支配性等关键因素。这也是本书从间接犯罪结构等行为论角度对此类犯罪进行类型化研究的原因，即采用犯罪事实支配说来分析间接型抽象危险犯的拟制实行行为等，解析了其间接型的犯罪结构特征就是抓住了该类犯罪的不法特征和关键。

其次，采用雅科布斯的自我组织管辖义务论来分析间接型抽象危险犯的归责原因。如果间接危险行为人创设了能支配后续犯罪行为发生的关键性风险，那么就需要判断这种风险制造行为是否发生在行为人自我组织管辖领域内，行为人是否具有完全的支配控制能力。如果存在这种能力，就需要为这种创设间接危险的行为承担危险控制的义务，如果不作为就要承当相应的刑事责任；反之，如果行为人对危险创设行为并没有完全控制的能力或义务，就不需要承担刑事责任。

再次，采用行为论分析间接型抽象危险犯的行为结构或犯罪结构，是抽象危险犯类型化研究的一种新思路，抓住抽象危险犯突破实行行为边界的间接结构特征可以更加精准地分析造成间接型抽象危险犯客观认定和主观归责困难的成因，有针对性地分析间接型抽象危险犯客观上要求对后续犯罪关联意义的指向性，主观上要求对创设危险行为的控制义务等条件可以更好地把握此类间接型抽象危险犯的根本特征，可以更加有效地弥补抽象法益论分析角度的模糊性。另外，间接型抽象危险犯毕竟是在不存在正犯行为的前提下对传统共犯理论、预备理论的处罚漏洞进行的立法补充，是基于这类行为的特殊紧迫风险和处罚的必要性而进行的特殊风险分配和义务分配。因此，无论是立法还是司法都要采取极其谨慎的态度，通过对立法的限定、司法的限定解释和对此类犯罪的规范认定模式等不同层次的论证，去合理限定、严格认定此类犯罪仍是需要我们进一步完成的任务。鉴于此，本书仅从抽象危险犯的行为结构类型视角对此类抽象危险犯进行分析论证，有关间接型抽象危险犯的研究尚需进一步发掘。另外采用犯罪事实支配论的实质化分析角度以及雅科布斯的组织管辖义务论等来分析，仍存诸多不足之处，需要进一步完善，在此，还请各位专家学者多多批评指正。

最后，由于选题的角度、文献的搜集、个人知识与撰写的水平等因素，本书还存在其他不足之处，如在文章的篇章结构上，本书第四章既是对间接危险犯质疑问题的回应，也是对间接型抽象危险犯的基本理论内涵的阐释，为了突出论文论证间接型抽象危险犯的正当性—正当性质疑—正当性范围限定—具体归责认定等思路，在本书结构安排上就放在正当性论证之后，以突出文章层层递进的论证思路。再加上作者外语水平有限，德日相关的理论学说还主要通过大陆和台湾二手资料获取，英文文献使用也相对有限，希望在以后的研究中能继续补充完善。

参考文献

一　著作

蔡墩铭:《犯罪行为之危险》,《刑法基本问题研究》,台湾汉苑出版社1976年版。

蔡蕙芳:《德国法上结果加重犯归责理论之研究——以伤害致死罪为例》,载《刑事法学新趋势——Lothar Philips教授七秩祝寿论文集》,神州图书出版有限公司2004年版。

蔡蕙芳:《结果加重犯之未遂问题》,载《自由·责任·法:苏俊雄教授七秩祝寿论文集》,(台北)元照出版有限公司2005年版。

陈洪兵:《公共危险犯解释论与判例研究》,中国政法大学出版社2011年版。

陈洪兵:《中立行为的帮助》,法律出版社2010年版。

陈金林:《积极一般预防理论研究》,武汉大学出版社2013年版。

陈璇:《刑法中社会相当性理论研究》,法律出版社2010年版。

陈忠林:《刑法散得集Ⅱ》,重庆大学出版社2012年版。

陈子平:《刑法总论》,台湾元照出版有限公司2008年版。

邓子滨:《罪过三分法的实践意义——以分化理论为切入点》,屈学武主编《刑法理论研究新视界》,中国社会科学出版社2008年版。

东茂:《危险犯与经济刑法》,(台北)五南图书出版公司1996年版。

董泽史:《危险犯研究——以当代刑法的转型为导向》,社会科学文献出版社2015年版。

段义孚:《无边的恐惧》,徐文宁译,北京大学出版社2011年版。

范德繁:《犯罪实行行为论》,中国检察出版社2005年版。

高艳东：《预备行为整体犯罪化的批判性反思》，载陈兴良主编《刑事法评论》，北京大学出版社 2006 年版（第 18 卷）。

古承宗：《犯罪支配与客观归责》，（台北）元照出版公司 2017 年版。

古承宗：《刑法的象征化与规制理性》，（台北）元照出版公司 2017 年版。

韩轶：《刑罚目的的建构与实现》，中国人民大学出版社 2009 年版。

郝艳兵：《风险刑法：以危险犯为中心的展开》，中国政法大学出版社 2012 年版。

何荣功：《实行行为研究》，武汉大学出版社 2007 年版。

何荣功：《自由秩序与自由刑法理论》，北京大学出版社 2013 年版。

黄荣坚：《基础刑法学》（第二版），（台北）元照出版公司 2004 年版。

黄荣坚：《论行为犯》，载《刑罚的极限》，（台北）元照出版公司 1999 年版。

贾宇：《刑事违法性理论研究》，北京大学出版社 2008 年版。

焦旭鹏：《风险刑法的基本立场》，法律出版社 2014 年版。

柯耀程：《变动中的刑法思想》，（台北）元照出版公司 2001 年版。

劳东燕：《风险社会中的刑法——社会转型与刑法理论的变迁》，北京大学出版社 2015 年版。

劳东燕：《规范的保护目的与结果加重犯的界定》，载陈泽宪主编《刑事法前沿》（第四卷），中国人民公安大学出版社 2008 年版。

李琳：《风险刑法的反思与批判》，法律出版社 2018 年版。

林山田：《刑法通论》，北京大学出版社 2012 年版。

林钰雄：《新刑法总则》，中国人民大学出版社 2009 年版。

刘仁文：《网络时代的刑法面孔》，社会科学文献出版社 2017 年版。

刘仁文：《刑法学的新发展》，中国社会科学出版社 2014 年版。

刘仁文：《刑事政策初步》，中国人民大学出版社 2004 年版。

刘仁文：《严格责任论》，中国政法大学出版社 2000 年版。

刘媛媛：《现在刑法中的危险问题研究》，法律出版社 2013 年版。

马克昌：《未遂犯比较研究》，载《珞珈法学论坛》（第一卷），武汉大学出版社 2000 年版。

钱叶六：《犯罪实行行为着手研究》，中国人民公安大学出版社 2009

年版。
桑本谦：《私人之间的监控与惩罚》，山东人民出版社 2005 年版。
苏彩霞：《危险犯的问题》，载赵秉志主编《犯罪总论问题探索》，法律出版社 2003 年版。
王皇玉：《刑罚与社会规训》，（台北）元照出版公司 2009 年版。
王皇玉：《刑法总论》，台湾新学林出版社 2014 年版。
王志祥：《危险犯研究》，中国人民大学出版社 2003 年版。
夏勇：《和谐社会目标下的“犯罪化”与“非犯罪化”的标准》，法律出版社 2016 年版。
辛格、拉方：《刑法》，王秀梅、杜晓君、周云彩注，中国方正出版社 2003 年版。
邢志人：《犯罪预备研究》，中国检察出版社 2001 年版。
徐凯：《抽象危险犯正当性问题研究——以德国法为视角》，中国政法大学出版社 2014 年版。
许发民：《刑法的社会学分析》，法律出版社 2003 年版。
许福生：《风险社会与犯罪治理》，（台北）元照出版公司 2010 年版。
许健：《犯罪预备行为处罚限度研究》，中国人民公安大学出版社 2015 年版。
许乃曼：《德国不作为犯学理的现况》，陈志辉译，载陈兴良主编《刑事法评论》（第 13 卷），中国政法大学出版社 2003 年版。
许玉秀：《当代刑法思潮》，中国民主法制出版社 2005 年版。
喻海松：《刑法的扩张——〈刑法修正案（九）〉及新近刑法立法解释司法适用解读》，人民法院出版社 2015 年版。
张丽卿：《交通刑法中的抽象危险犯——以德国刑法第 310 条为例》，载《罪与刑——林山田教授六十岁生日祝贺论文集》，台湾五南图书出版公司 1998 年版。
张明楷：《危险犯初探》，马俊驹主编《清华法律评论》（第 1 辑），清华大学出版社 1998 年版。
郑飞：《行为犯论》，吉林人民出版社 2004 年版。
周铭川：《风险刑法理论研究》，上海人民出版社 2017 年版。
［奥］凯尔森：《法与国家的一般理论》，沈宗灵译，中国大百科全书出

版社 1996 年版。

［德］阿图尔·考夫曼：《类推与事物本质：兼论类型理论》，吴从周译、严厥安校，台湾学林文化事业有限公司 1999 年版。

［德］弗兰茨·冯·李斯特、埃贝哈德·施密特：《德国刑法教科书》，徐久生译，法律出版社 2000 年版。

［德］冈特·施特拉滕韦特、洛塔尔·库伦：《刑法总论——犯罪论》，杨萌译，法律出版社 2006 年版。

［德］格吕恩特·雅各布斯：《行为·责任·刑法》，冯军译，中国政法大学出版社 1997 年版。

［德］哈耶克：《法律、立法与自由》，邓正来译，中国大百科全书出版社 2000 年版。

［德］汉斯·海因里希·耶赛克、托马斯·魏根特：《德国刑法教科书》，徐久生译，中国法制出版社 2001 年版。

［德］汉斯·韦尔策尔：《目的行为论导论：刑法理论的新图景》（增补第 4 版），陈璇译，中国人民大学出版社 2015 年版。

［德］京特·雅各布斯：《刑法教义中的规范化理念》，冯军译，载中国人民大学刑事法律科学研究中心编《现代刑事法治问题探索》，法律出版社 2004 年版。

［德］克劳斯·罗克辛：《德国刑法学总论犯罪原理的基础构造》，王世洲译，法律出版社 2005 年版。

［德］李斯特著，施密特修订：《德国刑法教科书》，徐久生译，法律出版社 2006 年版。

［德］沃斯·金德霍伊泽尔：《故意犯的客观和主观归责》，樊文译，载陈兴良主编《刑事法评论》第 23 卷，北京大学出版社 2008 年版。

［德］乌尔里希·贝克：《风险社会》，何博闻译，译林出版社 2004 年版。

［德］乌尔里希·贝克：《风险社会——通往另一个现代的路上》，汪浩译，（台北）巨流图书公司 2003 年版。

［德］乌尔里希·贝克：《世界风险社会》，吴英姿、孙舒敏译，南京大学出版社 2004 年版。

［德］乌尔里希·贝克、［英］安东尼·吉登斯、［英］斯科特·拉什：

《自反性现代化：现代社会秩序中的政治、传统与美学》，周宪、许钧译，商务印书馆2014年版。

［德］乌尔里希·贝克、约翰内斯·威尔姆斯：《自由与资本主义——与著名社会学家乌尔里希·贝克对话》，路国林译，浙江人民出版社2001年版。

［德］乌尔里希·齐白：《全球风险社会与信息社会中的刑法——21世纪刑法模式的转换》，周遵友、江溯等译，中国法制出版社2012年版。

［德］乌尔里希·贝克、威廉姆斯：《关于风险社会的对话》，载薛晓源、周战超主编《全球化与风险社会》，社会科学文献出版社2005年版。

［德］约翰内斯·韦塞尔斯：《德国刑法总论》，李昌珂译，法律出版社2008年版。

［美］H. C. A. 哈特：《惩罚与责任》，王勇等译，华夏出版社1989年版。

［美］安德鲁·冯·赫希：《已然之罪还是未然之罪——对罪犯量刑中的该当性与危险性》，邱兴隆、胡云腾译，中国检察出版社2001年版。

［美］奥斯汀·萨拉特主编：《布莱尔维尔法律与社会指南》，高鸿钧等译，北京大学出版社2011年版。

［美］班杜拉：《思想和行动的社会基础——社会认知论》（第1卷），林颖等译，华东师范大学出版社2001年版。

［美］保罗·H. 罗宾逊：《刑法的结构与功能》，何秉松等译，中国民主法制出版社2005年版。

［美］凯斯·R. 孙斯坦：《恐惧的规则——超越预防规则》，王爱民译，北京大学出版社2011年版。

［美］罗斯科·庞德：《通过法律的社会控制法律的任务》，沈宗灵等译，商务印书馆1984年版。

［美］马库斯·德克·达博：《积极的一般预防和法益理论——一个美国人眼里的德国刑法学的两个重要成就》，杨萌译，陈兴良主编《刑事法评论》，北京大学出版社2007年版。

[美] 马库斯·德克·达博:《积极的一般预防与法益理论——一个美国人眼里的德国刑法学的两个重要成就》，杨萌译，载《刑事法评论》第21卷，北京大学出版社2007年版。

[美] 迈克尔·D. 贝勒斯:《法律的原则——一个规范的分析》，张文显等译，中国大百科全书出版社1996年版。

[美] 诺内特、塞尔兹尼克:《转变中的法律和社会：迈向回应型法》，张志铭译，中国政法大学出版社2004年版。

[美] 唐纳德·J. 布莱克:《法律的运作行为》，唐越、苏力译，中国政法大学出版社2004年版。

[挪威] 安德聂斯:《刑罚与预防犯罪》，钟大能译，法律出版社1983年版。

[日] 丰田兼彦:《中立行为的帮助与共犯的处罚根据——关于共犯论与客观归属论交替领域的考察》，载《神山敏雄先生古稀祝寿论文集》(第1卷)，成文堂2006年版。

[日] 井田良:《讲义刑法学总论》，有斐阁2008年版。

[日] 西原春夫:《犯罪实行行为论》，戴波译，北京大学出版社2006年版。

[日] 野村稔:《刑法中的危险概念》，[日] 西原春夫，《日本刑事法的形成和特色》，李海东等译，中国法律出版社、日本成文堂1997年版。

[英] 安德鲁·阿什沃斯:《刑法的积极义务》，姜敏译，中国法制出版社2018年版。

[英] 安东尼·吉登斯:《社会学》(第4版)，赵旭东等译，北京大学出版社2003年版。

[英] 哈耶克:《自由秩序原理》，邓正来译，生活·读书·新知三联书店1997年版。

[英] 海泽尔·肯绍尔:《解读刑事司法中的风险》，李明琪译，中国人民公安大学出版社2009年版。

[英] 罗杰·科特威尔:《法律社会学导论》，彭小龙译，中国政法大学出版社2015年版。

二 论文

宾凯：《法律如何可能：通过“二阶观察”的系统建构》，《北大法律评论》2006 年第 2 期。

蔡桂生：《敌人刑法的思与辨》，《中外法学》2010 年第 4 期。

蔡蕙芳：《P2P 网站经营者之作为帮助犯责任与中性业务行为理论之适用》，《东吴法律学报》2006 年第 18 卷第 1 期。

蔡仙：《论我国预备犯处罚范围之限制》，《刑事法评论》第 34 卷。

曹波：《中立帮助行为刑事可罚性研究》，《国家检察官学院学报》2016 年第 6 期。

车浩：《刑事立法的法教义学反思——基于〈刑法修正案（九）〉的分析》，《法学》2015 年第 10 期。

陈洪兵：《论中立帮助行为的处罚边界》，《中国法学》2017 年第 1 期。

陈洪兵：《网络中立行为的可罚性探究——以 P2P 服务提供商的行为评价为中心》，《东北大学学报》（社会科学版）2009 年第 3 期。

陈京春：《抽象危险犯的概念诠释与风险防控》，《法律科学》2014 年第 3 期。

陈磊：《纯粹规范性的故意概念之批判——与冯军教授商榷》，《法学》2012 年第 9 期。

陈晓明：《风险社会之刑法应对》，《法学研究》2009 年第 6 期。

陈兴良：《犯罪范围的扩张与刑罚结构的调整——《〈刑法修正案（九）〉述评》，《法律科学》（西北政法大学学报）2016 年第 4 期。

陈兴良：《风险刑法理论的法教义学批判》，《中外法学》2014 年第 1 期。

陈兴良：《一般预防的观念转变》，《中国法学》2000 年第 5 期。

陈兴良：《一般预防论》，《中南政法学院学报》1993 年第 2 期。

陈璇：《德国刑法学中结果无价值与行为无价值的流变、现状与趋势》，《中外法学》2011 年第 2 期。

陈毅坚：《预备阶段共同参与行为的性质——以共谋为例》，《中外法学》2010 年第 5 期。

陈毅坚：《预备罪及其共犯比较研究》，《中国刑事法杂志》2011 年第

9 期。
陈泽宪：《关于我国刑法学研究转型的思考》，《法学研究》2013 年第 1 期。
陈志龙：《法益的概念》（中），《国立台湾大学法学论丛》1998 年第 2 期。
程岩：《风险规制的刑法理性重构——以风险社会理论为基础》，《中外法学》2011 年第 1 期。
董泽史：《风险刑法行为错位论》，《国家检察官学院学报》2011 年第 6 期。
樊文：《犯罪控制的惩罚主义及其效果》，《法学研究》2011 年第 3 期。
冯军：《德日刑法中的可罚性理论》，《法学论坛》2000 年第 1 期。
冯军：《刑法的规范化诠释》，《法商研究》2005 年第 6 期。
冯军：《刑法中的自我答责》，《中国法学》2006 年第 3 期。
付立庆：《日本刑法学中的行为无价值论与结果无价值论之争及中国的选择》，《江苏行政学院学报》2013 年第 1 期。
高艳东：《规范学视野中预备行为可罚性的反思与重构》，《现代法学》2005 年第 1 期。
高艳东：《着手理论的消解与可罚行为起点的重构》，《现代法学》2007 年第 1 期。
郭浩、李兰英：《风险社会的刑法调试——以危险犯的扩张为视角》，《河北法学》2012 年第 4 期。
郭泽强：《主观主义与中国刑法论纲——认真对待刑法主观主义》，《环球法律评论》2005 年第 4 期。
郝守才：《论犯罪预备立法之完善》，《河南大学学报》2002 年第 2 期。
何荣功：《社会治理“过度刑法化”的法哲学批判》，《中外法学》2015 年第 2 期。
何荣功：《“预防性”反恐刑事立法思考》，《中国法学》2016 年第 3 期。
花岳亮：《网络共同犯罪的解决路径——以片面帮助犯为视角》，《济宁学院学报》2014 年第 4 期。
黄惠婷：《结果加重犯之“直接关联性”》，《台湾本土法学》2005 年第

4 期。
季卫东：《中国法学理论的转机》，《中国社会科学报》2011 年 12 月 27 日第 10 版。
冀洋：《逻辑与经验：刑法积极一般预防理论质疑》，《现代法学》2016 年第 2 期。
冀莹：《"英国预防性刑事司法"评介与启示——现代刑法安全保障诉求的高涨与规制》，《政治与法律》2014 年第 9 期。
贾健：《人类图像与刑法中的超个人法益》，《法制与社会发展》2015 年第 6 期。
贾凌、曾粤兴：《预备行为理论与实践的双重思考》，《法制日报》2004 年 5 月 20 日第 10 版。
江溯：《二元违法论与未遂犯的处罚根据》，《国家检察官学院学报》2014 年第 2 期。
姜敏：《法益保护前置：刑法对食品安全保护的路径选择》，《北京师范大学学报》（社会科学版）2013 年第 5 期。
姜涛：《风险社会之下经济刑法的基本转型》，《现代法学》2010 年第 4 期。
焦旭鹏：《现代刑法的风险转向——兼评中国当下的刑法观》，《西南民族大学学报》（人文社会科学版）2018 年第 12 期。
焦旭鹏：《自反性现代化的刑法意义——风险刑法研究的宏观知识路径探索》，《政治与法律》2014 年第 4 期。
京特·雅各布斯：《刑法保护什么：法益还是规范效力》，王世洲译，《比较法研究》2004 年第 1 期。
赖早兴：《论拒不履行信息网络安全管理义务罪中的"经监管部门责令改正"》，《法学杂志》2017 年第 10 期。
赖早兴：《美国刑法中的严格责任犯罪：争议、解决方案及其启示》，《环球法律评论》2018 年第 3 期。
劳东燕：《公共政策与风险社会的刑法》，《中国社会科学》2007 年第 3 期。
劳东燕：《责任主义与违法性认识问题》，《中国法学》2008 年第 3 期。
黎宏：《论放火罪的若干问题》，《法商研究》2005 年第 3 期。

黎宏：《〈刑法修正案（九）〉中关于恐怖主义、极端主义犯罪的刑事立法——从如何限缩抽象危险犯的成立范围的立场出发》，《苏州大学学报》（哲学社会科学版）2015 年第 6 期。

黎宏：《行为无价值论批判》，《中国法学》2006 年第 2 期。

李川：《危险犯的扩张逻辑与正当性思考》，《法学评论》2017 年第 3 期。

李凤梅：《预备犯可罚性的反思与重构：以刑法拟制的视角》，《北京师范大学学报》（社会科学版）2015 年第 3 期。

李兰英：《论危险犯的危险状态》，《中国刑事法杂志》2003 年第 2 期。

李梁：《预备犯立法模式之研究》，《法学》2016 年第 3 期。

李炜、林建玲：《"危险驾驶"行为特殊问题分析》，《犯罪研究》2010 年第 1 期。

梁根林：《预备犯普遍处罚原则的困境与突围——〈刑法〉第 22 条的解读与重构》，《中国法学》2011 年第 2 期。

梁上上：《利益的层次结构与利益衡量的展开——兼评加藤一郎的利益衡量论》，《法学研究》2002 年第 1 期。

林东茂：《危险犯的法律性质》，《台大法学论丛》1994 年第 24 卷第 1 期。

林维：《刑法司法解释的真实逻辑》，《南京师大学报》（社会科学版）2013 年第 1 期。

林维：《真正身份犯之共犯问题展开——实行行为决定论的贯彻》，《法学家》2013 年第 6 期。

林钰雄：《第三人行为介入之因果关系及客观归责》，《台湾本土法学》第 80 期。

刘炯：《犯罪预备行为类型化研究》，《中国刑事法杂志》2011 年第 10 期。

刘军：《危险驾驶罪的法理辨析——兼论刑法法益保护的前期化》，《法律科学》（西北政法大学学报）2012 年第 5 期。

刘凌梅：《域外非犯罪化的立法途径及启示》，《国家检察官学院学报》2015 年第 6 期。

刘明祥：《"风险刑法"的风险及其控制》，《法商研究》2011 年第

4 期。

刘仁文：《敌人刑法——一个初步的清理》，《法律科学》2007 年第 6 期。

刘仁文：《过失危险犯研究》，《法学研究》1998 年第 3 期。

刘仁文、焦旭鹏：《风险刑法的社会基础》，《政法论坛》2014 年第 3 期。

刘仁文、杨学文：《帮助行为正犯化的网络语境——兼及对犯罪参与理论的省思》，《法律科学》（西北政法大学学报）2017 年第 3 期。

刘仁文、张慧：《〈刑法修正案（九）草案〉有关网络犯罪规定的完善建议》，《人民法院报》2015 年 8 月 12 日第 6 版。

刘伟：《风险社会语境下我国危害食品安全犯罪刑事立法的转型》，《中国刑事法杂志》2011 年第 11 期。

刘宪权：《刑事立法应力戒情绪——以〈刑法修正案（九）〉为视角》，《法学评论》2016 年第 1 期。

刘艳红：《“风险刑法”理论不能动摇刑法谦抑主义》，《法商研究》2011 年第 7 期。

刘艳红：《网络犯罪帮助行为正犯化之批判》，《法商研究》2016 年第 3 期。

刘艳红：《网络中立帮助行为可罚性的流变及批判——以德日的理论和实务为比较基准》，《法学评论》2016 年第 5 期。

刘艳红：《我国应该停止犯罪化的刑事立法》，《法学》2011 年第 11 期。

刘志伟：《〈刑法修正案（九）〉的犯罪化立法问题》，《华东政法大学学报》2016 年第 2 期。

刘志伟：《主观明知的内容、程度及证明》，《人民检察》2007 年第 21 期。

楼德曼：《附属刑法中的构成要件错误与禁错误》，林东茂译，《政大法学评论》第 50 期。

卢映洁：《论危险前行为的成立要件》，《月旦法学杂志》第 78 期。

卢映洁：《由危险概念论网络服务提供者或网站管理人成立刑事责任之可能性》，《中正大学法学集刊》2002 年第 6 期。

吕英杰：《风险刑法的法益保护》，《吉林大学社会科学学报》2013 年第 4 期。
马克昌：《预备犯比较研究》，《国家检察官学院学报》1993 年第 1 期。
马荣春、徐晓霞：《平衡性立法思维：〈刑法修正案（九）〉的立法贡献》，《中国刑事法杂志》2016 年第 4 期。
马荣春：《中立帮助行为及其过当》，《东方法学》2017 年第 2 期。
欧阳本祺、王倩：《〈刑法修正案（九）〉新增网络犯罪的法律适用》，《江苏行政学院学报》2016 年第 4 期。
潘弘、王亚楠：《犯罪预备形态的价值分析》，《法学杂志》2012 年第 12 期。
齐文远、魏汉涛：《英美反恐立法的得失及其启示》，《中国高校社会科学》2015 年第 6 期。
齐文远：《刑法应对社会风险之有所为与有所不为》，《法商研究》2011 年第 4 期。
石聚航：《刑事政策司法化：历史叙事、功能阐释与风险防范》，《当代法学》2015 年第 5 期。
舒洪水、张晶：《近现代法益理论的发展趋势及其功能化解读》，《中国刑事法杂志》2010 年第 5 期。
斯科特·拉什：《风险社会与风险文化》，王武龙编译，《马克思主义与现实》2002 年第 4 期。
苏彩霞：《"风险社会"下抽象危险犯的扩张与限缩》，《法商研究》2011 年第 4 期。
苏彩霞、侯文静：《"帮助信息网络犯罪活动罪"正当性考虑——〈刑法修正案九（草案）〉第 29 条之评议》，《中南财经政法大学研究生学报》2016 年第 1 期。
苏彩霞、肖晶：《作为义务的实质来源：规范支配论之确立与展开》，《浙江大学学报》（人文社会科学版）2015 年第 4 期。
孙道萃：《积极一般预防主义的理论逻辑与中国话语》，《河南财经政法大学学报》2016 年第 2 期。
孙道萃：《网络共同犯罪的多元挑战与有组织应对》，《华南师范大学学报》（社会科学版）2016 年第 3 期。

孙道萃：《网络预备犯罪行为的法教义学分析》，《刑法论丛》2016年第2卷。

孙万怀：《违法相对性理论的崩溃——对刑法前置化立法倾向的一种批评》，《政治与法律》2016年第3期。

孙万怀、郑梦凌：《中立的帮助行为》，《法学》2016年第1期。

田刚：《我国恐怖主义犯罪的实证分析和未来刑法之应对》，《法商研究》2015年第5期。

涂龙科：《网络服务提供者的刑事责任模式及其关系辨析》，《政治与法律》2016年第4期。

王华伟：《网络服务提供者的刑法责任比较研究》，《环球法律评论》2016年第4期。

王皇玉：《论贩卖毒品罪》，《台湾政治大学法律评论》2005年第84卷。

王皇玉：《论危险犯》，《月旦法学杂志》2008年第8期。

王钧、冀莹：《危害性原则的崩溃与安全刑法的兴起——兼评伯纳德·哈考特与劳东燕的“崩溃论”》，《中国刑事法杂志》2009年第9期。

王立志：《风险社会中刑法范式之转换——以隐私权刑法保护切入》，《政法论坛》2010年第2期。

王利宾：《反恐怖犯罪刑事法完善研究——兼论反恐怖系统化立法》，《政治与法律》2014年第10期。

王林：《美国刑事司法过度犯罪化——成因、后果及对策分析》，《理论界》2015年第4期。

王世州、刘孝敏：《关于中国刑法学理论体系七点问题的思考》，《政法论坛》2004年第6期。

王世洲：《现代刑罚目的理论与中国的选择》，《法学研究》2003年第3期。

王新：《我国刑法中明知的含义和认定——基于刑事立法和司法解释的分析》，《法制与社会发展》2013年第1期。

王新：《〈刑法修正案（九）〉第120条前置化规制的法理探析》，《北方法学》2016年第3期。

王莹：《法治国的洁癖——对话Jakobs“敌人刑法”理论》，《中外法学》2011 年第 1 期。

王永茜：《论集体法益的刑法保护》，《环球法律评论》2013 年第 4 期。

王永茜：《论现代刑法扩张的新手段——法益保护的提前化和刑事处罚的前置化》，《法学杂志》2013 年第 6 期。

王振生：《间接一般预防是刑罚的根本目的》，《河北法学》2006 年第 6 期。

王志祥、郭健：《论犯罪预备行为的处罚范围》，《政治与法律》2005 年第 2 期。

王志祥：《海峡两岸犯罪停止形态立法比较研究》，《法商研究》2013 年第 1 期。

王志祥：《危险概念比较研究》，《法学家》2002 年第 5 期。

魏东、何为：《风险刑法理论检讨》，《刑法论丛》2013 年第 3 卷。

魏汉涛：《风险社会的刑法风险及其防范》，《北方法学》2012 年第 6 期。

闻志强：《中国刑法理论的前沿审视》，《中国刑事法杂志》2015 年第 2 期。

乌尔斯·金德霍伊泽尔：《安全刑法：风险社会的刑法危险》，刘国良译，《马克思主义与现实》2005 年第 3 期。

吴飞飞：《共犯行为正犯化及其反思》，《国家检察官学院学报》2013 年第 3 期。

吴江：《刑法分则中注意规定与法律拟制的区分》，《中国刑事法杂志》2012 年第 11 期。

吴亮：《网络中立管制的法律困境及其出路——以美国实践为视角》，《环球法律评论》2015 年第 3 期。

夏勇：《“风险社会”中的“风险”辨析——刑法学研究中“风险”误区之澄清》，《中外法学》2012 年第 2 期。

萧宏宜：《P2P 业者的刑事责任问题——ezPeer 与 Kuro 案判决评析》，《法令月刊》2008 年第 9 期。

谢望原、王波：《论英国刑法中的共犯退出》，《法律科学》2013 年第 5 期。

谢望原、张宝：《〈刑法修正案（九）〉的亮点与不足》，《苏州大学学报》（哲学社会科学版）2015 年第 6 期。

徐伟：《刑罚正性心理效应的影响因素及其实现路径》，《中国刑事法杂志》2015 年第 6 期。

徐育安：《故意认定之理论与实务——以杀人与伤害故意之区分难题为核心》，《中研院法学期刊》2012 年第 10 期。

徐育安：《间接故意理论之发展——兼论不确定故意、未必故意与附条件故意》，《东吴法律学报》第 21 卷第 3 期。

许恒达：《刑法法益概念的茁生与流变》，《月旦法学杂志》2011 年第 10 期。

许健：《论预备行为的实行性转化》，《合肥工业大学学报》（社会科学版）2010 年第 12 期。

许玉秀：《客观的故意概念？——评德国的间接故意理论》，《政治大学法律评论》1993 年第 48 期。

许玉秀：《无用的抽象具体危险犯》，《台湾本土法学杂志》2000 年第 8 期。

薛进展、王思维：《风险社会中危险犯的停止形态研究》，《华东政法大学学报》2009 年第 5 期。

薛晓源、刘国良：《法治时代的风险、危险与和谐——德国著名法学家、波恩大学法学院院长乌尔斯·金德霍伊泽尔教授访谈录》，《马克思主义与现实》2005 年第 3 期。

薛晓源、刘国良：《全球风险世界：现在与未来——德国著名社会学家、风险社会理论创始人乌尔里希·贝克教授访谈录》，《马克思主义与现实》2005 年第 1 期。

阎二鹏：《犯罪的网络异化现象评析及其刑法应对路径》，《法治研究》2015 年第 3 期。

阎二鹏：《预备行为实行化的法教义学审视与重构——基于〈中华人民共和国刑法修正案（九）〉的思考》，《法商研究》2016 年第 5 期。

姚贝、王拓：《法益保护前置化问题研究》，《中国刑事法杂志》2012 年第 1 期。

于冲：《帮助行为正犯化的类型研究与入罪化思路》，《政法论坛》2016 年第 4 期。

于改之：《刑事立法：在目的和手段之间——以〈刑法修正案（九）〉为中心》，《现代法学》2016 年第 2 期。

于改之：《也论先行行为的范围》，《河南省政法干部管理学院学报》2001 年第 5 期。

于志刚：《恐怖活动犯罪中资助行为入罪化的价值取向——与传统洗钱罪的冲突与整合》，《中国检察官》2006 年第 6 期。

于志刚：《网络犯罪与中国刑法应对》，《中国社会科学》2010 年第 3 期。

于志刚：《网络思维的演变与网络犯罪的制裁思路》，《中外法学》2014 年第 4 期。

袁中毅：《过失危险行为犯罪化的立法研析》，《法学评论》1997 年第 3 期。

臧冬斌：《过失危险犯之危险研究》，《法商研究》2006 年第 3 期。

张超：《先天理性的法概念亦或刑法功能主义——雅科布斯“规范论”初探兼与林立先生商榷》，《北大法律评论》2008 年第 1 期。

张红艳：《欧陆刑法中的抽象危险犯及其启示》，《河北法学》2009 年第 9 期。

张建军：《刑法如何应对风险社会的“焦虑”——通过商谈与重塑传统的治理》，《法学评论》2015 年第 1 期。

张明楷：《“风险社会”若干刑法理论问题反思》，《法商研究》2011 年第 5 期。

张明楷：《论帮助信息网络犯罪活动罪》，《政治与法律》2016 年第 2 期。

张明楷：《论〈刑法修正案（九）〉关于恐怖犯罪的规定》，《现代法学》2016 年第 1 期。

张伟：《中立帮助行为探微》，《中国刑事法杂志》2010 年第 5 期。

张志钢：《德国未遂理论的流变及其启示》，《环球法律评论》2016 年第 3 期。

张志钢：《论累积犯的法理——以污染环境罪为中心》，《环球法律评论》2017 年第 2 期。

张志钢：《我国刑法语境中主、客观要件的审查顺位研究——基于方法论角度的考察》,《刑事法评论》2017 年 12 月 31 日。
张志钢:《现代刑法角色的转变及应对》,《学习与实践》2016 年第 9 期。
赵宝成:《威慑刑论的经验证明和当代修正》,《人民检察》2010 年第 11 期。
赵微、王昭振:《有组织犯罪界定及其组织行为实行行为化——基于犯罪学与刑法学的视角转换》,《法学家》2008 年第 6 期。
赵延东:《解读"风险社会"理论》,《自然辩证法研究》2007 年第 6 期。
郑军男、胡燕:《德日刑事违法性理论探析——刑法规范的本质与犯罪论体系的建构》,《当代法学》2006 年第 3 期。
郑延谱:《预备犯处罚界限论》,《中国法学》2014 年第 4 期。
郑玉双:《为犯罪化寻找道德根基——评范伯格的〈刑法的道德界限〉》,《政法论坛》2016 年第 2 期。
周光权:《论刑法的公众认同》,《中国法学》2003 年第 1 期。
周铭川:《论危险性对刑法理论的影响》,《中国刑事法杂志》2010 年第 2 期。
周愫娴:《以风险评估为基础之新刑罚学》,《月旦法学教室》2013 年第 124 期。
周漾沂:《从实质法概念重新定义法益:以法主体性论述为基础》,《台大法学论丛》2012 年第 3 期。
周漾沂:《风险承担作为阻却不法事由——重构容许风险的实质理由》,《中研院法学期刊》2014 年第 14 期。
周漾沂:《未遂犯可罚性基础及着手实行概念:风险输出理论的建构与应用》,《台大法学论著》第 47 卷第 1 期。
邹佳铭:《走出实行行为的误区》,《刑法论丛》2011 年第 1 期。
[德] 海因茨·科里亚特:《有关危险犯的争论》,张志钢译,《刑事法评论》2016 年第 39 卷第 2 期。
[德] 托马斯·魏根特:《刑法未遂理论在德国的发展》,樊文译,《法学家》2006 年第 4 期。
[德] 乌尔里希·贝克:《从工业社会到风险社会(上篇)——关于人

类生存、社会结构和生态启蒙等问题的思考》，王武龙译，《马克思主义与现实》2003 年第 3 期。

［德］雅科布斯：《罪责原则》，许玉秀译，《刑事法杂志》第 40 卷第 2 期。

［德］约克 · 艾斯勒：《抽象危险犯的基础和边界》，蔡桂生译，《刑法论丛》2008 年第 2 期。

［意］弗朗西斯科 · 维加诺：《意大利反恐斗争与预备行为犯罪化》，吴沈括译，《法学评论》2015 年第 5 期。

三　学位论文

蔡蕙芳：《从危险理论论不能安全驾驶罪》，博士学位论文，台湾大学，2000 年。

黄宗旻：《帮助行为成立之研究——以行为类型论为核心》，博士学位论文，台湾大学，2016 年。

靳宁：《论刑法中的“明知”》，博士学位论文，武汉大学，2015 年。

李婕：《抽象危险犯研究》，博士学位论文，武汉大学，2013 年。

李晓龙：《刑法保护前置化趋势研究》，博士研究生论文，武汉大学，2014 年。

廖北海：《德国刑法学中的犯罪事实支配理论研究》，博士学位论文，武汉大学，2009 年。

林宗翰：《风险与功能——论风险刑法的理论基础》，硕士学位论文，台湾大学，2006 年。

王霖：《中立帮助行为的刑事责任模式建构研究》，博士学位论文，海南大学，2018 年。

王荣圣：《刑法上危险概念之研究》，博士学位论文，台湾辅仁大学，2007 年。

许海霞：《预备犯研究》，博士学位论文，武汉大学，2013 年。

张军：《抽象危险犯研究》，博士学位论文，武汉大学，2013 年。

张凯：《刑法边界基础研究》，博士学位论文，吉林大学，2018 年。

四　外文资料

Andrew Ashworth, Defining Criminal Offences Without Harm, in Criminal law: Essays in Honour of J. C. Smith, Peter Smith (edited), London: Butterworth, 1987, p. 16.

Andrew Ashworth, *Principles of Criminal Law* (4th Edition), Oxford University Press, 2003.

Andrew von Hirsch, *Censure and Sanctions*, Oxford University Press, 1996.

Andrew von Hirsch, "Doing Justice: The Choice of Punishments", Report of the Committee for the Study of Incarceration, 1976.

Andrew von Hirsch, "Prediction of Criminal Conduct and Preventive Confinement of Convicted Persons", 21 *Buff. L. Rev.* 717 (1972).

Andrew von Hirsch, "The Offence Principle in Criminal Law: Affront to Sensibility or Wrongdoing", 11 *K. C. L. J.* 78 (2000).

A. P. Simester, Andrew Von Hirsch, "Remote Harms and Non-Constitutive Crimes", 28 *Crim. Just. Ethics* 89 (2009).

A. von Hirsch, "Extending the Harm Principle: 'Remote' Harms and Fair Imputation," in Harm and Culpability, ed. A. P. Simester and A. T. H. Smith (Oxford, UK: Clarendon, 1996).

Becker, Outsiders. Studies in the Sociology of Deviance, N. Y. /London, 1963.

David Garland, *The Culture of Control: Crime and Social Order in Contemporary Society*, Chicago: The University of Chicago Press, 2001.

Dennis J. Baker, "Punishment without a Crime: Is Preventive Detention Reconcilable with Justice", 34 *Austl. J. Leg. Phil.* 120 (2009).

Douglas N. Husak, *The philosophy of criminal law*, Oxford University Press, 2010.

George P. Fletcher, "Criminal Theory in the Twentieth Century", 2 *Theoretical Inq. L.* 265 (2001).

George P. Fletcher, "Responses to the Critiques of the Grammar of Criminal Law", 27 *Crim. Just. Ethics* 99 (2008).

H. L. A. Hart, Punishment and Responsibility, 18i (1968).

Michelle M. Dempsey, "Rethinking Wolfenden: Prostitute Use, Criminal Law, and Remote Harm", *Crim. L. R.*, 2005.

R. A. Duff, "A Criminal Law We Can Call Our Own", 111 *Nw. U. L. Rev.* 1491 (2017).

R. A. Duff, "Attempts and the Problem of the Missing Circumstance", 42 *N. Ir. Legal Q.* 87 (1991).

R. A. Duff, *Criminal Attempts*, Clarendon press Oxford 1996.

R. A. Duff, "Harms and Wrongs", 5 *Buff. Crim. L. Rev.* 13 (2001).

R. A. Duff, *Trials and Punishments* (Cambridge 1986), ch. 8; Andrew von Hirsch, *Past or Future Crimes* (Manchester 1986), ch. 5.

Uma Narayan, "Appropriate Responses and Preventive Benefits: Justifying Censure and Hard Treatment in Punishment" (1993) 13 *Oxford Journal of Legal Studies.*

后　记

一路奔跑，没有停歇。特别喜欢绕着学校操场一直跑步的感觉，就像这三年的博士生涯，一直在努力坚持向前，如今论文即将画上句号的这一刻，仍感资质愚钝、力不从心、距离理想总还有太大的距离，深感有愧于老师的谆谆教诲与殷切期望。

本书的选题，来源于我在从事教学的几年中不停思考的问题，尤其是看了西原春夫的《实行行为论》以后总想以实行行为为核心概念贯穿刑法众多理论的焦点，随着社会的发展，更多的帮助行为、预备行为也被单独规定为罪，这些拟制的实行行为对传统理论带来哪些冲击？在我博士生入学考试时我提交的读博计划就是有关实行行为的研究，直到走进社科院，这个问题仍然一直困扰着我。当我向刘老师提出要以这个题目为博士论文选题时，老师并没有一口否决，而是鼓励我多看书、多沉淀，引导我从刑法学科综述开始扎实打好基本功，直到现在我还清晰地记得刘老师在香港出差时还不忘发给我他在港大图书馆看到的有关材料的图片，并提醒我要进行知识更新。正是在社科院的平台上，才让我有机会接触最新最前沿的刑法理论观点，有机会亲耳聆听国内顶尖学者的声音，两三年间我的知识体系也经历了瓦解重塑的过程，就像我对这个选题的思考，围绕着“预备行为实行化、共犯行为正犯化”的问题，我的选题也经历了从实行行为—到拟制实行行为—再到刑法介入前置化—再到抽象危险犯的分类—最后落脚到间接型抽象危险犯，以突出该犯罪类型的间接结构特征等这样一个艰难跋涉的过程，一路在迷茫中跌跌撞撞、摸索前行，这种不断推倒重来、自我否定与再否定的过程尤其让人耗费心神，之所以能坚持到最后，离不开各位师友的鼎力相助与鼓励支持，每思及此都是无比的感激与感恩。

首先特别感谢恩师刘仁文研究员三年来对我的悉心指导与竭力培养，以及太多的支持和鼓励。从学科综述到论文基本功训练，从字斟句酌到每个标点符号的修改，尤其是老师对我论文选题的指导和包容等更让我不胜感激，能重回校园已让我足够感恩，又得此眷顾更让我倍感荣幸，只愧于愚钝不能达，唯有铭记于心、加倍努力；真诚感谢法学所令人敬佩的陈泽宪老师、莫纪宏老师、熊秋红老师、张绍彦老师、王敏远老师、邓子滨老师、焦旭鹏老师、张志钢老师、崔燕云老师、赵晓莉老师等各位给过我指点与帮助的老师，也感谢焦旭鹏老师、张志钢老师在我论文写作过程中给出的宝贵建议，给我继续坚持的勇气；特别感谢同门师兄妹的帮助与支持，感谢王林林、赵希、石亚淙、贾元等博士后师姐平时给予的帮助和鼓励，也感谢王栋、万亚平、陈妍茹、金磊、刘昭陵、李振民、刘畅、李磊等同门师兄妹的帮助，尤其感谢妍茹姐、王栋师兄帮忙提供的修改建议，以及与昭陵在写作过程中的相互鼓励等，另外还感谢洪乾贺、徐乔、石义、思博等同门师弟帮我寄带材料等；感谢同届慧娟、家华、泊毅、张静、宇轩、丽影、娟娟、明峰、英杰等一起在学校奋斗、相互鼓励的朋友，感谢有你们的陪伴。

最后还要感谢我的家人，父母轮流从家里赶来帮我照顾孩子，中间父亲还意外摔倒住院一个多月才康复，对生命健康的感悟让我更加珍惜生活；也感谢爱人在我读书期间对孩子的照顾和对我的包容与支持，也感谢孩子对我的等待成为我不断前进的动力，他总是在问妈妈什么时候能把论文写完。三年的时间很短也很长，只有经历过的人才会明白，有了这份坚持，以后，人生前进的路上，相信我会更加坚定与执着。

陈　宁

2019 年 4 月 23 日

于中国社科院研究生院尚行楼